「知っている…」が「わかる!」になる

ビジュアル版 WORLD HERITAGE

世界遺産
必ず知っておきたい150選

「世界遺産150選」編集室 著

改訂版

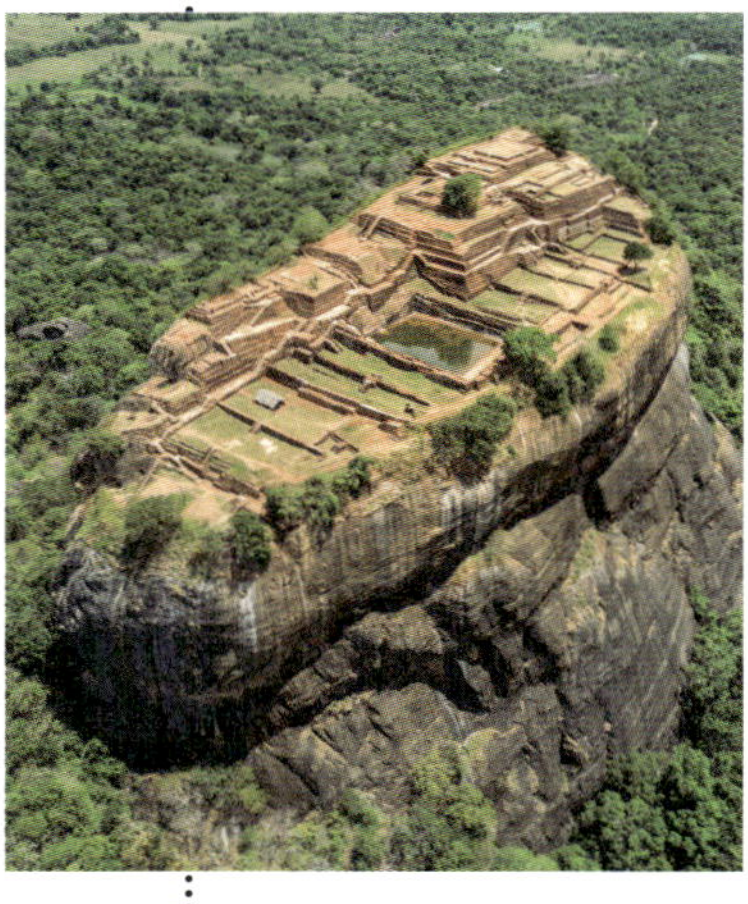

メイツ出版

ビジュアル版　世界遺産　必ず知っておきたい150選　改訂版

目次

アフリカ

※本書は2016年発行の『ビジュアル版　世界遺産　必ず知っておきたい150選』の改訂版です。

〈本書における掲載にあたって〉
＊遺産名は日本ユネスコ協会連盟が発表しているものを採用
＊扉とINDEX、奥付で掲載している画像は各遺産紹介ページにクレジットを表記
＊本書の内容は、2020年7月末現在のデータや資料に基づくものです

はじめに

本書『ビジュアル版　世界遺産　必ず知っておきたい150選　改訂版』では、魅力的で比較的人気の高い世界遺産150物件を一挙に掲載しています。

厳選した150の世界遺産については、遺産の内容を単に紹介するだけではなく、「必ず知っておきたい」ということに主眼をおいて工夫を凝らしました。たとえば、「POINT」という箇所では、地理的な場所や資産の位置をわかりやすくするために地図を駆使したり、その世界遺産の背景となる歴史年表や写真を取り入れたりしています。「CHECK!」は遺産の見どころなどの解説を加えるようにしました。

限られた紙面で、できる限り「世界遺産」の深さや面白さなどを取り上げるよう試みた本書は、必ずや読者の方々にご満足いただけるものと確信しております。

世界遺産の種類と登録基準について

1972(昭和47)年にユネスコ総会で採択された、世界遺産の種類は次の通りである。なお登録基準は2005年に新基準(表記の仕方の変更)に統一し、2007年の推薦物件から採用されている。

世界遺産		
	文化遺産	顕著な普遍的価値を有する記念物、建造物群、文化的景観など
	自然遺産	顕著な普遍的価値を有する地形や地質、生態系、景観、絶滅のおそれのある動植物の生息・生息地などを含む地域
	複合遺産	文化遺産と自然遺産の両方の価値を兼ね備えている遺産

世界遺産の登録基準

❶ 人類の創造的才能を表す傑作であること。

❷ ある期間や文化圏において、建築物、技術、記念碑、都市計画、景観設計の発展に関し、重要な交流を示すもの。

❸ 現存する、あるいは消滅した文化的伝統や文明に関する独特な証拠を示すもの。

❹ 人類の歴史上重要な時代を例証する、建築様式、建築的・技術的な集合体または景観の優れた例。

❺ ある文化を代表する人類の伝統的な集落や土地・海洋利用の際立った例。特に抗しきれない歴史の流れによってその存続が危うくなっている場合。

❻ 普遍的な価値を持つ出来事、生きた伝統、思想、信仰や芸術的、文学的作品と、明白な関連があるもの。

❼ 類例を見ない自然美及び美的要素を持つ優れた自然現象、あるいは地域を含むこと。

❽ 生命進化、地形形成などにおいて、地球の歴史の主要な段階を代表する顕著な例。

❾ 生態系や動植物の進化発展に関する生態学的、生物学的過程を示す重要な例。

❿ 学術上や環境保全上の価値を有する絶滅のおそれのある野生種のための自然生息域。

※正式には①～⑩までは、ローマ数字のi～xで表記される

世界遺産MAP

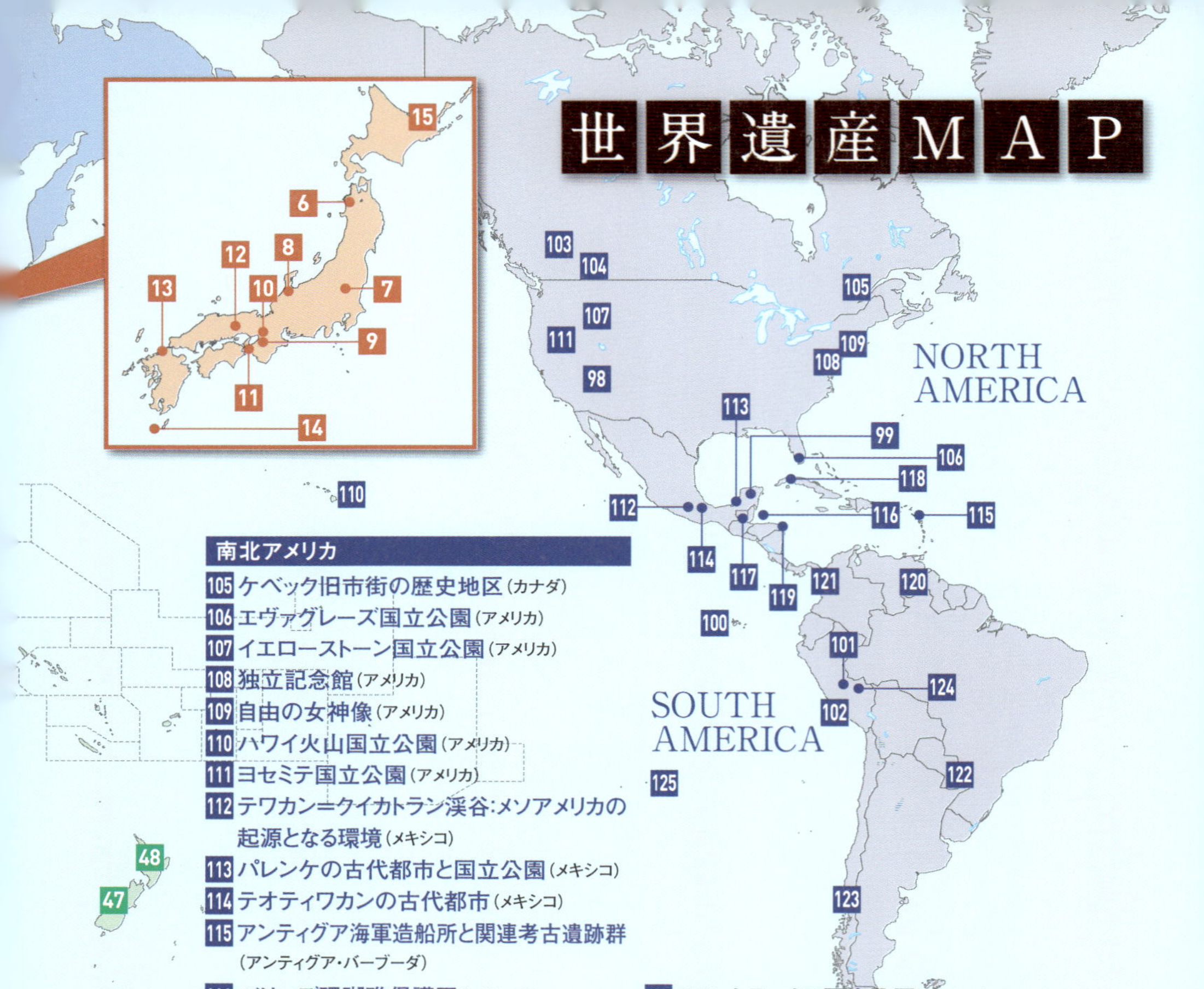

南北アメリカ

105 ケベック旧市街の歴史地区（カナダ）
106 エヴァグレーズ国立公園（アメリカ）
107 イエローストーン国立公園（アメリカ）
108 独立記念館（アメリカ）
109 自由の女神像（アメリカ）
110 ハワイ火山国立公園（アメリカ）
111 ヨセミテ国立公園（アメリカ）
112 テワカン＝クイカトラン渓谷：メソアメリカの起源となる環境（メキシコ）
113 パレンケの古代都市と国立公園（メキシコ）
114 テオティワカンの古代都市（メキシコ）
115 アンティグア海軍造船所と関連考古遺跡群（アンティグア・バーブーダ）
116 ベリーズ珊瑚礁保護区（ベリーズ）
117 ティカル国立公園（グアテマラ）
118 ハバナ旧市街とその要塞群（キューバ）
119 リオ・プラタノ生物圏保護区（ホンジュラス）
120 カナイマ国立公園（ベネズエラ）
121 ロス・カティオス国立公園（コロンビア）
122 イグアス国立公園（アルゼンチン、ブラジル）
123 ロス・アレルセス国立公園（アルゼンチン）
124 クスコの歴史地区（ペルー）
125 イースター島（チリ）

アフリカ

126 メンフィスのピラミッド地帯（エジプト）
127 アブ・シンベルからフィラエまでのヌビア遺跡群（エジプト）
128 ヴィクトリアの滝（ザンビア、ジンバブエ）
129 イスラム都市カイロ（エジプト）
130 古代都市テーベとその墓地遺跡（エジプト）
131 要塞村アイット・ベン・ハドゥ（モロッコ）
132 ヴォルビリスの遺跡（モロッコ）
133 フェスの旧市街（モロッコ）
134 ニョコロ・コバ国立公園（セネガル）
135 ジェンネ旧市街（マリ）
136 コモエ国立公園（コートジボアール）
137 アイルテネレ自然保護区（ニジェール）
138 エネディ山地：自然および文化的景観（チャド）
139 サンガネーブ海洋国立公園とドンゴナーブ湾＝ムカワル島海洋国立公園（スーダン）
140 メロエ島の考古遺跡群（スーダン）
141 アスマラ：アフリカの近代都市（エリトリア）
142 ラリベラの岩窟教会群（エチオピア）
143 ティムリカ・オヒンガ考古遺跡（ケニア）
144 マノヴォ・グンダ・サン・フローリス国立公園（中央アフリカ）
145 キリマンジャロ国立公園（タンザニア）
146 ンゴロンゴロ保全地域（タンザニア）
147 カフジ・ビエガ国立公園（コンゴ民主共和国）
148 ンバンザ・コンゴ、旧コンゴ王国の首都跡（アンゴラ）
149 アツィナナナの雨林群（マダガスカル）
150 ツィンギ・デ・ベマラ厳正自然保護区（マダガスカル）

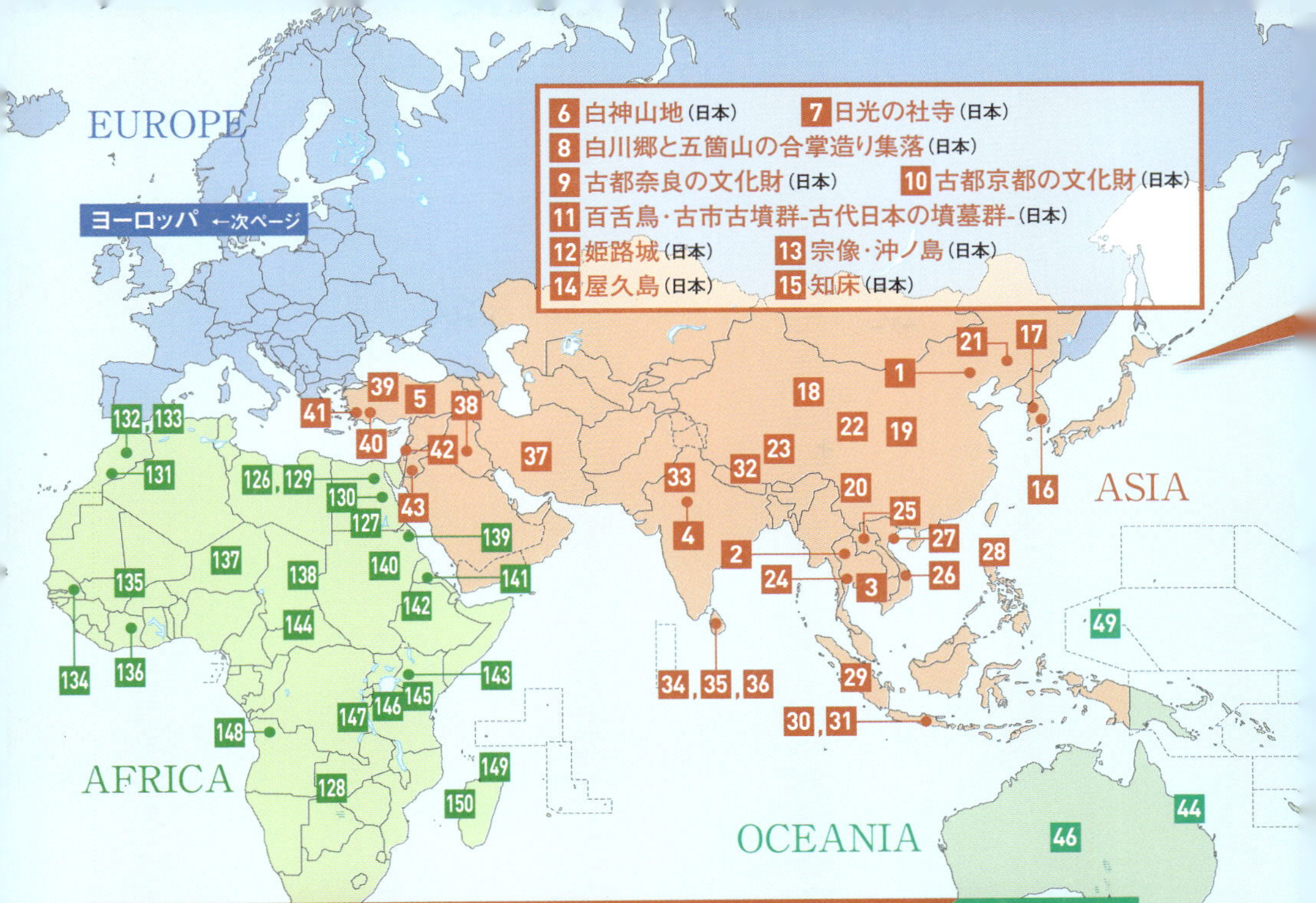

アジア・オセアニア

1 万里の長城（中国）
2 スコータイと周辺の古都（タイ）
3 アンコールの遺跡（カンボジア）
4 タージ・マハル（インド）
5 カッパドキア・ギョレメ国立公園（トルコ）
16 慶州の歴史地域（韓国）
17 昌徳宮（韓国）
18 敦煌の莫高窟（中国）
19 始皇帝陵と兵馬俑坑（中国）
20 麗江旧市街（中国）
21 北京と瀋陽の明・清朝の皇宮群（中国）
22 九寨溝の渓谷の景観と歴史地域（中国）
23 ラサのポタラ宮歴史地区（中国）
24 古都アユタヤの遺跡（タイ）
25 ルアン・パバンの町（ラオス）
26 ホイアンの古い町並み（ベトナム）
27 ハロン湾（ベトナム）
28 コルディリェーラの棚田（フィリピン）
29 スマトラの熱帯雨林遺産（インドネシア）
30 ボロブドゥール寺院遺跡（インドネシア）
31 プランバナン寺院遺跡群（インドネシア）
32 サガルマータ国立公園（ネパール）
33 デリーの最初のモスクとクトゥブ・ミナール（インド）
34 古代都市ポロンナルワ（スリランカ）
35 古代都市シギリヤ（スリランカ）
36 聖地アヌラーダプラ（スリランカ）
37 イスファハンのイマーム広場（イラン）
38 古代遺跡バビロン（イラク）
39 イスタンブール（トルコ）
40 ヒエラポリス-パムッカレ（トルコ）
41 アフロディシアス（トルコ）
42 エルサレム（エルサレム）
43 ペトラ（ヨルダン）
44 グレート・バリア・リーフ（オーストラリア）
45 シドニー・オペラハウス（オーストラリア）
46 ウルル-カタ・ジュタ国立公園（オーストラリア）
47 テ・ワヒポウナム（ニュージーランド）
48 トンガリロ国立公園（ニュージーランド）
49 南ラグーンのロックアイランド群（パラオ共和国）

南北アメリカ

98 グランド・キャニオン国立公園（アメリカ）
99 古代都市チチェン・イッツア（メキシコ）
100 ガラパゴス諸島（エクアドル）
101 マチュピチュ（ペルー）
102 ナスカとパルパの地上絵（ペルー）
103 カナディアン・ロッキー（カナダ）
104 ライティング・オン・ストーン／アイシナイピ（カナダ）

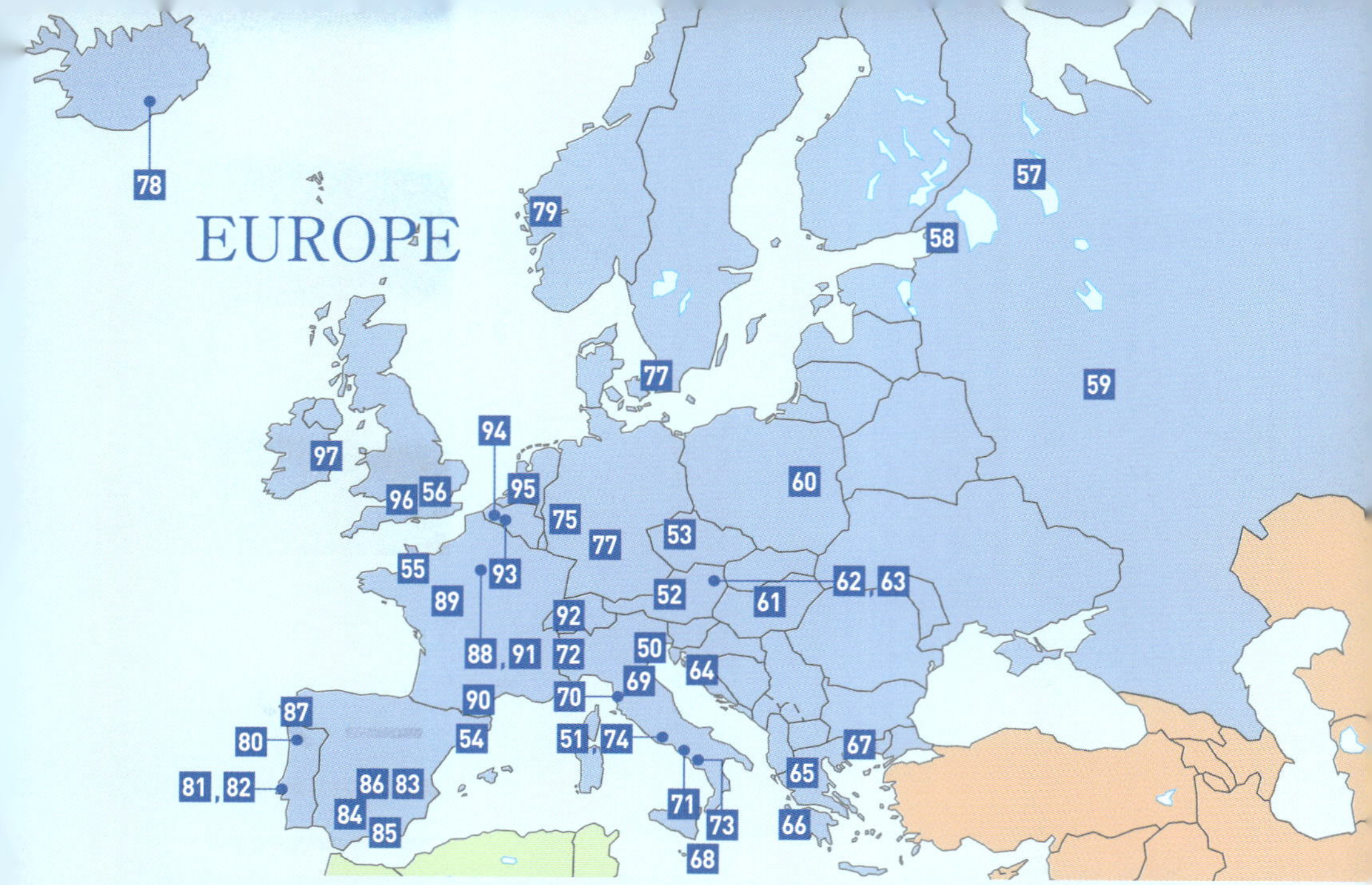

ヨーロッパ

50 ヴェネツィアとその潟（イタリア）
51 ローマの歴史地区（イタリア、バチカン市国）
52 ハルシュタット-ダッハシュタイン・ザルツカンマーグートの文化的景観（オーストリア）
53 プラハの歴史地区（チェコ）
54 アントニ・ガウディの作品群（スペイン）
55 モン・サン・ミシェルとその湾（フランス）
56 ウェストミンスター宮殿（イギリス）
57 キジ島の木造教会（ロシア）
58 サンクト・ペテルブルグ歴史地区と関連建造物群（ロシア）
59 モスクワのクレムリンと赤の広場（ロシア）
60 ワルシャワの歴史地区（ポーランド）
61 ブダペストのドナウ河岸とブダ城（ハンガリー）
62 ウィーンの歴史地区（オーストリア）
63 シェーンブルン宮殿と庭園（オーストリア）
64 プリトヴィッチェ湖群国立公園（クロアチア）
65 メテオラ（ギリシャ）
66 オリンピアの古代遺跡（ギリシャ）
67 フィリピの古代遺跡（ギリシャ）
68 ヴァレッタ市街（マルタ）
69 フィレンツェの歴史地区（イタリア）
70 ピサのドゥオモ広場（イタリア）
71 ポンペイ、エルコラーノ及びトッレ・アヌンツィアータの遺跡地域（イタリア）
72 20世紀の産業都市イヴレーア（イタリア）
73 アマルフィ海岸（イタリア）
74 バチカン市国（バチカン市国）
75 ケルンの大聖堂（ドイツ）
76 ヴュルツブルクの司教館（ドイツ）
77 クロンボー城（デンマーク）
78 ヴァトナヨークトル国立公園ー炎と氷の絶えず変化する自然（アイスランド）
79 ベルゲンのブリッゲン地区（ノルウェー）
80 ブラガのボン・ジェズス・ド・モンテの聖域（ポルトガル）
81 リスボンのジェロニモス修道院とベレンの塔（ポルトガル）
82 シントラの文化的景観（ポルトガル）
83 要塞都市クエンカ（スペイン）
84 コルドバの歴史地区（スペイン）
85 グラダナのアルハンブラ、ヘネラリーフェ、アルバイシン地区（スペイン）
86 古都トレド（スペイン）
87 サンティアゴ・デ・コンポステーラ（スペイン）
88 ヴェルサイユの宮殿と庭園（フランス）
89 ロワール渓谷（フランス）
90 歴史的城塞都市カルカソンヌ（フランス）
91 パリのセーヌ河岸（フランス）
92 ベルンの旧市街（スイス）
93 ブリュッセルのグラン・プラス（ベルギー）
94 ブルージュの歴史地区（ベルギー）
95 キンデルダイク・エルスハウトの風車群（オランダ）
96 ストーンヘンジ（イギリス）
97 ボイン渓谷の遺跡群（アイルランド）

世界遺産

WORLD HERITAGE ASIA-OCEANIA

アジア・オセアニア

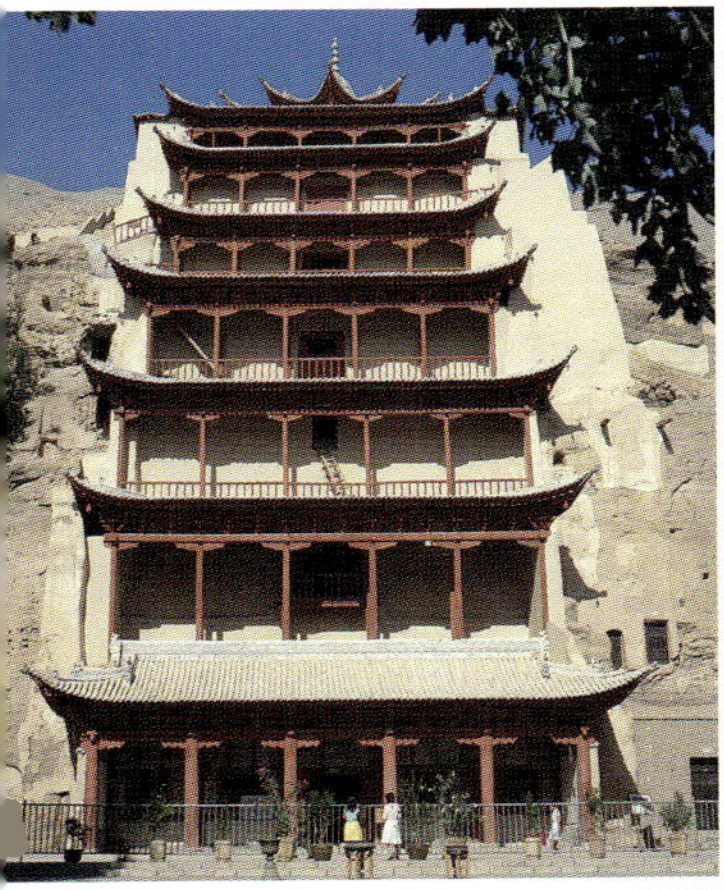

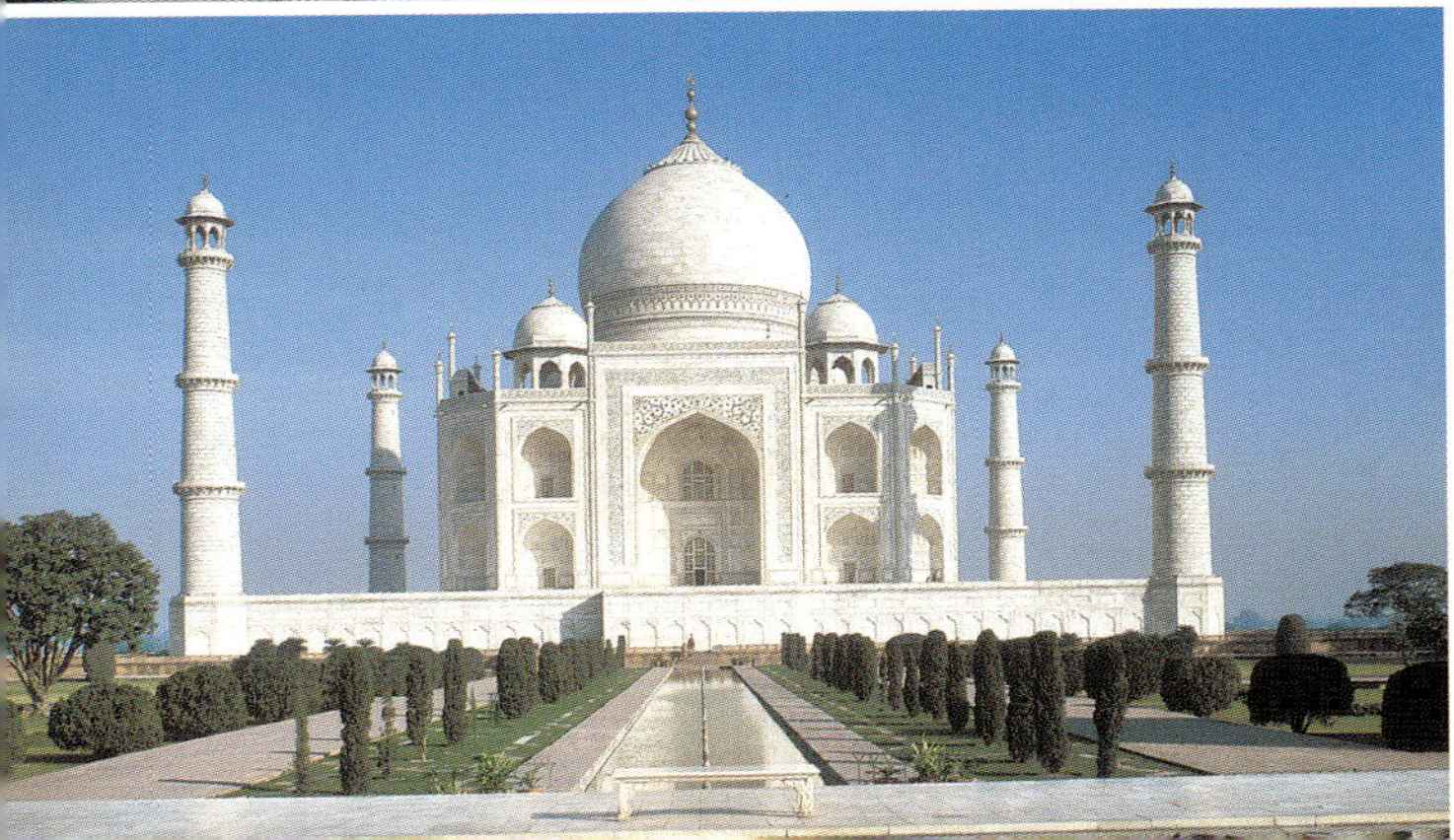

1 万《ばん》里《り》の長《ちょう》城《じょう》

【遺産名】万里の長城
●登録年…1987年 ●分類…文化遺産 ●登録基準…1、2、3、4、6

万里の長城は、紀元前221年、中国を統一した**秦《しん》の始《し》皇《こう》帝《てい》が北方の遊牧民族・匈奴《きょうど》に対する防御を強化するため、各諸国の作った長城をつないで完成させたものが原型**になっており、世界最長の城壁である。なお、現存する長城のほとんどは明時代（1368〜1644年）に築かれたものである。

世界建築史上の奇跡 壮麗にして壮大な白い防御壁

東は山海関《さんかいかん》（北京から東へ約259㎞の渤海《ぼっかい》湾にある町）、西は嘉峪関《かよくかん》までであり、もちろん完全につながっているわけではない。一重になっている部分で計算すると約2700㎞、二重、三重になっている部分などを含めると、**全長約21196・18㎞（2012年6月、中国による調査）となる世界最長で最大の城壁である。**

万里の長城を見たという場合、北京から北西約60㎞にある八《はっ》達《たつ》嶺《れい》長城を指すことが多い。実際には、この八達嶺長城の手前には居《きょ》庸《よう》関《かん》長城がある。その西には黄《こう》花《か》嶺《れい》長城、箭《せん》扣《こう》長城がある。また、八達嶺長城とともに訪れる人が多い慕《ば》田《でん》峪《よく》長城、司《し》馬《ば》台《だい》長城も万里の長城である。この他にも、金《きん》山《ざん》嶺《れい》長城や黄《こう》崖《がい》関《かん》長城などがある。（次ページジマップ参照）

▲山中に城壁が果てしなく続く
photo by Marianna

▲上から見ると、山頂に築かれていることがわかる

▲まるで龍の背が天に昇るように続く八達嶺長城は圧巻

POINT

2200年余の歴史を持つ、万里の長城マップ

※万里の長城といわれるものは、北京市の近郊だけでもあちこちに点在する。

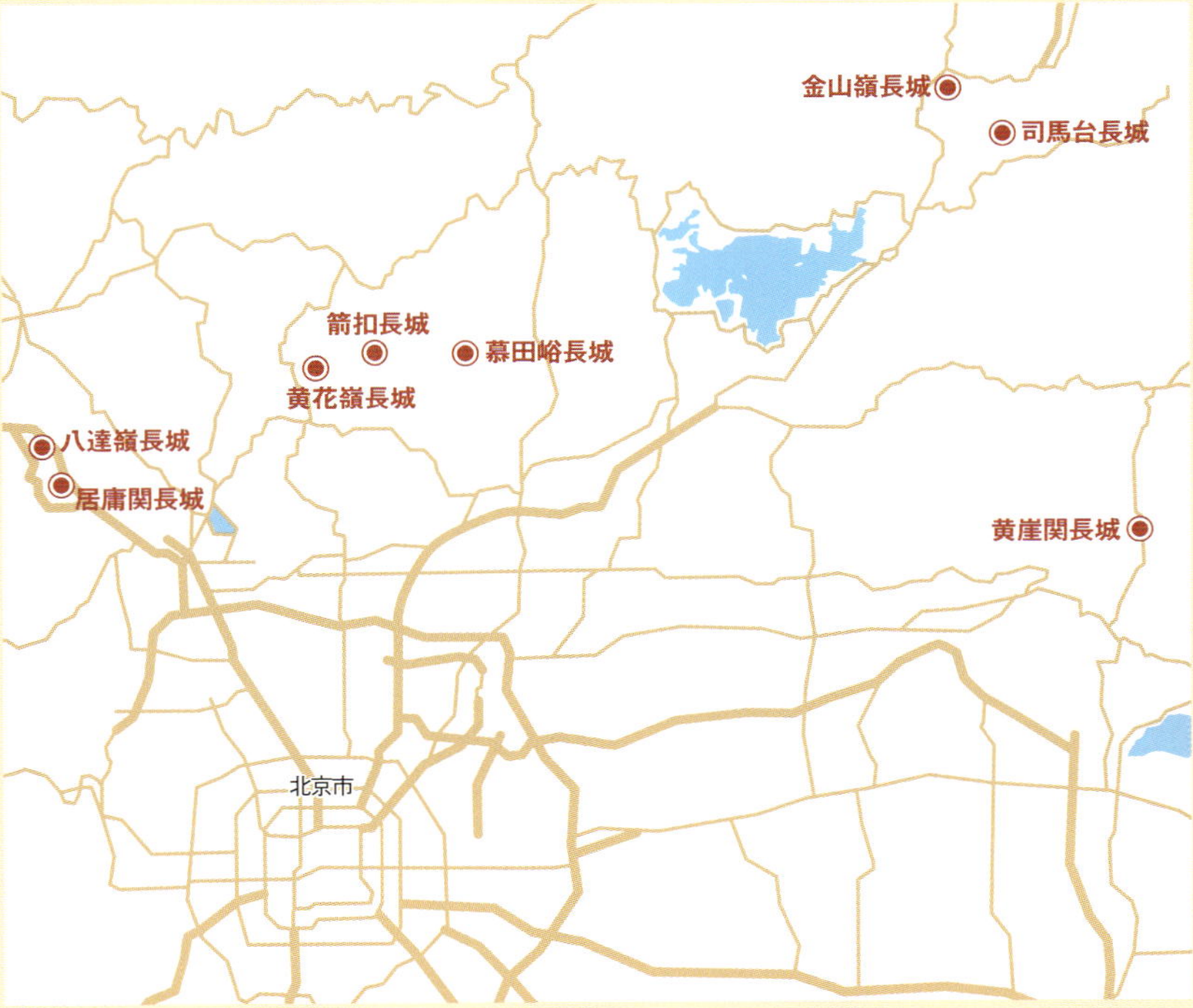

CHECK!

長城の造り、あれこれ

長城の要所には「見張り所」や「のろし台」、兵士の詰所となる「砦」が設けられており、侵略に備えた防護壁であることを物語っている。

また、秦や漢の時代（※）につくられた城壁は土や日干しレンガだったため、風化が激しく、崩れかけているものが多い。明時代のものは、堅固な焼成レンガで厚い土の壁を覆っているので耐久性に富み、現在も当時の姿を留めている。

城壁の高さは八達嶺で7.8〜9m、城壁の上部は騎馬が5列、兵士が10列で並べる幅を維持しており、かなり広いという印象を受ける。

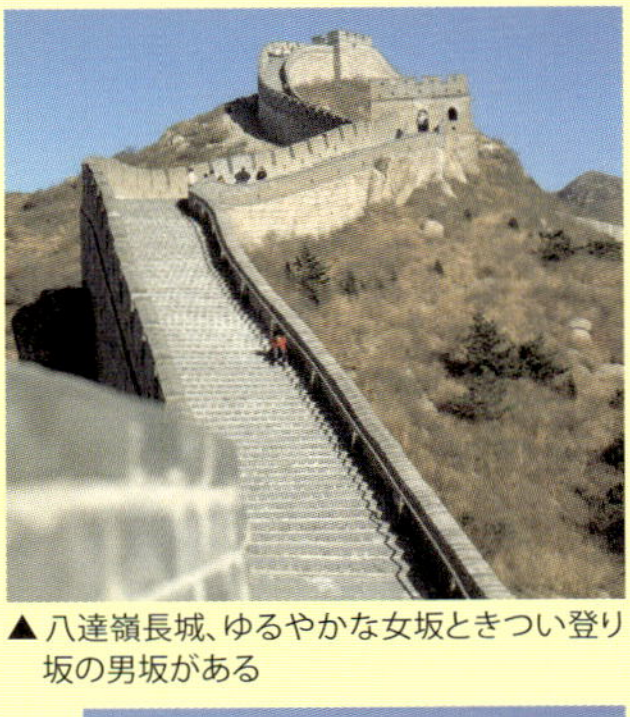
▲八達嶺長城、ゆるやかな女坂ときつい登り坂の男坂がある

約110mごとに見張り所やのろし台などがある▶

※秦や漢の時代／秦は紀元前221〜207年、漢は紀元前202〜西暦8年。この時代のものと確定できないが、未改修の長城もある。見るときは崩れる恐れもあるので十分な注意が必要

2

［アジア／タイ］

スコータイと周辺の古都

【遺産名】古代都市スコタイと周辺の古代都市群
●登録年…1991年 ●分類…文化遺産 ●登録基準…1、3

13世紀半ばに誕生した、**タイの歴史上初となる独立王朝「スコータイ王朝」**の都市遺跡群。仏教やタイ文化が誕生した、まさにタイの原点といえる場所である。スコータイ歴史公園、シーサッチャナーライ歴史公園、カムペーンペット歴史公園に保存され、3つの公園が世界遺産に登録されている。

タイの歴史と文化の原点 巨大な仏塔が建つ都市遺跡

雲南から南下してきたタイ族は、13世紀ごろまでクメール王朝（アンコール王朝）（※）に支配されていた。しかし、ジャヤーヴァルマン7世の死後、タイ族が進出していた地域でアンコール王朝の支配力が次第に弱まり、当時、主要都市であったタイ北部のスコータイに1238年「スコータイ王朝」が誕生した。**「幸福の夜明け」を意味する〝スコータイ〟は、その名の通り、タイの歴史の幕開けであった。**

王国はタイ北部の南半分、スコータイやシーサッチャナーライ、カムペーンペットなどが主要であった。この3つの県は各地に仏教寺院の遺跡や窯跡が残されて、現在は歴史公園として整備されている。遺跡群の中で一番有名なのが、**スコータイ最大の王宮寺院＝ワット・マハタート**。東西1・8km、南北1・6kmの敷地内に、大小200以上の遺跡が点在。**「スコータイ様式」と称される、優美な曲線が特徴の仏像**の数々も見どころの一つだ。

▲タイの仏教文化はじまりの場所

▲数多くの仏教寺院と仏像が建つスコータイ歴史公園

POINT 1

タイの礎を築いた王 ラームカムヘーン

スコータイ王朝は、三代目のラームカムヘーン大王時代に黄金期を迎えた。ラームカムヘーンは、近隣諸国と同盟を結び、中国とも貿易をはじめるなど、スコータイ王朝を広大な領域を支配する大国にまで発展させた。また、仏教の普及にも尽力し、多くの寺院を建設。最初のタイ文字を考案し、タイの文学など国の文化芸術の発展にも力を注いだ。様々な業績からタイ三大王の1人に数えられ、「マハラート（大王）」の尊称で呼ばれており、タイで2013年より新しく発行された20バーツ紙幣の裏面に肖像が使用されている。

ラームカムヘーンの死後、スコータイ王朝は急速に国力が衰え、新たにアユタヤ王朝が誕生し、スコータイ王朝は滅びた。

▲スコータイ王朝を大国にまで築き上げたラームカムヘーン

▲三重の城壁に囲まれたワット・マハタート

POINT 2

スコータイ アユタヤの年表

スコータイには約140年、アユタヤには約400年の歴史があったといわれている。

時代	王朝と歴史
1220年頃	クメール王朝(※)（アンコール王朝）の配下
1240年頃	クメール王朝から独立、スコータイ王朝の成立
1290年頃	第3代ラームカムヘーン王のときに最盛期を迎える
1350年頃	アユタヤ王朝おこる
1351年	アユタヤ王朝前期、ワット＝ヤイチャイモンコン建立（1357年）
1378年頃	アユタヤ王朝がスコータイ王朝を滅ぼす
1488年	アユタヤ王朝中期、ワット＝プラシーサンペット建立（1492年）
1629年	アユタヤ王朝後期へ、1767年、ビルマ軍の侵入でアユタヤ王朝滅亡

CHECK!

スコータイ王朝に誕生したスコータイ仏

女性的な曲線と質素なデザインのスコータイ仏。タイの仏像といえばこのスコータイ仏といわれるほどで、仏教絵画などでも好んで描かれることが多い。

スコータイ仏の代表である「アチャナ仏」▶

※クメール王朝（アンコール王朝）／9世紀から15世紀まで続いたカンボジアのもととなる国

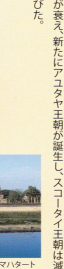

3

アンコールの遺跡

【遺産名】アンコール
●登録年…1992年 ●分類…文化遺産 ●登録基準…1、2、3、4

カンボジアで約600年続いたといわれるアンコール王朝（クメール王朝）時代に、歴代の王たちが建造してきた遺跡群。最盛期には、現在のタイやラオスを含む、インドシナ半島の中央部を支配する力を持ち、26人の王を輩出。王たちは、仏教やヒンズー教を信仰し、多くの宗教的建築物を残した。

深い森の中に広がる600年続いた王都の遺跡群

アンコール遺跡群の範囲は広く、大きなものだけでも約60の遺跡がタイ・ラオス・カンボジアにかけて点在している。中でも有名なのが、カンボジア北西部のシュムリアップ周辺の「アンコール・ワット」と「アンコール・トム」だ。

アンコール・ワットはヒンドゥー教の二大神の一つヴィシュヌ神（※）を祀った寺院であり、歴代の王たちの霊廟でもある。約200haと広大な敷地の中に三重の回廊に囲まれた五つの塔がそびえ立ち、回廊の壁面を埋め尽くすように彫られたレリーフ"デバター"は、その繊細な美しさから「東洋のモナリザ」とも言われている。

アンコール・ワットの北に位置する、アンコール・トムはクメール王国の最盛期に建設された巨大な都城で、中心に建つ寺院バイヨンの50以上もある塔は、観世音菩薩を模したとされる四面像で、圧巻の光景が広がっている。

▲繊細な彫りのレリーフもみどころの一つ

▲世界最大級の石造寺院である、アンコール・ワット

POINT

神秘的な四面像が微笑む五つの塔 アンコール王朝の最初の都城

アンコール王朝（クメール王朝）の最盛期である12世紀末から13世紀にかけて築かれた都城「アンコール・トム」は四方3㎞を堀と8ｍもの高さのラテライトの城壁で囲まれている。外と中をつなぐのは、南大門・北大門・西大門・死者の門・勝利の門の五つの城門。この五つの門は塔になっていて、四面が人面像になっている。内部は中心に寺院のバイヨンがそびえ立ち、その塔にも観世音菩薩の四面仏が彫刻されている。

この四面像は、観世音菩薩を模したというのが一般的となっているが、一説によるとアンコール王朝（クメール王朝）初の仏教徒の国王であったジャヤーヴァルマン7世を神格化して偶像化した説や、近年の研究ではヒンドゥーの神々を表しているという説もある。その神秘的な表情から"クメールの微笑み"と呼ばれ、かつて栄華を極めた都城の記憶を今に残す、貴重な遺跡となっている。ほか、内部には宮殿やテラス、王宮跡などを見ることができる。

▲「大きな都市」という意味を持つ、「アンコール・トム」

▲"クメールの微笑み"と言われる神秘的な表情の仏面

戦乱で荒廃した国の復興を目標に様々な善意事業を行ったジャヤーヴァルマン7世▶

CHECK!

自然の驚異 世にも不思議な光景

アンコール・トムの東側に建てられた仏教寺院「タ・プローム」は、寺院の上に樹木が絡み、まるで寺院を飲み込んでいるような迫力ある景観が眺められる。密林に広がる遺跡ならではの独特の光景は「タ・プローム」のみどころの一つだ。

▲異様な景観で有名となった「タ・プローム」 photo by Aria Zwegers

※ヴィシュヌ神／ヒンドゥー教の神。三神（ブラフマー、ヴィシュヌ、シヴァ）一体論では、三つの最高神で宇宙の創造・維持・破壊を分掌する

4

［アジア／インド］

タージ・マハル

【遺産名】タージ・マハル
●登録年…1983年 ●分類…文化遺産 ●登録基準…1

タージ・マハルは、ムガール帝国第5皇帝シャー・ジャハーン（1592〜1666年）が**36歳の若さで亡くなった妃、ムムターズ・マハルのために建てた白亜の霊廟《れいびょう》である。**22年の歳月をかけてつくり上げ、完成したのは1654年のこと。インドを代表するイスラム建築である。

ムガール帝国皇帝が建てた王妃への愛の〝記念碑〟

タージ・マハルとは、「マハル（宮殿）の王冠」という意味で、その造営には世界各地から最高の素材と職人を集め、贅を尽くしている。総面積17万㎡の敷地は5つの要素で構成されている。南門、庭園、西側のモスク、東側の迎賓施設、そして高さ42mの4本の尖塔（ミナレット）がそびえる、大理石の霊廟である。タージ・マハルの「白大理石」には、翡《ひ》翠《すい》、トルコ石、サファイアなど数多くの宝石・鉱石がはめ込まれている。巨大なドームはインド・イスラム様式で、外壁にはイスラム教の聖典コーランの教義が刻まれている。

「皇帝の涙の結晶」ともいわれる廟は、基壇の一辺が約95m、中央のドームの高さは約60m。左右対称のデザインは、東西南北どこから見ても同じデザインになっている。なお、シャー・ジャハーン帝もこの廟に葬られ、二人の棺が地下に安置されている。

▲白大理石に刻まれた緻密なアラベスク模様

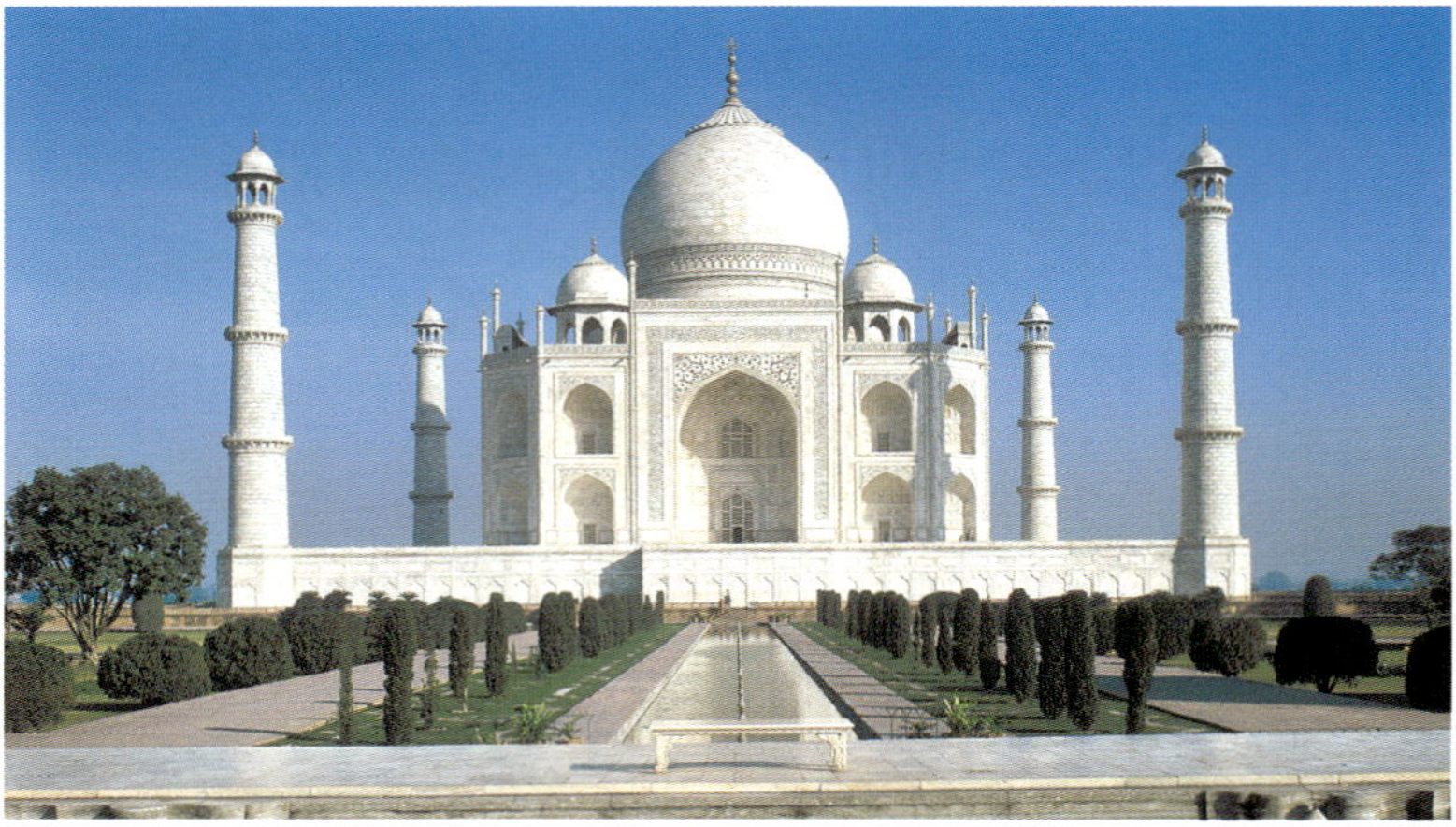
▲宮殿のように見えるが、まさに“世界一の美しいお墓”ともいえる

POINT 1
赤と白のドラマ タージ・マハルと2つの赤い城

赤い城は、タージ・マハルから約3km程の場所に位置する世界遺産。赤砂岩で築かれた城壁の色から赤い城の呼び名があるが、正式には「アーグラ城塞」という。ムガール帝国第3皇帝アクバルが1565年に着工し、1573年に完成した。その後、タージ・マハルを建てた第5皇帝シャー・ジャハーンがここを補強、増築し、さらに、第6皇帝アウラングゼーブによって防衛性を高めた。

晩年のシャー・ジャハーンは、息子のアウラングゼーブ帝によって、この赤い城の「囚われの塔」に幽閉され、タージ・マハルを毎日眺めて涙を流して過ごしたと伝えられている。なお、シャー・ジャハーンはデリーに居城を置き、ラール・キラー(赤い城・英語でレッド・フォート)を1648年に完成。このデリーの赤い城も2007年に世界遺産になっている。

▲赤い城から見た、タージ・マハル。皇帝もこんな景観を眺めていたのであろうか　photo by Cannergy

▲デリーの赤い城(ラール・キラー)　photo by AlexFurr

POINT 2
タージ・マハルとアーグラ城塞の位置

両者の場所が川沿いにあるので、この2つの遺産は船での往来も盛んにできた。

CHECK!
白亜の壁面を彩る繊細な幾何学模様

タージ・マハルの壁面の大理石にはイスラム美術の一様式である「アラベスク模様(※)」が施されている。人物を描くことを禁じるスンニ派のイスラム的世界観に基づき、植物や動物などをモチーフにしているのが特徴。

▲タージ・マハルの壁面　photo by Cannergy

※アラベスク模様／唐草模様を代表とする植物のツタが絡まり反復する模様や、シンメトリーの図柄で構成されている。アラビア模様ともいう

5

［アジア／トルコ］

カッパドキア・ギョレメ国立公園

【遺産名】ギョレメ国立公園とカッパドキアの岩窟群 ●登録年…1985年 ●分類…複合遺産 ●登録基準…1、3、5（文化）、7（自然）

トルコの中央アナトリア地方の地区の一つ「カッパドキア」。南北50㎞、標高1000mを超える高原には、**キノコや煙突のような形の奇岩が林立した奇観が広がる。**かつて迫害から逃れたキリスト教徒たちが移り住んだ地であり、身を隠し、静かに祈りを捧げ暮らした岩窟や地下都市が数多く発見されている。

自然と信仰心が生み出した唯一無二の景観

世界に類を見ないカッパドキアの奇岩群は約6000年前の火山噴火によって堆積した火山灰と溶岩が、凝灰岩と溶岩層になり、長い歳月をかけて風雨の浸食をくり返したことでできたものである。

3世紀半ばからは、この場所にローマ帝国による宗教弾圧を逃れた**キリスト教の修道士たちが移り住み、岩をくり抜き教会や修道院をつくりはじめた。**さらに8世紀になると、キリスト教徒がイスラム教の迫害から逃れるため、地下にまちをつくるようになり、確認されたものだけで36の地下都市が存在する。2014年にネヴシェヒルで発見された地下都市（※）は深さ推定113mで、居住空間や調理場などを備えた巨大地下都市。礼拝堂もありキリスト教徒たちが身を隠しながらひっそりと身を隠しながら、信仰を続けていた様子が残る。

▲カッパドキアのカルスト状の山

▲普通の住居と岩の家が混在する街の地下に、トンネルでつながった地下都市が発見された photo by Maarten Dirkse

※2014年に発見された地下都市／カッパドキア最大の都市「ネヴシェヒル」の丘の上に建つ城付近で、低所得者向けの住宅を解体する際に地下への入り口を2013年に発見。2014年から調査をスタートし、現在も続けられている

POINT

数千年の時がつくりだした美しくも奇妙な光景

ペルシャ語で「美しい馬の地」を意味するカッパドキアには、様々な観光名所が点在している。代表的なのが〝妖精の煙突〟と呼ばれる無数の奇岩群。ほかにも「見てはならぬもの」という意味の「ギョレメ」と名付けられたギョレメ谷やギョレメ国立公園、キリスト教徒がつくり上げた岩窟教会数々、カイマクル・デリンクユあるいはオズコナックの巨大な地下都市など、自然と人の手によってつくりだされた〝奇跡の芸術〟が、広大な土地に広がっている。その美しくも奇妙な光景は、ぜひ現地で実際に観ることをおすすめしたい。

▲風雨で地層下部の柔らかい凝灰岩などが侵食され、硬い部分が残ることで奇妙な形になっている

CHECK!

「暗闇の教会」に描かれた鮮やかなフレスコ画

岩窟教会や修道院が数多く点在するギョレメは350～500もの教会があったといわれている。現在は約30の教会が「ギョレメ野外博物館」として公開され、内部では当時、キリスト教徒が描いたというフレスコ画が残されている。中でも最も保存状態の良いフレスコ画で有名なのが「暗闇の教会」のもの。小さな窓しかなく、内部に光が差し込まないことや、様々な環境条件が揃い、美しい壁画を見ることができる。

▲新約聖書のキリスト誕生から昇天までをテーマにしたフレスコ画

【一口メモ】カッパドキアでは、紀元前から岩をくり抜き住居として利用していたと考えられている

6

［アジア／日本］

白《しら》神《かみ》山《さん》地《ち》

【遺産名】白神山地
●登録年…1993年　●分類…自然遺産　●登録基準…9

青森県と秋田県にまたがる広大な山岳地帯の総称。標高1000～1200mの一帯に広がる**世界最大級のブナの原生林**は、人為の影響をほとんど受けておらず、高山植物や約4000種の動物が生息している。3つの滝からなる暗門滝、様々な渓谷や樹齢約400年のブナの巨木も有名。

▲白神山地の景観

8000年の時を刻んできた世界最大級のブナの原生林

広さ170㎢に及ぶ、世界最大級のブナの原生林が広がる白神山地。縄文時代に誕生したと考えられ、**8000年近い歴史を持つこの広大な山岳地帯は、様々な事情から、ほぼ人の手が加えられていない。**1993年に世界遺産に登録されたのも、手つかずの自然が残されていることが評価されたためで、今後もこの原生林を守るため、山道の整備などを行なう予定はない。ブナの天然林にはブナ―ミズナラ群落やサワグルミ群落のほか、高山植物など多種多様な植物が生育している。また、高緯度にもかかわらず、ツキノワグマ、ニホンザル、クマゲラ、イヌワシなども生息しており、白神山地全体がまるで〝**森林博物館**〟のような景観となっている。

▲人為的影響をほとんど受けていない原生林（十二湖の森）

POINT

絶滅が心配されるクマゲラ

クマゲラは白神山地のブナの原生林のシンボル的存在。日本では北海道から東北にかけて生息しており、現在は開発による生息地への破壊などにより、生息数は減少。1965年には、国の天然記念物に指定されている。

▲クマゲラ　photo by Alastair Rae

【一口メモ】150～200年で高さ30mの木に育つブナは、8t以上の水を蓄えると言われる。その保水力で、何千年もの歳月をかけてできた腐葉土の層はひんやりとして柔らかい

日光《にっこう》の社寺《しゃじ》

【遺産名】日光の社寺
●登録年…1999年 ●分類…文化遺産 ●登録基準…1、4、6

日光の社寺は、**「二荒山神社《ふたらさんじんじゃ》」、「東照宮《とうしょうぐう》」、「輪王寺《りんのうじ》」の二社一寺とその境内から成っている。**二社一寺には国宝9棟、重要文化財94棟、計103棟の建物がある。1617年に江戸幕府の初代将軍・徳川家康の霊廟である東照宮が建てられ、1653年には輪王寺に大猷院廟《たいゆういんびょう》が造営され、徳川幕府の聖地となった。

社殿と自然が一体となった日本を代表する文化的景観

神仏習合（※）の地日光山内の表玄関になるのが、長さ28m・アーチ型の「神橋《しんきょう》」。ここを渡ると輪王寺があり、その先に日光の代名詞にもなっている**有名な東照宮の陽明門《ようめいもん》**がある。さらに、**二荒山神社、輪王寺**の一部となっている「大猷院廟」と続く。

輪王寺の本堂は山内最大の大きさを誇り、三仏が祀られている。**東照宮**が徳川家康を祀るために創建されたのは1617（元和3）年のこと。その後、家光によって現在のような絢爛豪華な建物になった。二荒山神社の本殿は1619年に建てられたときの姿をそのまま残している。

▲東照宮の陽明門は一日中見ていてあきないことから、「日暮らし門」とも呼ばれる

▲東照宮の「見ざる言わざる聞かざる」の三猿

POINT

東照宮からはじまった「権現造《ごんげんづくり》」の神社建築

日本の神社建築様式の一つである「権現造」は、本殿と拝殿を「石の間」と呼ばれる一段低い建物でカタカナの〝エ〟の字形につなぎ、二棟を一体化させているのが特徴。ほかに「石の間造」や「八棟造」ともいう。

権現造りの図

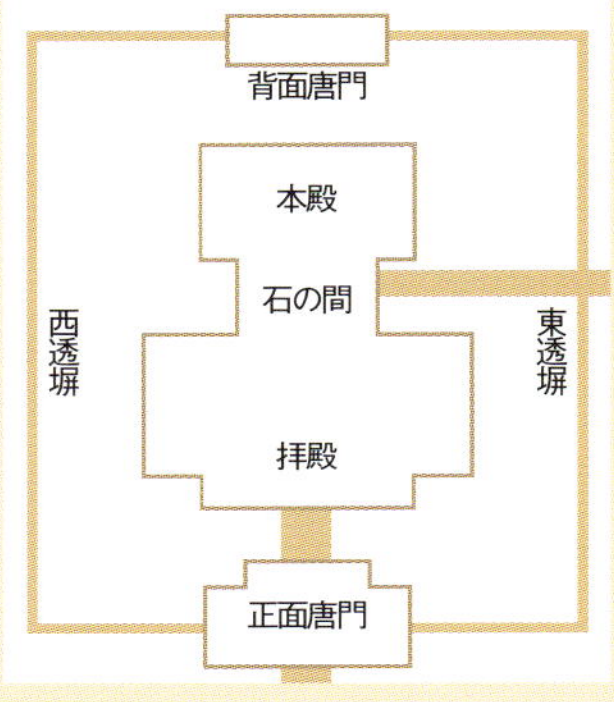

※神仏習合／日本古来の神と6世紀に伝来した仏教を結びつけ、一体のものと見なす信仰のこと

［アジア／日本］

白川郷《しらかわごう》と五箇山《ごかやま》の合掌造《がっしょうづく》り集落

【遺産名】白川郷・五箇山の合掌造り集落
●登録年…1995年 ●分類…文化遺産 ●登録基準…4、5

岐阜県と富山県にまたがる庄川沿いに、現在も人が住んでいる合掌造りの民家の集落が点在する。その中に山村の風景ともいわれる「白川郷」と「五箇山」という地域があり、合掌造りの家々が並ぶ三つの集落が世界遺産になっている。ここは、かつての集落景観を現在も保っている。

▲新緑の白川郷の景色

豪雪地帯の知恵と互助の結晶
日本の原風景残る合掌の里

大型の木造家屋数十棟（小さいものを合わせると100棟以上）からなる、岐阜県と富山県にまたがる合掌造りの集落。合掌造り家屋が、険しい山間部の豪雪に耐え、養蚕に利用するために工夫された独特な特徴を持つ建築物であること、その集落の自然景観が見事であることが評価され、文化遺産に登録された。

▲白川郷・荻町、ライトアップされた雪の中の合掌造りの家

今も人が暮らす世界でも珍しい遺産でもある。合掌造りは日本各地でみられるが、白川郷のものは「切妻合掌造り」といわれ、手のひらを合わせたような、急勾配の大きなかやぶき屋根が〝合掌〟の由来である。内部は3～5階建てで、1階は居室空間、2階以上は屋根裏の寝室や作業場となっている。

CHECK!

めったに見られない
30年に1度の葺《ふ》き替え作業

大きな合掌造りの家の場合、使用するかやの量はおよそ12,000束。昔は村中総出で葺き替え（※）を手伝っていた。費用の問題もあるが、技術の継承という側面からも、現在もそれぞれ手伝いあっている。合掌造りを維持出来なくなり、家を壊したのが口惜しいと手伝いに来る人も多い。

▲めったに見ることができない作業風景
photo by Bernard Gagnon

※葺き替え／屋根のわらやかやなどを新しいものに取り替える事。屋根の片面を一日、両面を二日で葺くためには相当の人手がいるため、「結」という互助組織を使うなど村人総出で行う

古都奈良《なら》の文化財

【遺産名】古都奈良の文化財
●登録年…1998年 ●分類…文化遺産 ●登録基準…2、3、4、6

奈良は710年から794年までの日本の首都であり、政治・経済・文化の中心として栄えた。この時代に中国（唐）との交流を通して日本文化の原型が形成された。794年に首都が京都へ移った後も、大社寺を中心にした地域が宗教都市として存続し繁栄した。これらの文化遺産には宮跡・寺院・神社がある。

▲興福寺・東金堂と五重塔

平城遷都1300年の文化を今に伝える、8つの資産群

「古都奈良の文化財」は奈良市にある8つの資産で構成されている。五重塔や阿修羅像で有名な「興福寺《こうふくじ》」や聖武天皇の発願により創建された「東大寺」、平城京の守護のために建立された「春日大社《かすがたいしゃ》」と841年から樹木伐採が禁じられてきた「春日山原始林《かすがやまげんしりん》」など自然と調和した景観のほか、蘇我馬子が建立した「元興寺《げんこうじ》」、約1300年前に都の中心があった「薬師寺《やくしじ》」や「唐招提寺《とうしょうだいじ》」、地中に埋もれた「平城宮跡《へいじょうきゅうあと》」となっている。登録された遺産のほとんどが、平城京との関わりを深く持ち、隆盛した往時の面影を今も伝えている。世界文化遺産に登録された古都奈良の文化財は、中国大陸や朝鮮半島との文化的交流を示す建造物や宝物も数多い。

▲奈良の大仏や正倉院、南大門の仁王像などで有名な東大寺 photo by POHAN

CHECK!

二度再建された大仏殿

東大寺の大仏殿（※）は正面57m、奥行き約50m、鴟尾《しび》まで約48mと木造建築物としては世界最大級を誇るが、これは江戸時代に再建されたもので、最初の大仏殿は平安末期に焼失、鎌倉時代に再建した大仏殿も戦国時代に戦火で焼失している。大仏は元の大きさで再興されていたが、大仏殿は資金・木材不足もあって縮小された。

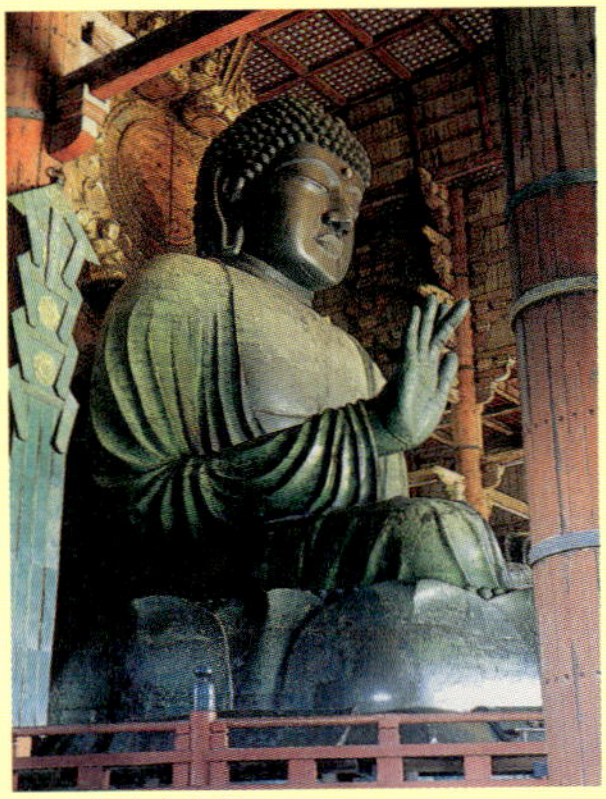
▲東大寺大仏殿

※東大寺大仏殿／「奈良の大仏様」で有名な大仏は、正式には盧舎那仏坐像（るしゃなぶつざぞう）といい、その光が世界を照らすという仏の中の仏。高さ約14.98m、幅約20m、金銅像としては世界一の大きさを誇る

10 古都京都《きょうと》の文化財

【遺産名】古都京都の文化財
●登録年…1994年 ●分類…文化遺産 ●登録基準…2、4

日本文化の集積地「京都」。この古都には室町幕府の第三代将軍・足利義満が建立した「金閣寺」をはじめ、藤原氏ゆかりの寺院「平等院《びょうどういん》」など、歴史的文化財が数多く残されている。大火や兵火により、相当部分を焼失してしまったが、再建をくり返し、現在も日本文化の象徴として、京都の地で守られている。

栄華を極めた時代の記憶を残す 千年の都に広がる日本の宝

約3000の社寺、2000件を超える文化財があるという京都。多くの文化や歴史が生まれたこの地は、1867（慶応3）年に二条城（登録資産）で大政奉還が行われ、明治天皇が即位するまでの千年以上、日本の都であった。数多くの建造物の中で登録されているのは京都市、宇治市、大津市の17の社寺と城だ。平安時代から江戸時代まで、それぞれの時代を代表する建築様式や庭園様式、文化的背景を今に伝える遺跡の数々は、その後の日本建築や都市計画の発展に大きな影響を与えたという。また、長い歴史の中で、大火や兵火により、遺跡の相当分を焼失したが、その度に再建をくり返し、現在も日本文化の象徴として大切に守られている。

▲世界的に有名な龍安寺・枯山水の石庭
photo by papalagi chen

▲平安貴族文化が色濃く残る平等院

CHECK! 清水寺本堂の“秘仏”

登録遺産の一つである「清水寺」。おなじみの“清水の舞台”から眺める京都市街の眺望というパターンが多いが、この本堂には「清水型十一面千手観音像」という御本尊がある。40本の腕に25の観音力が宿っているという、奥ゆかしく慈悲深い観音様である。ただし、ご開帳は33年に一度となっている。

▲御本尊が置かれている本堂
photo by Kentaro Ohno

11 百舌《も》鳥《ず》・古市古墳群 ―古代日本の墳墓群―

【遺産名】百舌鳥・古市古墳群
●登録年…2019年 ●分類…文化遺産 ●登録基準…3、4

大阪府の中部に位置する堺市、羽曳野市、藤井寺市の3市には、古墳時代に造られた2000基を超える古墳のうち89基が現在も残っている。この**3市に分布する「百舌鳥エリア」と「古市エリア」の2つのエリアに保存されている状態の良い45件49基の古墳群が**世界遺産となっている。

古代の王権の力を今に伝える多種多様な墳墓群

世界でも独特な鍵穴形の前方後円墳という墳墓をはじめ、古代日本の文化を物語る貴重な遺産として45件49基の古墳群が評価され、文化遺産に登録された。大阪府堺市に分布する「百舌鳥エリア」には、**墳丘長486m、高さ35m、体積140万㎥と日本最大の墳墓である「仁徳天皇陵古墳」**がある。3重の濠と2重の堤があり、外側の拝所の手前まで立ち入ることができる。また大阪府羽曳野市と藤井寺市に分布する「古市エリア」には、全国2番目の大きさを誇る「応神天皇陵古墳」があり、そばには誉田八幡宮が隣接している。古墳には様々な種類があり、有名な**前方後円墳のほか帆立貝形墳、円墳、方墳と4つの形の古墳が**世界遺産に登録されている。

▲世界三大墳墓に数えられる仁徳天皇陵古墳 photo by堺市世界遺産課

▲古墳の内部構造を再現した模型 photo by百舌鳥・古市古墳群世界遺産保存活用会議

POINT

古墳の中に納められた「副葬品」

古墳の埋葬施設には、遺体や棺のほか副葬品と呼ばれる品物が一緒に納められていた。最も多いのが鉄製の武器・武具で、そのほか葬られている人が身に着けていた耳飾りや、祭祀に使われていたとされる「石製模造品」という道具なども納められていた。

◀花形飾りなどの豪華な副葬品 photo by羽曳野市教育委員会

【一口メモ】日本列島で最初に造られた巨大古墳は、奈良県にある「箸墓古墳」であるとされており、この墳墓は邪馬台国の女王・卑弥呼が埋葬されているという説もある

12

［アジア／日本］

姫《ひめ》路《じ》城《じょう》

【遺産名】姫路城

●登録年…1995年 ●分類…文化遺産 ●登録基準…4、5

現存する城郭と遺構は、関ヶ原の戦いで功を立てた**池田輝政《てるまさ》が8年の歳月をかけて築城**したもの。安土桃山時代から江戸時代初期にかけての建築技術の粋を極めた傑作といわれ、軍事的・芸術的にもっとも完成された文化財として1993年、法隆寺とともに日本で初の世界文化遺産に指定された。

天下一の誉れ高い 崇重華麗な白亜の要塞

兵庫県姫路市内の小高い丘、姫山に建つ姫路城。江戸時代初期の1609年、池田輝政によって完成され、日本の城郭建築の最高傑作といわれる。天守閣群は、外観5層、内部6層の大天守を中心に渡櫓で結ばれた3つの小天守で構成された「連立式天守閣」という様式で、**軍事的・芸術的に安土桃山建築の粋**が凝らされている。白壁が美しく、羽を広げて舞う白鷺のようなので、**「白鷺城《しらさぎじょう》」の別名でも親しまれている。**姫路城には、国宝や重要文化財の指定を受けた建造物が82棟もあり、長い歴史の中で一度も戦火に巻き込まれることもなく、日本の城郭建築物の中では第一級の保存度を誇っている。「平成の修理」を終え、白漆喰総塗籠造りの鮮やかな姿が蘇った。

▲城壁より望む姫路城

▲大天守は2015年3月、5年半に及ぶ大規模な改修工事「平成の大修理」が終了

CHECK! ビューポイント 世界遺産姫路城十景

1993年に世界遺産として登録されたことを記念して、姫路城ビューポイントを一般公募。1994年に姫路城が最も美しく見える10カ所として選ばれたのが「世界遺産姫路城十景」。誰でも自由に行く事ができ、城を取り巻く方向にあるという前提で選ばれている。

▲城見台公園から観る姫路城

【一口メモ】姫路城の逸話／徳川家康の孫娘である千姫の物語や、宮本武蔵の妖怪退治、播州皿屋敷お菊井戸など建築以外にも多くの物語の舞台として、城にまつわる逸話が多いのも魅力だ

宗《むな》像《かた》・沖ノ島

【遺産名】「神宿る島」宗像・沖ノ島と関連遺産群
●登録年…2017年 ●分類…文化遺産 ●登録基準…2、3

沖ノ島は九州本土と朝鮮半島の中間地点に浮かぶ孤島で、古代より航海の重要な目印であると共に、「神宿る島」として信仰されてきた。沖ノ島は古くから一般人の立ち入りができないが、その信仰は、宗像地域の九州本土や大島で継続されている。2017年、日本の世界遺産の中では21番目に登録された。

大陸交流の道しるべである沖ノ島への信仰が残る

4～9世紀の日本の古墳時代から平安時代頃まで古代のシルクロードを結ぶ東アジアとの外交や交易が盛んにおこなわれていた。日本列島と朝鮮半島の間に位置する沖ノ島は、大陸へ向かう航海の安全の目印であり、**島を「宗像三女神」と呼ばれる三姉妹の神**を見出して信仰が始まったといわれている。その信仰の中で祀られた遺跡や奉献品がほぼ手付かずで見つかっており、**中国や朝鮮半島、ペルシア（現イラン）などの製品や**、日本国内で作られたと思われるものなど約8万点の奉献品はすべて国宝に指定されている。一般人は沖ノ島に入ることができないが、大島にある遥拝所から大島を拝むことができる。

▲沖ノ島に建つ宗像大社沖津宮の社殿

▲5〜7世紀に行われた岩陰祭祀の場（※）

POINT

宗像氏とは

海洋豪族（海人族）として宗像地域と響灘西部から玄界灘を支配したとされる豪族が宗像氏。ヤマト王権との強固なつながりがあったと考えられている。彼らが支配した土地には、多数の前方後円墳など、北部九州有数の古墳群が発見されている。

▲宗像氏の墳墓である新原・奴山古墳群

※沖ノ島の祭祀/沖ノ島では4世紀から9世紀にかけて「岩上（がんじょう）祭祀」、「岩陰祭祀」、「半岩陰・半露天祭祀」、「露天祭祀」の順番で祭祀の変遷があったとされる。露天祭祀の頃には独自の奉献品も見られる

14

屋《や》久《く》島《しま》

［アジア／日本］

【遺産名】屋久島
●登録年…1993年 ●分類…自然遺産 ●登録基準…7、9

鹿児島県佐多岬《さたみさき》から南南西約60kmの洋上に浮かぶ円形の島。屋久島は九州最高峰の宮之浦岳《みやのうらだけ》をはじめ、1800m級の山々が連なり、その山岳美は「洋上のアルプス」と形容されるほど。一説には**樹齢7200年ともいわれる「縄文杉」は屋久島のシンボル**として、毎年多くの観光客が、その場所に訪れている。

水の恵みが育む、神秘の自然 洋上のアルプスが連なる島

観光地としても有名な屋久島は、九州の南端からさらに南南西の洋上に浮かぶ円形の島。植物が育ちにくいといわれる花崗岩でできた島に、亜熱帯から亜寒帯まで、実に多様な動植物が生息しており、**「日本列島の気候が凝縮した島」**ともいえる。これは標高差と黒潮の影響といわれ、周囲に連なる山々に海から上がる水蒸気がぶつかり多量の雨が島に降るため、豊かな森が広がるのだ。森の中腹には屋久島のシンボルである「縄文杉」がそびえ立つ。幹周約16・4m、標高約25・3mの巨樹は、その姿を一度目にしたいと、常に多くの観光客が訪れている。また、古くから景勝地として知られる**「白谷《しらたに》雲水峡《うんすいきょう》」**も有名で、映画「もののけ姫」のイメージになったといわれる。

▲多様な動植物が生息する、豊かな森

▲その姿を目にして泣き出す人もいるという「縄文杉」

CHECK!

縄文杉を見るには 片道5〜6時間の登山は覚悟

登山の途中に三代杉、翁杉、大王杉、夫婦杉と、有名な屋久杉が次々と目の前に。ウィルソン株は豊臣秀吉が京都の方向寺建立のために切らせたもので、もし順調に生育していたら、縄文杉を超えるばかりか、おそらく日本最大の樹木であったろうといわれている。急峻な山道を登った末、縄文杉が見られる。

▲ひっそり旅人を待つウィルソン株。中は空洞で水が湧く photo by frontriver

【一口メモ】東洋のガラパゴス／日本の植物種の7割以上の植物種がひしめきあい、固有種（世界で屋久島だけ自生）が約40種、屋久島を南限とする植物が約140種、北限とする植物が約20種も見られる

15

知床《しれとこ》

【遺産名】 知床
●登録年…2005年 ●分類…自然遺産 ●登録基準…9、10

オホーツク海と根室《ねむろ》海峡を分けるように突き出した北海道・知床半島。豊かな海に囲まれた半島には、地球が創った湖、滝、山、川などの**貴重な自然がそのまま残っている**。そこに棲む動物の多様性が認められ、海の部分が登録に入っていることも日本の自然遺産では初めてである。

知床の豊かな自然に抱かれた雄大かつ繊細な景観

北海道の東端にあるオホーツク海に面した知床半島。夏は奥深い原生林、冬は流氷とそれぞれの季節ごとに自然の楽しみがあり、多くの野生動物が暮らしている。原始性の高い国立公園で、陸域にはオジロワシ、シマフクロウ、ヒグマなどが生息し、川にはシロザケなどが遡上する。海域には世界で最も南端に接岸する流氷により大量のプランクトンが運ばれ、豊富な魚介類が生息。それを求めてシャチ、マッコウクジラ、ゴマフアザラシなどが繁殖や採餌に訪れる。**陸・川・海のつながりと豊かな生物相が大きな特徴**で、海岸線から約3km沖までが登録地域となり、日本で初めて海洋を含む自然遺産登録物件となった。

▲雄大な知床連山がそびえる、初夏の知床。ごく一部は木道も整備されているが、ほとんどが手付つかずの自然

▲流氷に乗る、天然記念物「オオワシ」

CHECK!

流氷を起源とする知床の自然に独特の生態系が見られる

知床半島は南下してきた流氷をくい止めるような地形をしているので、流氷で海が全く見えなくなる流氷大陸や、流氷がせり上がって山のようになる流氷山脈などの光景を見ることができる。流氷の上にいるアザラシやオオワシ、オジロワシを見ることができる。

▲流氷に乗って現れる人気のゴマフアザラシ

【一口メモ】海氷／よく聞く「流氷」は、海上を流れ漂っている氷をさす。海氷は海水の対流を促進するいわばバリアで、海の下層にあった栄養を表層まで循環している

［アジア／韓国］

慶州《キョンジュ》の歴史地域

【遺産名】慶州歴史地域　●登録年…2000年　●分類…文化遺産　●登録基準…2、3

韓国の慶州市付近に広がる「慶州歴史地域」は、**古代の朝鮮半島南部で栄えた都「新羅《しらぎ》」が置かれていた場所。**7世紀中ごろの三国統一以降、朝鮮半島の政治・文化の中心地となったこの地域は、南山《ナムサン》、月城《ウォルソン》、大陵苑《デルンウォン》、皇龍寺《ファンリョンサ》、山城《サンソン》の五つの地区で構成され、歴史的建造物と古墳群が独特の景観をつくりだしている。

広大な敷地に点在する 韓国で最も長く続いた都の跡

新羅1000年の都として知られる慶州。953年に滅亡するまで、新羅王朝が置かれたこの地域は、現在の慶州市街から郊外にかけて数々の遺跡が残されており、別名**「屋根のない博物館」**とも呼ばれている。5つの地区はそれぞれ特色ある遺跡が点在。中心街には15万㎡もの広大な敷地を誇る「古墳公園」があり、園内で最大規模を誇る高さ約25m、底辺の直径が約83mの皇南大塚や23基の新羅王族の古墳など、多くの古墳が集まっている。**また、古墳群から出土した新羅王の副葬品は〝屋根のある博物館〟の「国立慶州博物館」に収蔵。**ほかに、先史時代から朝鮮時代にかけて3000点以上の貴重な遺物を展示。新羅の文化遺産を一日で見ることができる。

▲大陵苑地区の古墳群　photo by riNux

▲新羅の王侯貴族が船を浮かべて遊んだ雁鴨池（アナッチ）

CHECK!

東洋最古の天文台 瞻星台《チョムソンデ》

建造年・建造者・建造目的は不詳。本当に天文台であるかどうかに関しても未だに議論されている。瞻星台は仏教に力を入れていた善徳《ソンドク》女王の治世下に建造されたといわれ、仏教の発展を願い、仏教の霊山である須《シュ》弥山《ミセン》を真似た祭壇ではないかという説や太陽時計説などがある。

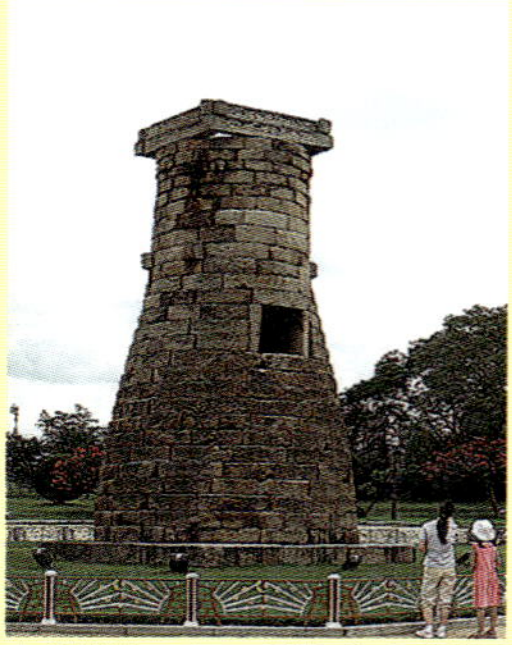

▲月城（ウォルソン）地区にあり韓国の国宝　photo by JaeYong, BAE

【一口メモ】エミレの鐘の伝説／博物館の屋外に、8世紀後半に造られた韓国最古の鐘、国宝「エミレの鐘」がある。溶けた銅の中へ娘を捧げたと云われ、鐘をつくと「エミレ（お母さん）！」と響いたという

昌徳宮《チャンドックン》

【遺産名】 昌徳宮
●登録年…1997年 ●分類…文化遺産 ●登録基準…2、3、4

14世紀後半から20世紀まで続いた朝鮮王朝を現在に伝える古宮で、韓国ソウル特別市に所在する。**朝鮮王朝で王が最も長く住んだ宮殿**であり、王朝の生活様式・趣・思想などが伺える。政務のための効率的構造に優れている景福宮《キョボックン》に対し、昌徳宮は自然がひきたつ豊かな生活空間となっている。

朝鮮王朝の歴史を刻む 自然と調和した鮮やかな宮殿

1405年に朝鮮王朝の離宮として建てられた宮殿。**ソウルに現存する朝鮮時代の宮殿の中で最も原型が多く残っていることから、韓国の五大古宮の中で唯一、世界遺産に選定されている。**壬辰倭乱《じんしんわらん》（豊臣秀吉による文禄の役）により、一度はすべて焼失したが、1615年に再建。約270年にわたり13代の王の政務の舞台となり、王朝の栄枯盛衰を見続けてきた。敷地面積13万5000㎡の広大な敷地には13棟の宮殿のほか、韓国最古の門「敦化門《トンファムン》」や最古の石橋「錦川橋《ウムチョンギョ》」、王の執務所「宣政殿《ソンジョンジョン》」などが点在。北側一帯を占める「秘苑《ピウォン》」は、樹齢300年を超える巨木や池、東屋の施設が自然と見事に調和した、**韓国造園技術の極致**ともいえる景観が広がる。

▲会議室として使われていた熙政堂（ヒジョンダン）の入口

▲ソウルの屋根とも呼ばれている北漢山（プッカンサン）の麓に、自然をそのまま生かして建立された昌徳宮

CHECK! 李氏朝鮮の正宮 景福宮《キョボックン》

朝鮮時代を開いた太祖李成桂《イソンゲ》が、1394年にソウルに遷都し、朝鮮の正宮《ショウグウ》としてつくられた宮殿で、1592年に豊臣秀吉の朝鮮侵攻により焼失したものを、273年後の1865年に再建したもの。再建されるまでの間は昌徳宮が正宮であった。昌徳宮に劣らない美しさや壮大さを持っている。

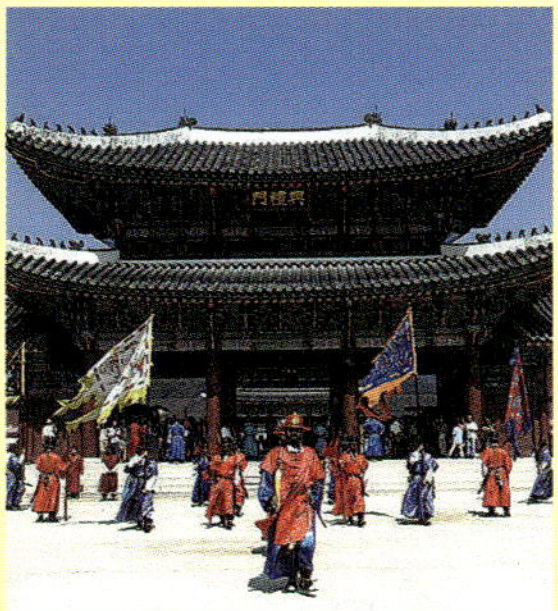

▲建物の復元事業が続く景福宮
photo by kudumomo

【一口メモ】人気ドラマの舞台／自然と調和を成したもっとも韓国らしい宮廷は、人気ドラマ「チャングムの誓い」や「屋根部屋の皇太子」のロケ地にもなった

18

［アジア／中国］

敦煌《とんこう》の莫高窟《ばっこうくつ》

【遺産名】莫高窟　●登録年…1987年
●分類…文化遺産　●登録基準…1、2、3、4、5、6

莫高窟は、楽僔《らくそん》という僧侶が355年あるいは366年、山が金色に輝き、たくさんの仏が姿を現したことで、龕《がん》（※）を開いたことが始まりだといわれている。以来、**元の時代まで約1000年間に渡り石窟は掘り続けられ、約1000の石窟があったとされている。**現在は492の石窟が保存されている。

古代シルクロードの交易路に壁画と仏像で彩られた莫高窟

莫高窟は敦煌市の東南17㎞、鳴砂山《めいさざん》の東斜面にある仏教石窟である。元の時代まで営々と窟龕が開かれ続けたが、1524年頃から敦煌はゴビ砂漠の中に忘れ去られてしまう。**再び脚光を浴びたのは約400年後、1900年のこと。**一つの窟から経典、古文書、仏画などが運びだされたことがきっかけになった。

現在ある石窟には、番号がついており、例えば259窟には芸術性の高い菩薩像などの仏像や壁画がある。全体では2400体の塑像《そぞう》と45000㎡の壁画が残されているという。1000年間を時代ごとに分けて石窟を分類することもでき、仏教が中国に伝来して以降の時代の様子を克明にとどめる文化遺産となっている。

▲莫高窟第96窟の九層楼

▲総長1680mの窟龕の中に至宝が眠っている

POINT
中国の歴史（簡略）

※莫高窟は中国の五湖十六国時代から元の時代まで続いた

時代	西暦	時代	西暦
周	紀元前12〜11世紀	隋	581〜618年
秦	紀元前221〜207年	唐	618〜907年
漢	紀元前202〜8年	五代十国	907〜960年
三国	220〜280年	宋	960〜1279年
晋	265〜420年	元	1271〜1368年
五胡十六国	304〜439年	明	1368〜1644年
南北朝	439〜589年	清	1616〜1912年

※龕／断崖を掘って仏像などを安置する場所。「願を懸ける」の「願」の本来の意味は「龕」である

19

始《し》皇《こう》帝《てい》陵《りょう》と兵《へい》馬《ば》俑《よう》坑《こう》

【遺産名】 秦の始皇帝陵
●登録年…1987年 ●分類…文化遺産 ●登録基準…1、3、4、6

紀元前221年、秦によって統一された中国。その最初の皇帝が始皇帝である。始皇帝は、生前のうちに強大な力を利用し、巨大な陵墓「始皇帝陵」を建てた。その**始皇帝陵から東1.5kmのところに「兵馬俑坑」があり、これは始皇帝を永遠に守るために埋葬された軍隊と考えられている。**いずれも発見されたのは1974年のことである。

約8000体の兵士像が並ぶ 秦の始皇帝の壮大な地下帝国

▲秦の始皇帝・絵画

秦の始皇帝陵は内外二重の城壁に囲まれており、周囲約6・2km、高さ76mの巨大な規模を誇っている。その規模以上に世界を驚愕させたのは、偶然に発見された「兵馬俑坑」。坑は発掘の順番に、第一号坑、第二号坑、第三号坑と名付けられている。第一号坑は最も規模が大きく、**約100台の戦車の俑、約600体の馬の俑、約8000体の兵隊俑があると推定されている。**兵隊俑の平均的な身長は180cmで一体一体、顔の表情や服装が異なる。粘土を材料に彫刻を施して最後に窯に入れて焼いて作られた「俑」は緻密そのものなので、秦王朝時代の人々の服装や生活様式を特定できるようになった。

▲一体一体表情の違う兵馬俑

▲兵馬俑坑

遺産メモ

「俑《よう》」とは中国で死者とともに、副葬品として埋葬した人形のこと。死者を守る、人間・動物・調度品などをかたどる。材質は、陶、木、金属など。兵馬俑坑では陶俑で兵や戦車、馬がつくられた。

【一口メモ】1974年に地元の農民が井戸を掘った際、偶然に発見された

20

麗江《れいこう》旧市街

［アジア／中国］

【遺産名】麗江旧市街
●登録年…1997年 ●分類…文化遺産 ●登録基準…2、4、5

中国雲南省《うんなんしょう》の西北部、標高2400mに位置する麗江市の中心に、麗江旧市街は位置する。800年の歴史を持つ、城壁のない麗江古城は**少数民族・ナシ族によって建設**された。木造瓦葺きの屋根が幹を連ねる街並みに、縦横に走る石畳の道と、網目のように張り巡らされている水路が美しいまち並みをつくりだしている。

青銀の瓦葺き屋根の街並みは800年の歴史を持つ水の都

中国の南西部、少数民族と呼ばれる人々が多く暮らしている雲南省。標高約6000mの玉龍雪山ふもとの麗江などに暮らし、12世紀に麗江を建設した民族・ナシ族も、その少数民族一つ。**トンパ文字という独特の象形文字を持ち、昔ながらの文化を守りながら生活している。**世界遺産に登録されたのは、網の目のような石畳の道が縦横に走り、瓦葺きの2階建て家屋が連なる旧市街。800年の古い歴史を持つ高山都市で、旧市街に残るほとんどの建築物が木造、そして城壁がない古城としても有名。近郊には、玉龍雪山の景色を鏡のように映うつす不思議な色の池「黒龍潭《こくりゅうたん》」や「五鳳《ごほう》楼《ろう》」などがある。

▲運河沿いにある旧市街の木造建築物
photo by eviltomthai

▲葺の屋根が幹を連ねる街並 photo by睿薛

CHECK! ナシ族の都で伝統文化を体感

居住するナシ族の民俗衣装は独特で一見の価値がある。伝統文化をよく保存しており、各地にその文化を展示する博物館、劇場などがある。また、トンパ文字は現在も宗教的に使用されており、世界で唯一の生きた象形文字として「ユネスコ世界の記憶」に登録されている。

▲ナシ族のカラフルな民族衣装
photo by jnissa jnissa

【一口メモ】麗江旧市街の特徴／街一面に広がる濃い灰色や青銀にも見える瓦屋根で「かわらの海」と呼ばれることもあるほど。この全景は、獅子山の山頂にある万古楼から一望できる

北京《ぺきん》と瀋陽《しんよう》の明《みん》・清朝《しんちょう》の皇宮群《こうきゅうぐん》

【遺産名】 北京と瀋陽の明・清朝の皇宮群　●登録年…1987年（拡張2004年）　●分類…文化遺産　●登録基準…1、2、3、4

北京にある**故宮《こきゅう》博物院は、かつて紫禁城《しきんじょう》（故宮《こきゅう》）と呼ばれ明《みん》、清朝《しんちょう》の宮殿**であった。1406年に明の永楽帝《えいらくてい》が造営し、清朝滅亡までの約500年間を居城として使用された。宮殿としては世界最大級の建造物である。瀋陽にある瀋陽故宮博物院は、**瀋陽故宮**（※）と呼ばれ清の太祖ヌルハチにより建設された皇居である。

中国の王朝の歴史を今に伝える2つの皇宮

中国の首都北京に建つ紫禁城（故宮）は、1420年に完成した頃から、1912年に最後の皇帝が退位するまで、**500年の間に24人の皇帝が封建統治の中心**としてきた宮殿。建築構造や規模、色彩、装飾などはすべて封建王朝の儀礼や序列をあらわし、皇帝の権力と厳しい身分制度を示している。幾重にも重なる門で閉ざされた故宮の中心部は、現存する中国最大の木造建築物である。太和殿。皇帝の即位式や出陣の儀式など、国家の重要な儀式がここで行われた。さらに2004年には瀋陽の故宮が追加登録された。規模は紫禁城（故宮）には及ばないが、敷地面積約6万㎡と壮大。後金から清朝の初期まで皇宮とされていた。

▲万里の長城にも劣らない、世界最大の広場を持つ世界最大の宮殿　photo by INABA Tomoaki

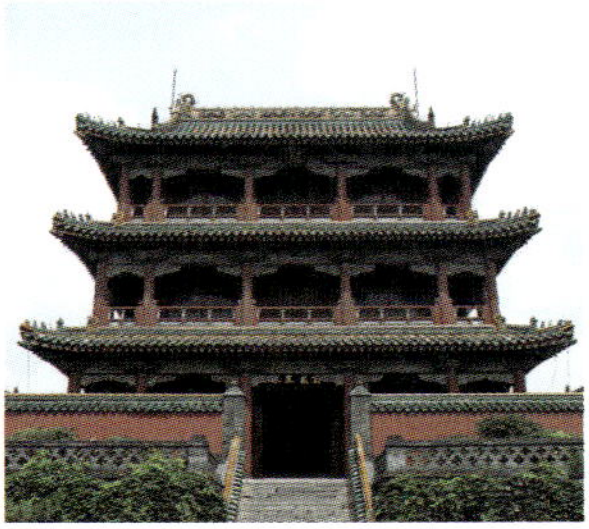

▲瀋陽故宮　鳳凰楼

CHECK! いたるところにある5本の指を持つ龍

故宮には5本の指を持つ龍のレリーフが数多くある。この5本の指を持つ龍は天子（国王、皇帝、天皇などの別号）の象徴とした中華思想からきていて、一般の使用を禁じていた。ほかに、4本指は貴族、3本指は士族、2本指は臣民、1本指は卑民を守護するとされている。

▲九龍の壁　photo by d'n'c

※瀋陽故宮／後金の皇帝ヌルハチの時代（1625年）に着工し、1636年に完成。清朝第三代皇帝の順治帝が皇宮を紫禁城に移した後、清王朝の離宮として利用された

九寨溝《きゅうさいこう》の渓谷の景観と歴史地域

【遺産名】九寨溝の自然景観と歴史地区

●登録年…1992年 ●分類…自然遺産 ●登録基準…7

中国四川省北部のアバ・チベット族チャン族自治州の九寨溝県に位置する自然保護区。岷山《びんざん》山脈の原生林が生い茂った渓谷で、大小100あまりの湖沼や瀑布が点在し中国最後の秘境といわれている。ガラスのような透明度を誇る水は、日中はブルー、夕暮れにはオレンジ色に輝き、まるで絵画のようである。

山奥に秘された大自然の芸術 エメラルドグリーンの湖沼

四川省北部にある岷山山脈の、標高2000～4300mにある渓谷で、深い原生林を背景に、宝石のように澄すみ切った大小100あまりの湖沼と渓流、瀑布が延の50kmにもわたって連なっている景勝地。付近にチベット族の村落である「寨」が九つあったことから九寨溝と名付けられた。九寨溝を強く印象付けるものに、独特の青い水があげられる。この青い水は石灰岩の地層に含まれる炭酸カルシウムによるもので、湧き出た地下水を浄化し、水中のチリまでも湖底に沈めてしまうのだ。140種類もの鳥類や、ジャイアント・パンダ、孫悟空のモデルにもなったキンシコウなどの絶滅の危機に瀕している動物が生息する場所としても知られている。

▲九寨溝を代表する池の一つ「五花海」
photo by Aneo

▲神秘的な景観が広がる

CHECK! 九寨溝の名前のもとになったチベット族の集落

九寨溝には数多くのチベット族の集落があり、実際に生活している。「九寨溝民族文化村」では、土産品だけでなく、付近のチベット族独特の木造建築民家も公開されている。この地区ではボン教を信仰し、民俗文化村には廻すことで経を唱えたことになる宗教用具「マニ車」がある。

▲櫓の中に納められているマニ車

【一口メモ】九寨溝に点在する滝の中で最大のが「諾日朗瀑布（ノリランばくふ）」。海抜2,000mを超えた高地にあり、幅約270m、高さ約25~30mの雄大な滝。諾日朗は「男神」を意味するチベット語である

23

ラサのポタラ宮《きゅう》歴史地区

［アジア／中国］

【遺産名】ラサのポタラ宮歴史地区　●登録年…1994年（拡張2000年、2001年）　●分類…文化遺産　●登録基準…1、4、6

チベット自治区中央にあるラサ市は、かつてチベットにあった統一国家「吐蕃《とばん》」の首都。7～9世紀中頃に国教となった仏教が独自の進化をとげてチベット仏教になり、ラサは今日まで、チベット仏教の中心地となってきた。その総本山が、ラサ市内の標高3700mの紅山《マルポリ》の頂に築かれたポタラ宮である。

大自然に抱かれた天空の聖地　チベット仏教の象徴

チベットの中枢都市ラサにあるポタラ宮は、チベット仏教の総本山。城塞のような建物は、9層からなり、約1000部屋を有する世界最大級の宮殿建築といわれている。ラサの街自体が富士山の頂上と同じ標高にあり、ポタラ宮はそのラサの中でもさらに高地に建っている。チベット国王が7世紀半ばに山の斜面に築いた宮殿式の城砦が、内乱によって損傷していたものを、17世紀、ダライ・ラマ5世が修復と増築をはじめ、50年の年月を費やして完成させたもの。その後、増改築をくり返し、1936年に現在の姿になった。敷地面積41万㎡、建築面積13万㎡と、チベットでは最大規模の建築物である。

▲チベット仏教及びチベットの在来政権における中心的な役割を果たすポタラ宮　photo by watchsmart

▲トゥルナン寺　photo by ckmck

CHECK!

入口は右、出口は左、時計回りのバルコル

ラサ市の旧市街地中心部にあるトゥルナン寺を一周するショッピング街のバルコル。トゥルナン寺正門の右手がバルコル入口で、左手が出口になる。仏教の巡礼方式に則り進行は時計回りと決まっている。巡礼者たちの衣食や仏具などを提供する商店街である。

▲土産物の販売が中心のバルコルの露店

【一口メモ】その他の世界遺産建築物／チベット仏教で最も重要な巡礼地「ジョカン寺」が2000年に、歴代ダライ・ラマの離宮「ノルブリンカ」が2001年に追加登録された

24 古都アユタヤの遺跡

【遺産名】古都アユタヤ ●登録年…1991年 ●分類…文化遺産 ●登録基準…3

タイ初の独立王国であるスコータイ王朝に続き、国を支配したアユタヤ王朝。この王都があった場所が、タイの首都バンコクから北へ約70㎞、川に囲まれた島状の地形のアユタヤ市1351年にウートン王によって建都されてから、1767年のビルマ軍の侵攻までの**約400年間、タイの中心であり続けた。**

タイ歴史上、最も長く続いた400年を超える仏教王国

チャオプラヤー川とその支流に囲まれた、水の都に「アユタヤ王朝」が建都したのは、1351年のこと。三つの川の合流地点として水運に恵まれ、17世紀初頭にはヨーロッパと東アジアを結ぶ国際貿易港として繁栄していった。

仏教を篤く信仰し、最盛期には三つの宮殿、100の門、400の寺院、1万体の仏像を擁した。アユタヤ王朝では、**当時繁栄していたクメール文化を吸収しつつ、異国の文化の影響を受け、独自の華やかな文化が開花。**スコータイ王朝の質素な美術様式から、豪華絢爛かつ厳格な美術様式に変化。**現在のタイ美術の基礎となった。**しかし、その美しい寺院や仏塔などは、(※)ビルマ軍の侵攻によって多くが破壊されてしまった。

▲歴代の王が眠る「ワット・プラ・シーサンペット」

▲寺院「ワット・ヤイ・チャイ」の仏像群

現在は●印に寺院などが残されている

POINT
当時の面影を今に残すアユタヤ王朝の遺跡群

※アユタヤ王朝の内紛で疲弊するなか、1767年のビルマ軍の侵攻で破壊されたあとは、長い間放置されていた

ルアン・パバンの町

【遺産名】ルアン・パバンの町
●登録年…1995年 ●分類…文化遺産 ●登録基準…2、4、5

14世紀からはじまる**ラーンサーン王朝の首都として栄えたルアン・パバンの町一体を世界遺産「ルアン・パバンの町」として1995年に登録**。現在のラオスの原型となるラーンサーン王国は敬虔な仏教国であり、メコン川と支流のカン川に挟まれ、自然豊かな半島状の町にはたくさんの寺院が建つ。

深い緑に包まれた ラオスの聖なる古都

ラオスの首都ビエンチャンからメコン川を400㎞さかのぼった山間の小さな町「ルアン・パバン」は、14世紀にラーンサーン王朝の都として栄え、歴史に翻弄されながらも独自の文化をつくりあげてきた。特に敬虔な仏教国として寺院が多くつくられ、その様子は**「ラオスの小京都」**と呼ばれている。**今でも町の人々は仏教を重んじ、僧侶たちが朝6時の鐘の音とともに托鉢を行なう光景を目にすることができる。**

▲「ルアン・パバンの町」を歩く僧侶たち

また、起伏に富んだ地形で町にはヤシの木々が生い茂り、伝統的な高床式住居やフランス領時代に建てられた白亜のコロニアル建築が混在。様々な文化が融合した美しさが評価され、世界遺産として登録された。

▲「ラオスの小京都」と称される、美しい町

POINT

赤い屋根が折り重なる「ルアン・パバン様式」

ラオスで最も美しい寺院といわれている「ワット・シェントーン」や「ワット・マイ」は「ルアン・パバン様式」と呼ばれる、幾重にも折り重なった赤い屋根と、黄金のレリーフやカラフルなモザイクなどが飾られた豪華な造りが特徴となっている。

▲1560年に建てられた仏教寺院「ワット・シェントーン」

【一口メモ】ナイトマーケット／ルアン・パバンの観光の人気スポット「ナイトマーケット」。温厚な国民性からか、アジアで一番穏やかなバザールだと言われることもある

26

［アジア／ベトナム］

ホイアンの古い町並み

【遺産名】古都ホイアン
●登録年…1999年 ●分類…文化遺産 ●登録基準…2、5

16世紀から17世紀にかけて国際貿易港として栄えた、ホイアン。ベトナム中部、トゥボン川の河口近くに佇むこの水辺のまちには、かつてポルトガルやオランダ、中国、そして日本から多くの商人が移り住んだ。**東西の文化が混在したホイアンの独特な景観**が評価され、世界遺産として認定された。

さまざまな文化が混ざり合い 異国情緒あふれる港町

ベトナム中部沿海地方に存在した「チャンパ王国」時代から続く、ベトナム中部のホイアンは古くから続く港町だ。16世紀以降、東西**交易の中継地点**として、世界中から集まった商人たちがホイアンで暮らしており、国際色豊かなまち並みが今も残っている。日本からも朱印船が往来し、**大規模な日本人町**が形成された。有名なのがチャンフー通りにある「日本橋（来遠橋）」で**1593年に中国人町と日本人町を繋ぐ橋として、日本人の手によって架けられた。**また、日中の建築様式が融合した「タンキーの家」や「フーンフンの家」、江戸幕府による鎖国で日本人町が衰退し、代わって台頭した中国人町にある「福健会館」など華やかな建築物が古都ホイアンを彩っている。

▲異国情緒あふれる建物が連なる、ホイアンの旧市街地

▲チャンフー通りの「日本橋（来遠橋）」

POINT

ランタンが灯る夜のホイアン

ホイアンのまちでは、赤や黄色、オレンジ、緑などさまざまな色のランタンが下がり、夜になるとランタンに明かりが灯り、まち全体が美しく彩られる。

▲毎年旧暦の14日には「ランタン祭り」が開催される

【一口メモ】観光地としても人気のベトナムは日本とほぼ同じくらいの面積を持つ。北の端がベトナム第二の都市・ハノイ、南の端がベトナムの経済都市であり、東南アジア有数の世界都市であるホーチミンが位置している

ハロン湾

【遺産名】ハロン湾
●登録年…1995年 ●分類…自然遺産 ●登録基準…7、8

ベトナム北部、トンキン湾北西部に広がる大小数千の島々や奇岩。かつてこの地に海賊が侵入した時に、竜の親子が現われ、口から宝玉を吐き出して敵を倒した。その宝玉が海面に突き刺さり、岩や島となったという伝説が残る「ハロン湾」。現在ではベトナム随一の景勝地として多くの人が訪れている。

▲ハロン湾に浮かぶ、水上集落

壮大なスケールに圧倒 竜の伝説が残る奇岩の海

中国との国境近くに広がる「ハロン湾」ができたのは、氷河期までさかのぼる。広大な石灰岩大地が氷河期に沈降し、長い歳月のうちに海水や風雨に浸食されてできたもの。科学的にはこのようにして生まれたが、この地には一つの伝説が今も伝えられている。その昔、「ハロン湾」に海賊が侵入し、村で襲撃や略奪をくり返した。村人たちは困り果てて天に祈りをささげると、空から竜の親子が降り立ち、口から吐き出した宝玉で海賊船を沈めた。その宝玉は岩山へと変化し、海上の砦として湾を取り囲んだという。以来、「竜（ロン）の降りる海（ハ）」として、ハロン湾と呼び、村人たちはハロン湾を大切に守り続け、この伝説を語り継いできたのだという。

▲"竜の宝玉"と称される美しい奇岩や島々

POINT

水上集落で暮らす ブンビエン村の人々

世界遺産であり、竜の伝説が残るハロン湾には、水上で暮らす漁師とその家族たちがいる。昔はバラバラに暮らしていたというが、いつからか「ブンビエン村」という一つの集落となった。小さな家屋には水道や発電機が備えられ、水上には小学校もあったという。しかし、政府の政策により徐々に陸での生活を送る人が増え、住民は減少。一つの名物ともいえる景色が失われつつある。

▲小さな手漕ぎボートが生活の基盤

【一口メモ】ハロン湾の魅力は、天候や時間によって異なる景観が見られるということ。朝日や夕日で輝く様子や、雨や霧に包まれ、まるで水墨画のような光景など、ベトナムで随一の景勝地ならではの景色が楽しめる

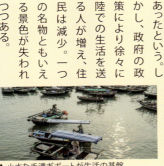

28

コルディリェーラの棚田

【遺産名】フィリピン・コルディリェーラの棚田群

●登録年…1995年　●分類…文化遺産　●登録基準…3、4、5

フィリピンの秘境「ルソン島」北部の中央山岳地帯に広がる美しい棚田群。**世界最大規模を誇る棚田群は、この地で2000年に渡り暮らすイフガオ族がつくりだした〝奇跡の絶景〟だ。**どこまでも続くような緑の階段は、別名「天国への階段」とも呼ばれ、訪れる者の目を楽しませている。

▲棚田を背にする山岳農耕民のイフガオ族
photo by dahon

「天国への階段」と讃えられる世界最大規模の棚田群

標高1000mを超える山々が連なる、ルソン島北部の中央山岳地帯。現地の言葉で「山の民」を意味する〝イフガオ〟と名付けられた山岳農耕民のイフガオ族は、遥か昔から、この地で大自然とともに暮らしてきた。**〝ライステラス〟と呼ばれる階段状の棚田は、紀元前よりイフガオ族が山の面を切り開きつくりだしたもので、総延長は地球半周分に匹敵する2万kmを越えるといわれている。**山肌を流れる水を利用した伝統的な耕作技術を現在も行っており、古代から続く生活様式を今も大切に守り続けている。しかし、近年では若者が都会に流出するなど農耕を行う人手不足により、棚田の崩壊が進み、2001年からは危険遺産にも登録されている。

▲棚田の耕作技術は、植民地時代以前の文化を伝える唯一のものとしても重要

POINT

高床式住居イフガオハット

中央山岳地帯の中央に位置するイフガオ州バナウェ周辺は、イフガオ民族の伝統的住居「イフガオハット」が多く見られる。萱葺屋根の高床式住居は、現在倉庫として使われることが多い。

【一口メモ】イフガオ族／彼らが稲作や葬儀のときにうたう歌は「無形文化遺産」にも選ばれている

スマトラの熱帯雨林遺産

【遺産名】スマトラの熱帯雨林遺産

●登録年…2004年 ●分類…自然遺産 ●登録基準…7、9、10

スマトラ島北西部から南東部へとのびるバリサン山脈に広がる熱帯雨林地域。グヌン・ルセル国立公園、ケリンチ・セブラ国立公園、ブキット・バリサン・セラタン国立公園の3つの国立公園から構成されている。**東南アジアの固有種や絶滅危惧種など、動植物が生息する貴重な地域**として、スマトラ島の中でも重要視されている。

▲熱帯雨林に生息するオランウータン

活火山と豊かな緑や湖がある貴重な自然の宝庫

インドネシアのスマトラ島に位置する2万5000㎢の熱帯雨林地域には、1万種の植物、200種の哺乳類、580種の鳥類が生息している。熱帯の日差しと年間8000㎜もの雨が豊かな森を育んだ。**哺乳類のうち、スマトラオランウータン(※)をはじめ、スマトラゾウ、サイ、トラなど15種は、インドネシアでのみ生息する種で、スマトラ島独自の進化を遂げた貴重な生物でもある。**緑豊かな熱帯雨林のみならず、随所で噴煙を上げる小規模の火山、無数の滝、湖などが織り成す景観の美しさも、評価につながった。しかし、近年は密猟、違法伐採、農地の拡大、公園内における道路の建設計画などから、急速に森が失われつつあり2011年には危機遺産に登録された。

▲3,000m超級のケリンチ山。ふもとの高低差が大きいため様々な動植物が生息

CHECK! 緑豊かな熱帯雨林に溢れる ここでしか見られない固有種

スマトラゾウはアジア大陸と陸続きだった数万年前、スマトラ島に渡ってきたアジアゾウの亜種。世界で唯一、島に暮らすスマトラトラは密猟により数を減らし、生息数は500頭とも。他の植物に寄生して栄養を奪う、直径が1mにも及ぶ世界最大の花ラフレシア。

▲スマトラトラ

▲ラフレシア

▲スマトラゾウ

※スマトラオランウータン／スマトラ島北部の密林に生息。生息する森林の伐採や火災などで数が減少。現在はリハビリセンターが設けられ、保護活動も進められている

30

［アジア／インドネシア］

ボロブドゥール寺院遺跡群

ジャワ島中部南岸に位置する、古都ジョクジャカルタ。この場所の北西の巨大なムラピ火山に囲まれた平原の中央にある世界最大の大乗仏教遺跡群。770年頃から820年頃にシャイレーンドラ朝によって建造されたもので、カンボジアのアンコール、ミャンマーのバガンとともに**世界三大仏教遺跡**の一つと称される。

【遺産名】ボロブドゥール寺院遺跡群
●登録年…1991年 ●分類…文化遺産 ●登録基準…1、2、6

密林の奥に眠っていた世界最大規模の仏教遺跡

ジョグジャカルタの北西約40㎞に位置する、世界最大の仏教遺跡群。ムラピ山の大噴火により火山灰に埋もれてしまい、密林の奥に眠っていたこの遺跡が、イギリスの考古学者によって発見されたのは1814年のこと。中心となる**ボロブドゥール寺院**（※）は8〜9世紀に建立され、仏教における宇宙観を示す立体曼荼羅であると考えられている。**階段状の仏塔の回廊には釈迦をめぐる物語をモチーフにした彫刻が、1460面にわたって刻まれている。**一番下の階から頂上までの回廊の長さは4.8㎞あり、仏教の三界をあらわす構造。上部には、72基のストゥーパ（先のとがった仏塔）と504体の仏像が並ならび、頂上の中心には釈迦如来座像が配置されている。

▲アンコール・ワットと並び、東南アジアの代表的な仏教遺跡
photo by Pra-Yudi

▲仏教に関する物語を描いた美しいレリーフ

CHECK!

ボロブドゥールから直線上にあるムンドゥッ寺院・パオン寺院

ボロブドゥールから東に約1.5㎞にパオン寺院、約3㎞にムンドゥッ寺院がある。中でもムンドゥッ寺院には、鬼子母神と毘沙門天のレリーフのある入口をはいると、中央に高さ3mの如来像、右に観音菩薩像、左は文殊菩薩像と推定される仏像が並んでいる。

▲ムンドゥッ寺院にある3体の仏像
photo by ngotoh

※ボロブドゥール寺院／半円形の丘をおよそ200万個の岩のブロックで覆った遺跡。人々の信仰建造物だが、内部に空間を持たないのがもっとも特徴的である

プランバナン寺院遺跡群

【遺産名】プランバナン寺院遺跡群
●登録年…1991年 ●分類…文化遺産 ●登録基準…1、4

ジャワ島の建築の最高傑作といわれる「プランバナン寺院遺跡群」。美しい平原に仏教とヒンドゥー教の様式が融合した寺院群が、水田や村に囲まれるように点在している。ヒンドゥー教寺院群のまるで天を突くような仏塔が特徴的で、**ボロブドゥール寺院遺跡群に対抗して建立されたという説もある。**

天に向かってそびえ立つ寺院 ヒンドゥー教と仏教の聖地

数えきれないほどのヒンドゥー教寺院があるインドネシアの中でも、最も規模が大きいのがジャワ島中部に位置するプランバナン。9～10世紀頃にかけて建造された、**ヒンドゥー教と仏教の様式が融合した寺院群が点在。**神殿には宇宙の破壊、創造、維持をつかさどるシヴァ、ブラフマ、ヴィシュヌの三神が祭られている。高さ約47mのシヴァ神殿を中心にブラフマー神殿、ヴィシュヌ神殿が配され、いくつかの堂と数々の像が並ぶロロ・ジョングラン寺院の姿はまさに圧巻で、ヒンドゥー教美術文化の象徴ともいわれている。外壁には、古代インドの叙事詩「ラーマヤナ」を題材にした繊細な彫刻のレリーフが絵巻物のように展開されている。

▲寺院や欄干部分には隙間なく彫刻が施されている

▲1549年の地震でほとんど崩壊したが、1937年から遺産の修復作業が行われている photo by Maks Karochkin

CHECK! 夕方からがおすすめのプランバナン寺院

夕焼けをバックに浮かび上がるプランバナン寺院は燃え上がる炎のようなシルエットでとても幻想的。明るい時間に遺跡内部の見学、日が傾きはじめたら影のできた細かい彫刻を堪能。そして夕暮れ時になったらシルエットを楽しむのがおすすめ。

▲何か心が洗われる幻想的な風景
photo by Maks paali

【一口メモ】2006年のジャワ島大地震により、寺院の一部が破損する被害を受けた。2007年から修復作業が開始されたが、現在、遺跡全体の修復が完了する目途は立っていない

32

サガルマータ国立公園

「サガルマータ」とはネパール語で「エベレスト」を意味し、その名の通り、世界最高峰のエベレストを含む標高差6000mに及ぶ地域に広がる国立公園。エベレストを頂点に世界屈指の高峰が連なる光景は圧巻。珍しい動植物も生息し、世界で最も美しい自然景観を有する場所として世界遺産に認定された。

【遺産名】サガルマータ国立公園

●登録年…1979年 ●分類…自然遺産 ●登録基準…7

世界最高峰がそびえ立つ圧巻のスケールの国立公園

東西に約2400km、7000～8000m級の険しい山々が連なる、圧巻の自然景観が広がる「サガルマータ国立公園」。ヒマラヤ山脈のほぼ中央に位置し、**園内の69%が標高5000m以上という、非常に厳しい自然環境**にある。〝神の住む山〟として崇められている「サガルマータ（エベレスト）」をはじめ、ローツェ、マカルー、チョ・オユーなど世界屈指の高峰が大迫力で眺められるという、世界でも類を見ない壮大な景観は圧巻。

そのほか29%が放牧地、3%を森林で占めていて、高山植物や希少な動物などが生息している。この地域では**シェルパ族が暮らしており**、ジャガイモや大麦の栽培、ヤク放牧など、山岳農業と登山やトレッキング産業で生計を立てている。

▲頂上を目指し、険しい山道を歩く人々

▲見渡す限りの大自然。厳しくも美しい景色に感動

POINT

神の住む山に暮らす誇り高きシェルパ族

エベレストへのトレッキングや登山のガイドなどを務める「シェルパ」。この「シェルパ」は職業名ではなく、ネパール東部のクンブという地方に住む少数民族の名前だ。彼は自らを「〇〇（自分の名前）・シェルパ」と名乗り、〝シェルパ族〟であることに誇りを持っている。人当たりも柔らかく、上下関係を大切にし、登山の際は強靭な力を発揮する彼らは、エベレスト登山には欠かせない〝山のスペシャリスト〟なのだ。

▲シェルパ族が暮らす「クンブ」

【一口メモ】標高3880mの場所に建設された「ホテル・エベレスト・ビュー」は、東京に本社を持つ旅行会社「ヒマラヤ観光開発株式会社」が所有している、世界で最もエベレストに近いホテルである

デリーの最初のモスクとクトゥブ・ミナール

【遺産名】デリーのクトゥブ・ミナールとその建造物群
●登録年…1993年 ●分類…文化遺産 ●登録基準…4

クトゥブ・ミナールと呼ばれる高さ72.5mの塔は、トルコ系軍人アイバクが1200年頃、デリーに建造したものである。インドで初のイスラム王朝を築いたアイバクが、本来は**礼拝の呼びかけをするための塔を戦勝記念塔として建て、イスラムの力を誇示したもの**である。

インドにおける最初のイスラム様式の建造物

インドに現存する最も高い石の塔であるミナールは、ミナレット＝尖塔のことであり、モスク（礼拝堂）を構成する要素のひとつで祈祷の時間を告げるためのものである。唐草模様のイスラム特有の装飾が特徴的。内部には先端部につながる378段という階段があるが、1982年以降（※）、立ち入りはできない。

塔のすぐ脇には「クワトゥル・モスク」があり、**インドの最初のモスク**である。しかし、ヒンドゥー教寺院を壊し、その建材をそのまま使用したため、イスラム教で禁じられている偶像の彫刻まで残っている。そのためイスラムらしくないモスクという評価もある。

▲高さ72.5mのクトゥブ・ミナール。隣はインド最初のモスク photo by Planemad

▲石造りの模様はまさに芸術作品

CHECK! 未完の巨大な塔 アラーイ・ミナール

クトゥブ・ミナールから北に150mほど離れたところに、巨大なアリ塚のようなものがある。完成していれば100m以上の塔になっていたとされるアラーイ・ミナールがある。財政難で工事が中断し、現在は25mの直径を持つ巨大な基底部を見ることができる。

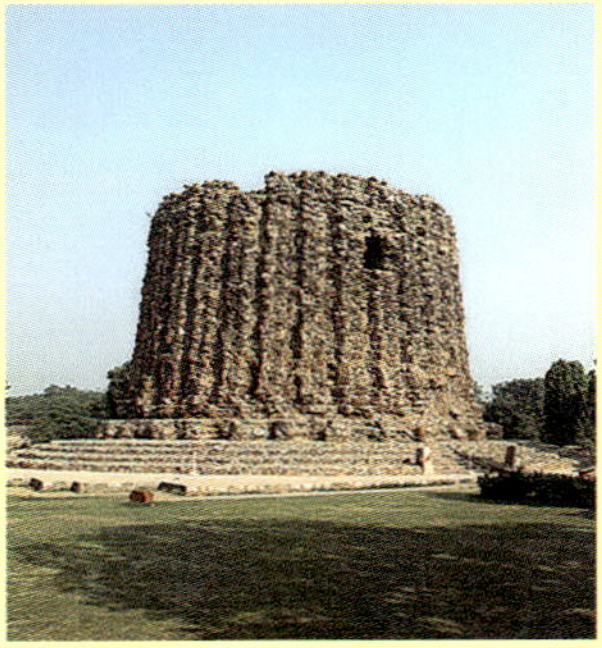
▲ヒルジー王朝の2代目アラー帝により建設が着手されたが、彼の死後計画は頓挫した

※1982年以降／この年、階段が停電になり事故が起き、安全のため立ち入り禁止となった

古代都市ポロンナルワ

【遺産名】古代都市ポロンナルワ
●登録年…1982年 ●分類…文化遺産 ●登録基準…1、3、6

スリランカの中部の古都、ポロンナルワは、1017年から1255年まで首都であった。**アヌラーダプラ（世界遺産）に次ぐ、シンハラ王朝の第二の都である。**ここは12世紀に最盛期を迎え、仏教都市となり、今も王宮跡のほか仏教美術の傑作が集中している。

仏教文化の栄化を今に伝える シンハラ王朝の王都

スリランカ文化三角地帯、東の一角をなす大遺跡群の拠点で、シンハラ王朝が10～12世紀に2番目の首都を置いた場所。スリランカ随一の考古学上の史跡として維持される一方、スリランカで最も清潔で美しい町として多くの観光客を魅了し続けている。中でも、12世紀にパラークラマ・バーフ1世によって建設された4つの石像からなる涅槃像「ガル・ヴィハーラ」が有名。**長さ約14mの石造「涅槃像」**、その脇に立つ**高さ約7mのアーナンダ像**がある。さらに石造の坐像、立像がある。アーナンダはお釈迦さまの最後の旅に同行した僧であり、お釈迦さまの最後の言葉は「法灯明、自灯明」であると経典は伝えている。

▲７世紀頃につくられた円形の仏塔跡

▲「涅槃像」の左がアーナンダ像

POINT
涅槃像には、いくつもの呼び名がある

涅槃像は、「涅槃仏」「寝仏」「寝釈迦像」とも呼ばれる。お釈迦さま（ゴータマ・シッダールタ）は実在の人物であるが、その精神は永遠に不滅なので「亡くなる」ではなく「入滅」や「涅槃」という。

釈迦如来の涅槃は、頭は北向き、顔は西向き、右の手を手枕（※）にしている。（枕の有無でスタイルが異なる）頭北顔西の姿勢は右脇が下になり、左にある心臓に負担をかけない理想の寝姿とされている。

▲枕有りスタイル

▲枕無しスタイル

※手枕／法隆寺の五重塔にある、釈迦の涅槃像は手枕ではなく「脈」をとってもらうように手を伸ばしている

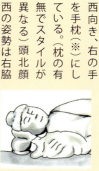

古代都市シギリヤ

【遺産名】古代都市シギリヤ
●登録年…1982年 ●分類…文化遺産 ●登録基準…2、3、4

古代都市シギリヤは、5世紀にカッサパ1世によって建造された岩上の要塞と王宮跡、それを取り囲む水路や庭園、貯蔵施設などの都市遺跡群。11年という短い歳月で滅びてしまう岩山の王国は、後に修道院となるが、徐々に衰退。風化が進む中、奇跡的に当時の繁栄を伺わせるフレスコ画が現存している。

ジャングルの中に佇む絶壁の岩山上の宮殿跡

シギリヤ・ロックと呼ばれる、絶壁の岩の頂上に王都を築いた、シンハラ王朝の王・カッサパ1世。ダートゥセナ王の長男として誕生したカッサパは平民の母を持ち、一方、弟のモッガラーナは王族の血筋を継いだ母を持った。弟に王位を継承されるのではという焦りと嫉妬は徐々に大きくなり、その思いが爆発し、父を投獄、殺害。しかし、父への行為に苦悩し、また弟の攻撃に怯えたカッサパは、アヌラーダプラからシギリヤへと遷都。父の夢であったという岩山の頂上に、まるで何かから隠れるような岩の要塞が囲む王都を築いたのだった。その後、弟のモッガラーナに敗れ、自ら命を絶ち、わずか11年でシギリヤ王都はあっけなくその幕を閉じた。

▲高さ約180mのシーギリヤ・ロックの上にある宮殿跡の景観

▲王宮の入口にある巨大なライオンの前足

POINT 奇跡的に残っている野外のフレスコ画

王朝は滅び、衰退の一途をたどったシギリヤ。しかし、その中で奇跡的に残っているのが、通称「シギリヤ・レディ」と呼ばれるフレスコ画だ。かつては様々な岩壁に500体ほど描かれていたと言われているが、現存しているのはたった18体。その鮮やかで優美なフレスコ画が、短い年月の中で繁栄した王朝の記憶を残している。

▲野外でこれだけのフレスコ画は珍しいという
photo by ciamabue

【一口メモ】「ライオンの入口」には以前は頭部もあり、ライオンが大きく口を開け王宮へと導いていた。シンハラ語でライオンをシンハ、のどをギリヤといい、これがシギリヤの語源ともいわれている

［アジア／スリランカ］

聖地アヌラーダプラ

【遺産名】聖地アヌラーダプラ
●登録年…1982年 ●分類…文化遺産 ●登録基準…2、3、6

スリランカの北中部に位置する、アヌラーダプラと、ポロンナルワ、キャンディの3都市を結ぶ内側には仏教文化の遺跡群が集中し、「文化三角地帯」と呼ばれている。アヌラーダプラには、紀元前3世紀にインドから仏教が伝わり、その後約1400年以上にわたり政治・宗教の中心地として栄えた。

仏教の聖地として栄えたスリランカ最古の都市

紀元前5～4世紀頃に建設されたシンハラ王朝最古の都。インドのアショカ王が息子マヒンダを派遣して、スリランカに初めて仏教が伝えられた地でもある。世界有数の仏教大遺跡群が残る文化三角地帯に位置し、今なお敬虔な仏教徒の聖地とされている。インドのブッタガヤから、仏陀がその木の下で悟りを開いたといわれる菩提樹の分け木を運び、植樹したといわれるスリーマハー菩提樹（※）のほか、ゾウのレリーフで囲まれた町のシンボル・ルワンワリサーヤ仏塔、紀元前4世紀後半に仏陀の鎖骨を祀るために建てられたといわれるトゥーパラーマ仏塔など、仏教の歴史を肌で感じられる見どころが多い。今も往時の面影を所々に残しており、多くの巡礼者が訪れる。

▲真っ白くて巨大な仏塔、ルワンワリサーヤ仏塔が町のシンボル

▲白い衣装を身にまとい祈りを捧げる巡礼者

CHECK!

最大の仏塔は高さ110m

最大の仏塔は、紀元前1世紀につくられたアバヤギリ仏塔で、建築当時はその周囲に半球状の屋根を含む構造があり高さは110mあったといわれ、現在でも約75mの高さがある。ルワンワリサーヤ仏塔とジェータワナ・ラーマヤ仏塔を合わせて三大仏塔と呼ばれている。

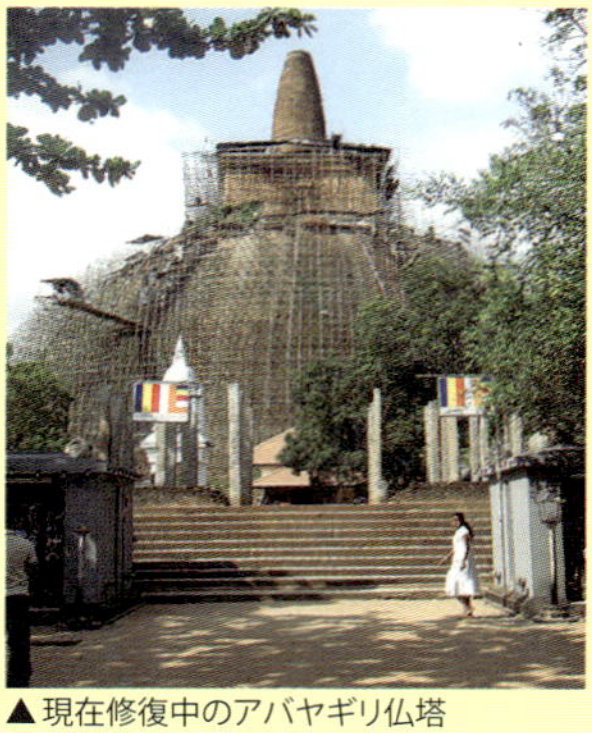
▲現在修復中のアバヤギリ仏塔

※スリーマハー菩提樹／ともに渡来した「カプワ」と呼ばれる人々によって代々守られ続けている。樹齢2000年を超えるその聖木は、人の手によって植えられた記録に残る世界最古の木といわれる

37

イスファハンのイマーム広場

【遺産名】イスファハンのイマーム広場
●登録年…1979年 ●分類…文化遺産 ●登録基準…1、5、6

「イランの真珠」とたとえられるイランの古都。テヘランから南に340km、**イラン高原の砂漠の中に突然現れる緑のオアシスのような町。**17世紀、サファヴィー朝のアッバース1世はオアシス都市イスファハンへの遷都を行い、当時の政治、宗教、経済、文化、学問を集中した王都を建築した。

「世界の半分」と讃えられイスラム文化が花開いた町

水と緑豊かなイスラム都市・イスファハン。この地にサファヴィー朝のシャー・アッバース1世が1598年にイスファハンを首都と定めた。1612年に造った壮麗な広場がイマーム広場。東西160m、南北500mの広場には緑の芝生が植えられ、中央に植え込みと噴水が配されている。周囲には、青を基調とした精密なアラベスク模様のタイルで覆われた壮麗なマスジッド・シャー・モスクや、イマーム・モスク（※）とシェイク・ロトフォラー・モスク、アリ・カプ宮殿といった、サファヴィー朝建築の傑作が建ち並ぶ。**人はその繁栄、その華麗を「世界の半分」と評し、その美しさを「イランの真珠」と讃えて、**イラン芸術の最高美と賞賛されている。

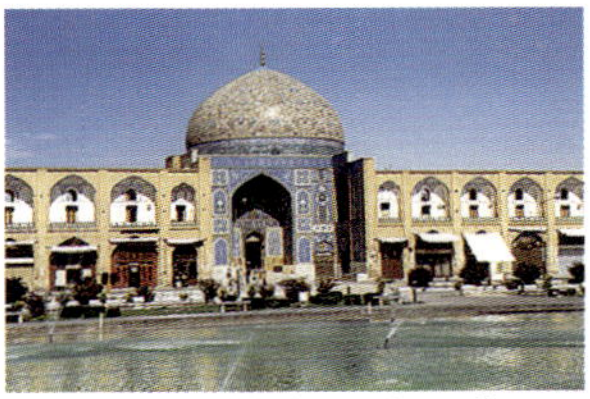
▲ミナレット（塔）がない珍しい「シェイク・ロトフォラー・モスク」

▲アラベスク模様のタイルで覆われたモスクや宮殿 photo by Arian Zwegers

POINT

イラン芸術の最高美と賞賛

装飾タイルが描き出すイマーム・モスクのアラベスク模様は、コーランに描かれた「楽園」のビジョンを示している。複雑に絡み合い、無限に変化する花や蔓草は、水と緑にあふれた来世の「魂の国」。この大伽藍の建設には、25年の歳月が費やされた。

▲イマーム・モスク内部の装飾 photo by Fulvio Spada

※イマーム・モスク／イランの中でも、最高級のアートだと讃えられているモスク。現在は観光地として公開されているが、イスラム教徒でないと中には入れない

38

［アジア／イラク］

古代遺跡バビロン

【遺産名】バビロン

●登録年…2019年 ●分類…文化遺産 ●登録基準…3、6

イラクが30年以上に渡り世界遺産登録を目指していたバビロンが2019年、ついに世界文化遺産として登録された。**メソポタミア文明の広大な都市バビロン。泥れんがで造られた寺院や塔で構成された城郭都市として発展。**空中庭園、バベルの塔、イシュタル門が世界的に有名。

世界七不思議の一つ「バビロンの空中庭園」は？

バビロンはイラクの首都バグダットの南方約100km、ユーフラテス川両岸に**4000年以上前に栄えた古代バビロニア帝国の中心地**だ。現在まで広大な遺跡群の20％程度しか発掘されていない。「バビロンの空中庭園」は古代の世界七不思議の一つだが、バビロンではなく、アッシリアの首都ニネヴェにあったと考えている学者が少なくない。

旧約聖書の「創世記」で伝承されるバベルの塔を主題としてピーテル・ブリューゲルが描いた作品が3点残されている。ウイーン美術史博物館とロッテルダムのボイマンス・ヴァン・ベーニンゲン美術館に所蔵されている作品は、何れも木板に油彩で描かれたものだ。

▲バビロン遺跡の景観。遺跡群の20％程度しかまだ発掘されていない

▲ブリューゲルが描いた1563年頃の作品「バベルの塔」。左下全面に「創世記」に登場したニムロド王と考えられる人物が描かれている

CHECK!

イシュタル門

紀元前575年、新バビロニアのネブカドネザル2世により建設。門は青い釉薬瓦でバビロンの女神イシュタルなどの浅浮き彫りがある。イシュタル門周囲の発掘をもとにベルリンのベルガモン博物館に復元が完成。バビロンにも門と一部モザイクのレプリカがつくられた。

▲2004年に復元されたバビロン遺跡のイシュタル門

【一口メモ】サダム・フセイン元大統領時代には、遺跡群内に新たな宮殿が建てられたり、イラク戦争によっても遺跡の損傷が進んだ

イスタンブール

【遺産名】イスタンブール歴史地区
●登録年…1985年 ●分類…文化遺産 ●登録基準…1、2、3、4

世界でただ一つアジアとヨーロッパにまたがる街、イスタンブール。海上交通による物質流通や軍事的に有利な立地条件もあり、3つの帝国の首都となった。また、経済や文化の中心として常に重要な都市であったという、歴史のドラマが詰まっている。壮麗な建築物が数多く見どころは尽きない。

エキゾチックな雰囲気の漂う東西交易の中心都市

世界遺産に登録されている歴史的建造物の一つアヤ・ソフィア（※）。ビザンティン建築の最高傑作といわれる大聖堂は、ギリシャ正教の総本山であったが、オスマン帝国によってイスラム教のモスクに改築された。

イスタンブールの象徴ともなっているブルーモスク（スルタン・アフメト・モスク）は世界でもっとも美しいという評価を得ている。さらに、敷地約70万㎡のトプカプ宮殿などがあり、歴代スルタンによる世界有数のコレクションを誇る。

▲高さ43mの大ドームの周囲を多くの小ドームが囲み、6塔のミナレットがそびえるブルーモスク

▲聖なる叡智に捧げられた聖堂、アヤ・ソフィア

POINT

イスタンブールの略年表

330年～1923年まで3つの帝国の首都になった歴史が独自の文化を生んだ

時代	年号	内容
ギリシャ時代	紀元前667	ギリシャ人によるビザンティウム建設
ローマ時代	330	首都をローマからコンスタンティノーブル（ビザンティウムを改名）に遷都
	380	アヤ・ソフィア大聖堂建立
ビザンティン時代	412	テオドシウス帝の大城壁着工
オスマン時代	537	ユスティニアヌス大帝がアヤ・ソフィア大聖堂を再建
	1453	オスマン帝国がコンスタンティノーブルを「イスタンブール」に改名
	1478	トプカプ宮殿完成
	1557	スレイマニエ・モスク完成
	1616	ブルーモスク完成
共和国時代	1923	オスマン帝国が消滅。トルコ共和国の誕生とともに、約1600年にわたる首都の歴史を閉じる
	1924	首都をアンカラに遷都

※アヤ・ソフィア／ユスティニアヌス1世により、537年に再建された大聖堂である

40

［アジア／トルコ］

ヒエラポリス-パムッカレ

【遺産名】ヒエラポリス-パムッカレ ●登録年…1988年
●分類…複合遺産 ●登録基準…3、4（文化）、7（自然）

石灰棚の上に広がるヒエラポリスは、紀元前190年にペルガモン王国の都市として建設され、ローマ帝国に征服されてからは**温泉保養地として繁栄を極めた。**もうひとつの世界遺産は、雪のように白い棚田の奇観で、古くから綿の名産地だったことから**パムッカレ（綿の城）**と呼ばれる。

神秘的な「綿の城」を望むローマ時代の温泉保養地

ヒエラポリスとは、紀元前190年に建設が始まったローマ帝国の植民都市。ローマ帝国の温泉保養地として栄えた。類まれな自然の造形美と温泉文化を謳歌した**古代都市ヒエラポリスも度重なる地震で破壊**され、1354年の大地震で完全に廃墟と化す。剣闘士の試合に人々が熱狂したであろうローマ劇場、ローマ式の浴場である北の浴場、一度に1000人が入浴できた大浴場跡などの遺跡が残り、今に往時を伝える。パムッカレは石灰華段丘からなる丘陵地で、大地から湧き出した温泉に含まれる炭酸カルシウムが、**険しい崖に美しい100以上もの石灰棚**をつくり出だしている。昼間は空の色を反射して青く輝き、落日の頃には茜色に染まり、その絶景に魅了される。

▲パムッカレの温泉石灰華段丘

▲植民都市としては珍しく内陸に位置している
photo by Alaskan Dude

CHECK!

遺跡が足元にゴロゴロのパムッカレ・テルマル

パムッカレの入り口にある「パムッカレ・テルメル」の温泉プールの底にはローマ時代の遺跡が沈んでいる。石柱に腰を掛け温泉に浸かれば、パムッカレの絶景を眺めながら温泉を愉しんだローマ皇帝や、温泉に癒しを求めた古代の人々がどこか近い存在に感じられるだろう。

▲世にも珍しい遺跡が沈む温泉プール。深いところでは水深3mもある

【一口メモ】複合遺産／純白に広がる石灰棚パムッカレ、古代ローマの遺跡ヒエラポリス。たぐいまれな自然の地形と歴史的な遺跡を合わせ持つ複合遺産として世界遺産に登録されている

アフロディシアス

【遺産名】アフロディシアス
●登録年…2017年 ●分類…文化遺産 ●登録基準…2、3、4、6

トルコ西部カラジャスにあるアフロディシアス。ゼウスの娘で愛と美を司る女神アフロディーテに由来する都市で、紀元前6〜2世紀に栄えた古代ギリシャ・ローマ時代に最も壮大な都市の一つだったと考えられている。トルコ17番目の世界遺産として2017年に登録された。

女神アフロディーテに纏わる神殿や彫刻から栄華を感じる

アフロディシアスの周辺には大理石の採石場があったため、多くの彫刻やレリーフが見られ、芸術文化が栄えたことを感じさせる。アフロディーテを祀る神殿や浴場、さらに約3万人を収容できると考えられる競技場などが残されている。発掘された多くの彫刻などは遺跡の博物館で見ることができ、構成資産であるアフロディシアス考古遺跡と古代大理石採石群とともに必見。

長く栄華を誇ってきたアフロディシアスもキリスト教が盛んになってきた時代から、アフロディーテを祀る神殿は教会に変わり、街の名前もスタウロポリスと変化した。12世紀になるとセルジュークトルコの侵略で衰退していった。

▲アフロディシアス古代都市の景観

▲4塔門建築として知られるテトラピロン門

3万人収容可能なローマ式巨大競技場

山の斜面に造られた長さ262m、幅59mのローマ式巨大競技場。3万人の観客を収容でき、視界をさえぎらないよう傾斜をつけた工夫のあとが見られる。レスリング、ボクシング、陸上競技、悲喜劇のコンテストなどが行われていた。

▲ほぼ完璧な状態で残っている競技場

【一口メモ】遺跡の博物館ではローマ後期からビザンチン初期にかけての哲学者、詩人などの像、皇帝、皇后、高官などの彫刻など未完成の物も含め多数展示されている

42

［アジア／エルサレム］

エルサレム

【遺産名】エルサレムの旧市街とその城壁群（ヨルダンによる申請遺産）
●登録年…1981年 ●分類…文化遺産 ●登録基準…2、3、6

エルサレムの旧市街・ほぼ1㎞四方の狭い場所に、**ユダヤ教、キリスト教、イスラム教の3つの宗教の聖地**がある。歴史的には、紀元前1000年頃、古代イスラエル王国の第二代王ダビデ（※）がここを首都に定めたことに始まる。その後、数々の帝国や王朝の支配を受けてきた。

著名な建築物が密集する3つの宗教の聖都

ユダヤ教、キリスト教、イスラム教あわせて約35億人の信者が聖地とたたえるエルサレム。城壁で囲まれた旧市街には、3つの宗教の聖地がある。キリストが十字架を背負い、十字架にかけられた「ゴルゴタの丘」は「悲しみの道」の終点にあり、**キリストの墓である「聖墳墓聖堂」**が建てられた。**ユダヤ人の宗教的聖地の中で最も神聖な場所である「嘆きの壁」**は、ユダヤ人は4世紀に入り、年に一度この壁を訪れることが許された。ムハンマドが夜の旅に出発したとされる地に建築された金色に輝く**イスラム教の「岩のドーム」**。メッカ、メディナに次ぐイスラム教第三の聖地になっており、見どころは数多い。

▲奥は岩のドーム、手前は嘆きの壁

▲オリーブ山から見た、旧市街

POINT

エルサレム3つの聖地

旧市街地は、ユダヤ教徒にとっての神殿の丘と嘆きの壁、キリスト教徒にとっての聖墳墓教会、イスラム教徒にとっての岩のドームなどが当てはまる。3つの聖地が同居し、世界の縮図を見る思いがする。

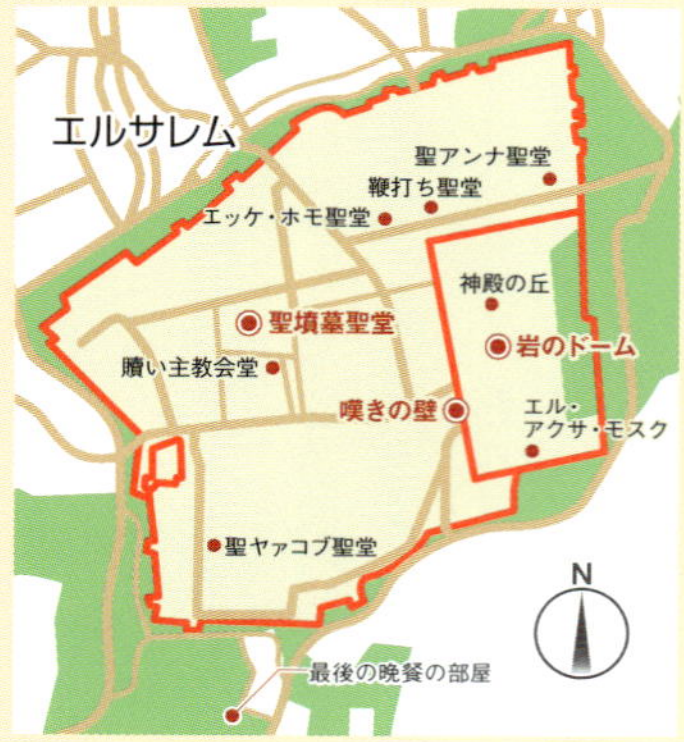

約1㎞×1㎞のなかに聖地が密集している

※第二代王ダビデ／ダビデは羊飼いで、イスラエル12支族の統一に成功し、イスラエル統一王国を確立

【遺産名】ペトラ
●登録年…1985年 ●分類…文化遺産 ●登録基準…1、3、4

ペトラは、ヨルダンにある遺跡。ギリシャ語で「崖」を意味する。死海とアカバ湾の間にある渓谷にあり、死海から約80km南に位置する。かつて貿易が盛んでアラビア古代王朝であった強力なナバテア人の首都であったペトラは、1812年にヨーロッパの探検家に発見されるまで完全に忘れ去られていた。

砂漠に聳えるバラ色の遺跡群 ナバテア人が築いた古代都市

ヨルダンの中南部にあるペトラは、紀元前2世紀頃に遊牧民ナバテア人が築いた岩山都市。砂漠を移動していたキャラバン隊の中継基地で、アラビア、エジプト、シリア、フェニキアなどの交易の要衝として1世紀初頭に最盛期を迎えるが、106年にローマ帝国によって征服された。砂岩をくり抜いて造られた遺跡群に到達するには、断崖絶壁に囲まれた「シク」と呼ばれる一本道を通らねばならない。建造物や彫刻群に古代東方文化とヘレニズム文化との融合がみられる、世界で最も有名な考古学遺跡の一つ。20世紀初頭から発掘調査が行われ始め、現在でも続いている。2000年の調査段階でも、未だ遺跡の1％程度しか完了していないと推定されている。

▲ペトラ遺跡の中で一番大きな「エド・ディル」。岩山を削って作られている

▲2007年に新・世界七不思議に選出された発掘の続く遺跡 photo by ianloic

CHECK!

狭い谷を抜けるとエル・ハズネが見えてくる

映画「インディ・ジョーンズ」シリーズの第3作「最後の聖戦」のラストシーンに登場したことで一躍有名になった遺跡で、インディ・ジョーンズが駆け抜けた狭い谷を抜けると、微妙な光の違いによって1日に50色もの"バラ色"をみせるといわれるエル・ハズネにたどり着く。狭い谷を抜けるとエル・ハズネが見えてくる。

▲映画の中でインディ・ジョーンズが駆け抜けたエル・ハズネに続く道
photo by Pedronchi

【一口メモ】驚異の技術力／岩肌を彫り抜いた建築物に見られる精巧な技術。もう一つは導水管や溝を巧みに組み合わせて、砂漠の生命線ともいえる水を徹底的に利用した当時のハイテク用水技術だ

［オセアニア／オーストラリア］

グレート・バリア・リーフ

【遺産名】 グレート・バリア・リーフ
●登録年…1981年 ●分類…自然遺産 ●登録基準…7、8、9、10

大小600あまりの島々、2500カ所以上のサンゴ礁。サンゴの種類は400にも及ぶといわれる世界最大のサンゴの海であり、**生物がつくりだした単一の構造物としては世界最大**である。またサンゴ礁をすみかとする約1500の魚類、約4000の貝類、鳥類も215種と生物の宝庫でもある。

サンゴに囲まれた海の楽園

オーストラリア北東岸、クイーンズランド州サンディ岬付近から、トレス海峡までの全長に約2000kmに広がるグレート・バリア・リーフは長い年月をかけてつくりだされた造礁サンゴと呼ばれるサンゴ礁の海である。**サンゴ礁は「海の熱帯雨林」と呼ばれている。**造礁サンゴは光合成を行う藻類（褐虫藻）と共生していて、それがこの海の食物連鎖の基礎になっているからである。

また、サンゴ礁は多彩な生物のすみかとなっており、魚類や貝類だけではなく、それらを食べるジュゴンや、クジラ類、ウミガメ、陸の生物では鳥類の姿も見ることができる。

しかし、2000年前後から地球温暖化の影響によって海水温が上昇。その結果、褐虫藻の減少を招き、サンゴの白化現象（※）が起き、また沖縄のサンゴ礁（※）と同様に大量発生したオニヒトデによってサンゴが食べられてしまうなどの被害が起きたほか、海水温の変化で魚が回遊しなくなり、それを餌とする生物の減少を招くなどの問題も発生している。

▲アオウミガメ、オサガメ、タイマイなど多様なウミガメが生息 Photo by jhamley

▲世界遺産として約35万k㎡の海域が登録されている

▲サンゴやポリプなどがあつまって形成しているグレート・バリア・リーフの島々

※白化現象／海水温が30度を超すと共生している褐虫藻が減少するために起こる。サンゴは褐虫藻の光合成に頼ってエネルギーを補給しているため、これが不足すると白化（死亡）する

POINT

白い砂浜と植物の緑 2つのコントラストが美しいグリーンアイランド

グレート・バリア・リーフの島々はサンゴが堆積してできた島がいくつもあるが、これらはサンゴの破片や有孔虫の遺《い》骸《がい》などで形成され、海浜堆積物が膠結されてできる、板状の石灰質の砂礫《されき》岩でビーチロックなどが固められ、しだいに安定したものである。これらをコーラルケイ（サンゴ島）と呼ぶ。コーラルケイ（サンゴ島）には流れ着いたヤシの実や鳥のフンの中にある木の種などから植物が生えるが、グレート・バリア・リーフ内の島々の中で唯一熱帯雨林の植物が生えているのがグリーンアイランドで、6000年前に形成されたといわれている。

▲グリーンアイランドには126種類の自生の植物とそこをすみかとする鳥達が暮らしている

CHECK!

サンゴは植物？ それとも動物？

サンゴは植物ではなくクラゲやイソギンチャクなどが仲間の刺胞動物門に属する動物である。サンゴは高価な取引がされる宝石サンゴや石サンゴ、軟質サンゴなどに分類される。サンゴ礁を形成するサンゴのことは造礁サンゴと呼ぶが分類上で「造礁サンゴ類」という区分けはない。

造礁サンゴは、石灰質（炭酸カルシウム）で形成されており、隙間の多い骨格を作り、ある程度以上の大きさに成長し、しかも成長が早いもののことをいう。褐虫藻という100分の1mmの大きさの藻類と共生していて、光合成を行う褐虫藻から栄養を受け取っている。

▲サンゴ礁は人々に恵みをもたらす貴重な財産でもある

▲サンゴ礁の周りには多くの魚が生息し、それを食べる生き物と食物連鎖を形成

※沖縄のサンゴ礁／日本の沖縄県のサンゴも海水温の上昇やオニヒトデの発生、土地の開発の赤土流入などで被害を受けているため、保護活動が進められている

45

［オセアニア／オーストラリア］

シドニー・オペラハウス

【遺産名】シドニー・オペラハウス
●登録年…2007年 ●分類…文化遺産 ●登録基準…1

20世紀を代表する近代建築であり、オーストラリアを代表する建築物である「オペラハウス」。ヨットの帆が膨らんだように見える、独創的なデザインの建物は、非常に複雑な構造で竣工から16年もの歳月をかけ、幾多の困難に見舞われながらも完成。オーストラリアが世界に誇る芸術の拠点である。

シドニー湾に浮かぶ、白い帆 オーストラリアのシンボル

2007年に登録された、シドニー湾のベネロング岬に浮かぶ「オペラハウス」。デンマークの建築家ヨーン・ウツソン(※)の設計による多目的劇場で、年間約3000もの作品が上演され、毎年200万人もの観客が訪れる、オーストラリアの芸術の拠点。貝殻やヨットの帆のような美しい曲線を描く外観から想像がつくように、建物のデザイン、構造は実に複雑であり、完成に至るまで、さまざまな困難が降りかかり、16年という長い時間を必要とした。内部には四つの劇場を設け、シドニー交響楽団とオペラ・オーストラリア、オーストラリアン・バレエの本拠地として、定期的に公演が行われるほか、音楽や演劇など多彩なパフォーマンスが披露されている。

▲1972年10月20日の開場時に訪れたエリザベス女王

▲演劇、オペラ、バレエなど多彩な作品を上演

CHECK!

シドニー湾を一望できる人気の「タロンガ動物園」

オペラハウスの近くからフェリーで行けるタロンガ動物園は、フェリーで約20分の場所に位置。園内ではオーストラリア固有の動物とレンジャーが出迎えてくれる。

▲タロンガ動物園から望む、オペラハウス photo by Rob & Jules

※ヨーン・ウツソン／オペラハウスの建築設計競技に応募し、当初は落選していたが、審査員の建築家エーロ・サーリネンがアイデアを気に入り、最終選考に復活させ強く支持。彼がデンマークの国外で手掛ける最大級にして初の仕事でもあった

ウルル-カタ・ジュタ国立公園

【遺産名】ウルル-カタ・ジュタ国立公園 ●登録年…1987年、1994年 ●分類…複合遺産 ●登録基準…5、6(文化)、7、8(自然)

約1300㎢のカタ・ジュタ国立公園は、オーストラリア内陸部の典型的な半砂漠地である。ここにはオーストラリアの先住民アボリジニが聖地と呼ぶ世界第二位の一枚岩「ウルル」(※)と呼ばれる岩山がある。さらにウルルから西に32㎞の場所には36の岩が連なるカタ・ジュタ(オルガ岩群)と呼ばれる聖地もある。

「大地のヘソ」と呼ばれる神秘的な岩山、ウルル

ウルルの誕生については、6億年前に大山脈があり、地殻変動や川による浸食の結果、固かった部分だけが残り、現在の岩山になったという説が有力だ。

先住民であるアボリジニがこの地に住み始めたのは約1万年前と言われており、彼らの創世神話では、彼らが歩き回ることで世界は創造され、彼らが通った道はすべてウルルで交わったといわれている。神話では「大地のヘソ」は「地球のヘソ」でもあるということになる。巨大な一枚岩のウルルに対し、36の奇岩群からなるカタ・ジュタは、「たくさんの頭」を意味する。

▲時間によって色が変わる、特に朝焼けと夕焼けの瞬間は神秘的

▲ウルルは高さ335m、周囲は約10kmの大きな岩山

CHECK!

ワナンビが住まうとされるカタ・ジュタ(オルガ岩群)

36個の奇岩が集まる「カタ・ジュタ(オルガ岩群)」は、アボリジニの聖地の一つで、特に「男性の聖地」とされている。夜間に多くの儀式が行われ、過去には罰を与える場であった。アボリジニの神話によれば、この山の頂上には"ワンナビ"と呼ばれるヘビが住んでいて、雨が少ない乾季のみ下山するといわれている。

▲カタ・ジュタのドームは5億年前に形成されたといわれている

※世界最大の一枚岩は西オーストリア州にあるマウント・オーガスタで、面積はウルルの約2.5倍の大きさを誇る

47

［オセアニア／ニュージーランド］

テ・ワヒポウナム

【遺産名】テ・ワヒポウナム-南西ニュージーランド ●登録年…1990年 ●分類…自然遺産 ●登録基準…7、8、9、10

テ・ワヒポウナムはニュージーランドの南島の南西部にある4つの公園と保護区からなる広大なエリアの世界遺産。島を縦断するサザン・アルプス山脈沿いにあり、総面積は2万km²。**長い年月の間に起きた地殻変動と氷河作用が生み出した変化に富んだ景観**がダイナミックである。

氷河がつくりだした壮大な自然の世界へ

テ・ワヒポウナムとは**先住民族マオリの言葉で「翡翠が原産する場所」**。実際に世界遺産を構成するアオラキ・マウント・クック、ウェストランド、マウント・アスパイアリング、フィヨルドランドの四つの国立公園からはヒスイが産出されている。40％が氷河に覆われたマウント・クック国立公園のマウント・クック（※）は山頂の氷が崩壊し、徐々に低くなっている。またフィヨルドランド国立公園には、海岸線を刻み込む14のフィヨルドがある。

▲ニュージーランド最高峰3,724mのマウント・クック

▲フィヨルド国立公園のフィヨルド、ミルフォード・サウンド

POINT

氷河に形成されたフィヨルド

フィヨルドは、氷河による浸食作用によって形成された複雑な地形の湾・入り江のこと。氷河とは、数万年もの時間をかけて数千mも降り積もった雪が融けずに固まり、氷へと変化したものである。テ・ワヒポウナムのフィヨルドの氷河は、**1万4千年前の氷河期の時代に形成されたといわれている。**

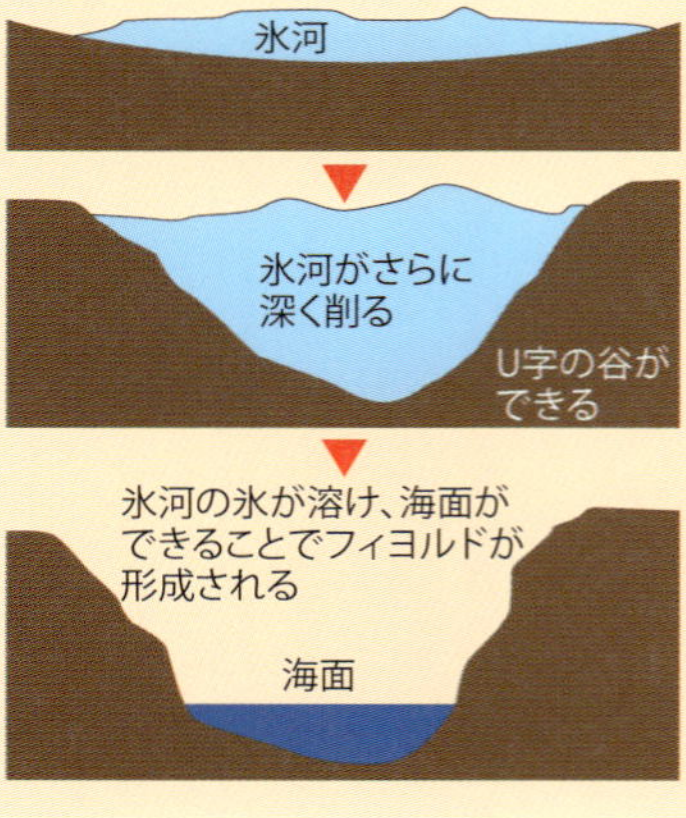

※マウント・クック／かつて、標高は3,764mであったが、1991年に崩落し、2014年にはさらに崩壊して3,724mとなっている

48 トンガリロ国立公園

【遺産名】トンガリロ国立公園　●登録年／1990年（拡張1993年）
●分類／複合遺産　●登録基準／6（文化）、7、8（自然）

ニュージーランドの北島中央部に位置するトンガリロ国立公園は、トンガリロ山、ナウルホエ山、ルアペフ山の3つの活火山を中心に構成されている。先住民のマオリ（※）の人々の想いとニュージーランドで最初の国立公園の誕生、**マオリの文化と信仰の中心地であることにより複合遺産となっている。**

開発から守られたマオリ族の聖なる山

ニュージーランドには現在14の国立公園があるが、トンガリロ国立公園が国立公園に制定されたのは1894年のこと。**1887年に当時のマオリ族の首長であったホロヌク・テ・ヘウヘウ・トゥキノがマオリの聖地である山々を入植者の開発から守るため、周辺の保護を条件に植民地政府に約26㎢を譲渡したことが始まりだった。**それから103年後の1990年に世界自然遺産として認定、さらにマオリの人々の聖地としての文化価値も認められ1993年に複合遺産として認定された。トンガリロ山にはエメラルド色に輝く火山湖がある。

▲今もなお活発な活動をしている3つの活火山 Photoby peterhallwright

▲山頂は万年雪におおわれているルアペフ山

POINT

9～10世紀に移住した先住民族「マオリ」

ヨーロッパ人がニュージランドに移住するようになったのは1624年からと言われているが、その前からこの地にはマオリ（※）が先住していた。彼らはポリネシアのタヒチやクック諸島からやってきたと考えられている。マオリには戦士が出陣する前に踊る「ハカ」と呼ばれる民族舞踊があり、今もニュージーランドのナショナルチーム・オールブラックスが試合前に「ハカ」を踊る。

※マオリ／「マオリ」とは〝普通〟というマオリ語で、後に入植する西洋人と区別化するため自らを定義した名とされている

49 南ラグーンのロックアイランド群

【遺産名】南ラグーンのロックアイランド群　●登録年…2012年
●分類…複合遺産　●登録基準…3、5（文化）、7、9、10（自然）

パラオ・コロール州に点在する445の島々で構成されるロックアイランド群と、パラオ諸島を囲むラグーン南部海域の2つが登録対象となった、世界でも数少ない複合遺産。**マッシュルーム型の独特な地形景観と、マリンレイクに生息する多様な生物などが評価**され、パラオ初の世界遺産となった。

ロックアイランドに囲まれた生物たちの楽園「マリンレイク」

太平洋上のミクロネシア地域の島々からなる、南国の楽園「パラオ共和国」。ターコイズブルーのサンゴ礁に445もの島で構成されるロックアイランド群は、そのほとんどが無人島であり、そのロックアイランドに囲まれるような形で存在する「マリンレイク」（汽水湖の一種）を、世界で最も多く擁しているのが特徴だ。登録されたのは約10万haの範囲の中で、陸地面積はたったの約6000haのみ。**サンゴの恵みと深海からの栄養分に富んだ潮が1000種類を超える海の生き物たちの〝楽園〟となっている。**固有種の多い生態系や、絶命危惧種を含む生物多様性は貴重であり、その独特の地形景観とともに評価の対象となった。

▲古代のサンゴ礁が隆起してできた、独特な形の島々

▲ジェリーフィッシュレイク（クラゲの湖）

CHECK! 真っ白な海が広がるミルキーウェイ

ロックアイランドの一角に広がる「ミルキーウェイ」は、白濁した海と奇岩が織りなす美しい景観が人気の観光スポット。サンゴの堆積物が集まって白色の泥を形成している。近年ではその美容効果から、石灰質の泥（ホワイトクレイ）を肌に塗る天然パックが人気となっている。

▲パラオの海の中でも一際変わった海色を持つ「ミルキーウェイ」

【一口メモ】ロックアイランドに囲まれて出来上がった塩水湖の一つ、「ジェリーフィッシュレイク」（クラゲの湖）では、無毒のクラゲが大量に棲む湖でクラゲの中を泳ぐことができる

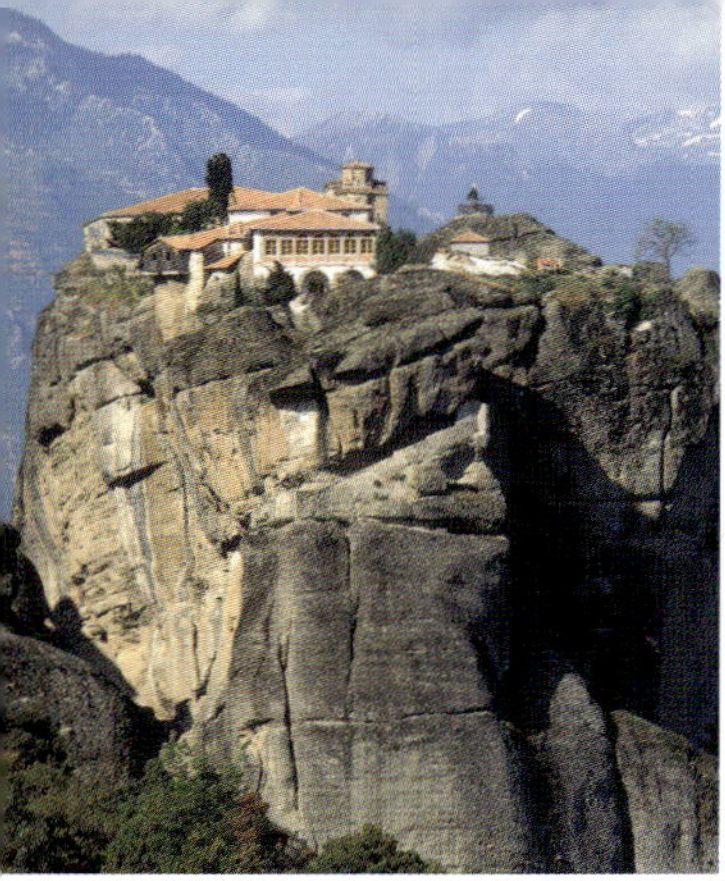

世界遺産 WORLD HERITAGE EUROPE ヨーロッパ

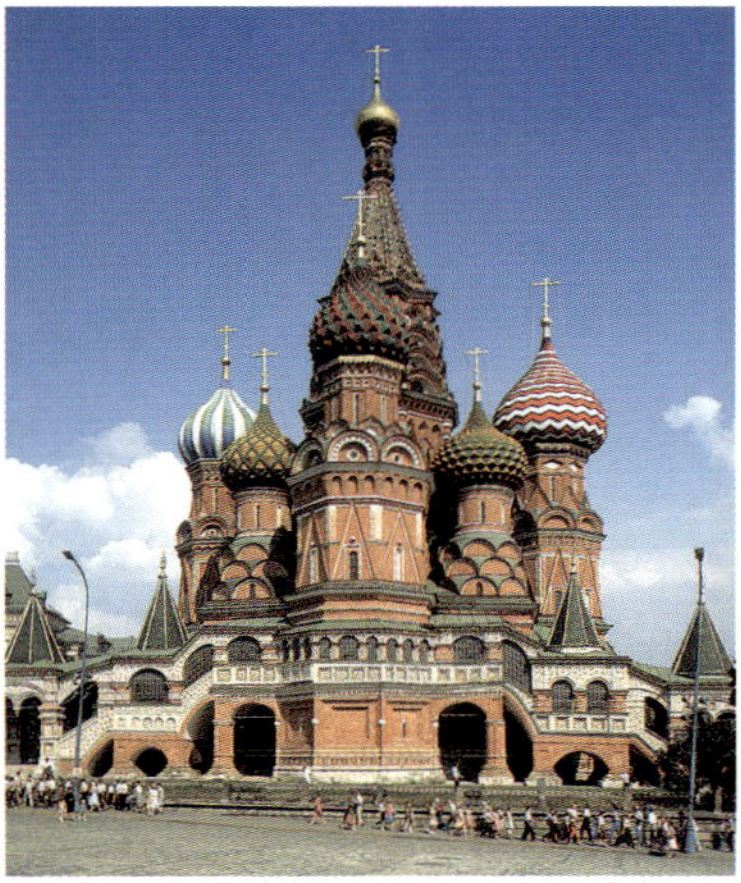

ヴェネツィアとその潟《かた》

【遺産名】ヴェネツィアとその潟
●登録年…1987年 ●分類…文化遺産 ●登録基準…1、2、3、4、5、6

ヴェネツィアは、湾にできた干潟（ラグーナ）の上に築かれた「水の都」。その歴史は古く、6世紀後半は東ローマ帝国の支配下にあったが、697年には独自の共和制統治を開始、ヴェネツィア共和国が誕生する。強力な海運共和国としての繁栄が、美しい広場や建造物を残した。

アドリア海の女王と謳われる潟の上に築かれた水の都

世界中の富を集め、「アドリア海の女王」とうたわれたヴェネツィア。街は実に118もの小島から成り、数多くの橋でつながっている。貿易港としての繁栄や衰退を繰り返しながら、その独自性は世界遺産としての文化遺産の6つの登録基準すべてを満たす遺産として輝き、街全体と潟が世界遺産に登録されている。

〈サン・マルコ広場〉

ヴェネツィアの表玄関、ナポレオンはここを「世界でもっとも美しい広間」と評したという。

〈サン・マルコ大聖堂〉

ヴェネツィアの守護聖人「マルコ」の遺骸を納めるために9世紀に創建。11世紀以降の改築により、400年を要して現在のビザンティン様式の聖堂となった。

〈ドゥカーレ宮殿〉

共和国時代の8世紀に創建され、ヴェネツィア総督の公邸として使われていた。さらに、サンタ・マリア・グロリオーザ・デイ・フラーリ聖堂、サンタ・マリア・デッラ・サルーテ聖堂、カ・ドーロなどの傑作がある。

▲サン・マルコ大聖堂のファサード

▲サン・マルコ広場、奥の建造物がサン・マルコ大聖堂
photo by Cannergy

▲ヴェネツィア国際映画祭の会場としても有名なドゥカーレ宮殿（右） photo by HarshLight

POINT

イタリアの世界遺産の数はナンバー1(※)

赤い文字で表記してある都市名は、本書で紹介しているイタリアの世界遺産のある場所。

▲カナル・グランデの建築群

ヴェネツィア1／アドリア海に浮かぶ島・ヴェネツィアへの訪問は、マルコポーロ空港を利用。車が入れるのはリベルタ橋を渡り、ローマ広場まで。

▲運河とゴンドラ　photo by gnuckx

ヴェネツィア2／「水の都」には、カナル・グランデ(大運河)が逆S字型に流れ、市街を二つに分けている。さらに網の目のように走る運河が100を超える島々を分け、歩行者専用の橋が400ほどある。交通は船、運河を運航する水上バス(ヴァポレット)、水上タクシー、ゴンドラなどが利用できる。

※ナンバー1／2020年7月時点でイタリアの世界遺産登録数は「57」、第1位である

51

ローマの歴史地区

【遺産名】ローマ歴史地区、教皇領とサン・パオロ・フオーリ・レ・ムーラ大聖堂
●登録年…1980年、1990年 ●分類…文化遺産 ●登録基準…1、2、3、4、6

ローマは紀元前7世紀から計算して今日まで2600年以上の歴史を持ち、「永遠の都」と呼ばれている。その歴史の中の古代ローマ時代の建造物などが世界遺産に登録されている。また、ローマの文化に多大な影響を及ぼしたカソリックの総本山・バチカン市国も含まれる。

古代ローマの歴史を今に伝える 巨大な野外美術館

イタリアの首都にしてローマ帝国時代の首都、カトリックの中枢であるローマ。**ローマ歴史地区には、高度な建築技術と文化の高さに驚かされる数多くの遺跡が残る。**

〈フォロ・ロマーノ〉

フォロとは広場のことで、古代ローマ最古の公共広場。ユリウス・カエサルが整備し、アウグストゥスが引き継いだ。石造りの建物が連なる、古代ローマ帝国の政治、経済、文化の中心であった。

〈コロッセオ〉

80年にティトゥス帝が完成させた円形闘技場。4層構造で長径188m、短径156mの広大な楕円形で、高さが48・5mもある。5万人を収容でき、市民に娯楽を与えるさまざまな「格闘」が行われた。

このほか、「万神殿」の意味を持つ「パンテオン」、313年にキリスト教を公認したコンスタンティヌス帝がその前年に建造した「サン・ジョヴァンニ・イン・ラテラノ聖堂」、聖パウロの墓がある聖堂「サン・パオロ・フオリ・レ・ムーラ大聖堂」などがある。

▲ライトアップされたコロッセオ
photo by Tim Sackton

▲フォロ・ロマーノ。写真の中央の通りが皇帝たちが凱旋行進をした「聖なる通り」 photo by Henri Bergius

▲ローマ帝国第22代皇帝カラカラの命でつくられた「カラカラ浴場」 photo by teldridge+keldridge

POINT

ローマ帝国時代の最大支配領域 すべての道はローマに通ず(※)

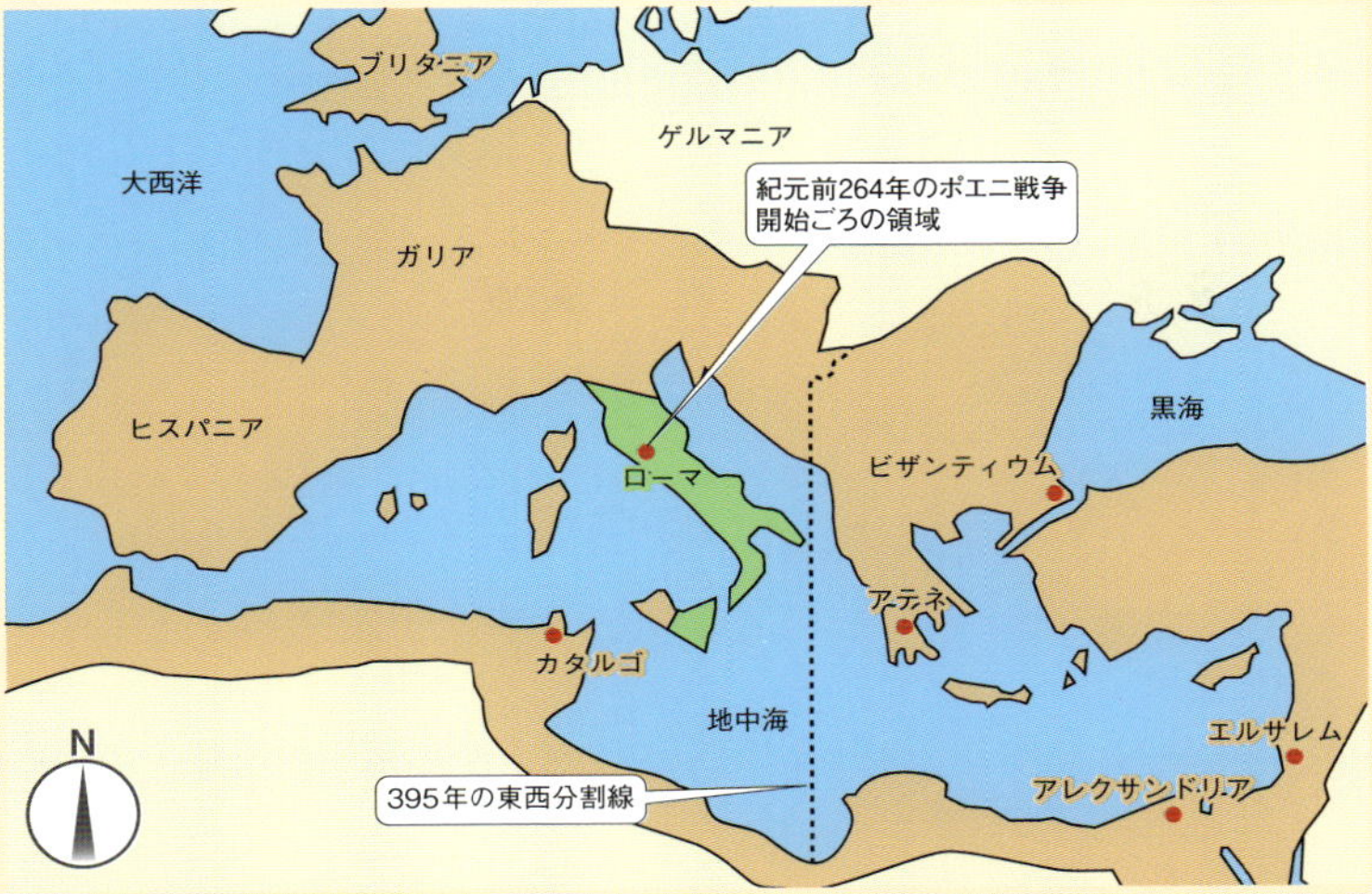

五賢帝時代(96〜180年)の一人、トラヤヌス帝(即位98〜117年)の時期に、ローマ帝国の支配領域は、東はカスピ海西岸から西は大西洋沿岸のブリタニアまで及ぶ。この頃のローマは120万都市になっていたという。

ローマの歴史年表 〜ローマは一日にして成らず〜

年	事項
紀元前7世紀	「都市ローマ」の建設
紀元前3世紀	ローマがイタリア半島を統一
紀元前264	第一次ポエニ戦争
紀元前146	カルタゴを滅ぼす
紀元前49	ユリウス・カエサル(シーザー)がローマに進軍
紀元前27	紀元前30にエジプトを征服したオクタウィアヌスがアウグストゥスの称号を受ける
79	ティトゥス帝即位
98	トラヤヌス帝即位
284	ディオクレティアヌス帝即位、キリスト教徒を迫害
306	コンスタンティヌス1世即位
312	コンスタンティヌスがマクセンティウスを破る
324	コンスタンティヌス大帝、ローマ帝国の再統一
395	ローマ帝国の東西分裂
476	西ローマ帝国の滅亡
1453	東ローマ帝国(ビザンツ帝国)の滅亡

大事業は長い間の努力なしには得られないという意味である。年表を見ても紀元前264年のローマ帝国が最大領域まで支配を広げるには、約350年かかっている。また、「古代ローマ」と使う場合、日本では西ローマ帝国が滅びる、476年以前のことを指すことが多い。なお、その後の東ローマ帝国は「中世ローマ帝国」と呼ばれることがある。

▲コンスタンティヌスの凱旋門。312年のマクセンティウスとの戦いに勝利した記念の建造

photo by Abir Anwar

※すべての道はローマに通ず/ローマ帝国の全盛時、世界各地からの道がローマに通じていたことから転じた諺で、「手段は違っても、目的は同じである」「真理は一つである」「目的を達成する方法はいろいろある」などのたとえに使われる

［ヨーロッパ／オーストリア］

ハルシュタット-ダッハシュタイン・ザルツカンマーグートの文化的景観

【遺産名】ハルシュタット・ダッハシュタイン・ザルツカンマーグートの文化的景観
●登録年…1997年 ●分類…文化遺産 ●登録基準…3、4

ハルシュタットは、オーストリアの景勝地ザルツカンマーグート地方の、真珠に例えられるハルシュタット湖とダッハシュタイン山塊の山麓に位置する小さな町で、世界でも最も美しい湖畔の町の一つと言われる。また、ハルシュタット周辺は先史時代から岩塩の採掘が盛んな地域としても知られている。

山の斜面に家々が立ち並ぶ世界で最も美しい湖畔の町

ハルシュタットは、モーツァルト生誕の町として有名なザルツブルクから鉄道で2時間ほどの距離にある、ハルシュタット湖畔にある風光明媚な町。山の斜面に立ち並ぶ家々が湖面に映り込み、そのコントラストがとても美しく、「世界で最も美しい湖畔の町」の一つとしても知られる。

ハルシュタットやダッハシュタイン山塊を含むザルツカンマーグート地方は、標高500～800mの高地で、大小数多くの湖水が点在し、背後には2000mクラスの高山が連なるオーストリアを代表する景勝地で、映画「サウンド・オブ・ミュージック」（※）の撮影地としても有名。

ハルシュタットから湖に沿って東に約6㎞、オーバートラウンの村外れに、ザルツカンマーグートで最も高い展望台を持つクリッペンシュタインへ登るロープウェイ乗り場があり、この山から南面に広がるダッハシュタインを中心とする連山のすばらしい景色が眺められる。

▲狭い土地に立ち並ぶ建物
photo by Reiseder1701

▲クリッペンシュタインの展望台から見るハルシュタット湖
photo by Alex Barth

▲世界で最も美しい湖畔の町と呼ばれるハルシュタット
photo by Cha già José

※サウンド・オブ・ミュージック／1965年に公開されたミュージカル映画。監督＝ロバート・ワイズ、主演＝ジュリー・アンドリュース

POINT

ハルシュタットと塩

ザルツカンマーグートとはドイツ語で「塩の役場の管理地」、ハルシュタットのハルはケルト語で「塩」、シュタットはドイツ語で「場所」を意味する。切り立った山に囲まれたハルシュタット湖畔にある、人口1000人ほどのハルシュタットの町外れには先史時代（紀元前9〜2世紀）にまで遡る岩塩坑がある。ハルシュタットは先史時代より塩の交易により繁栄し、初期鉄器時代（紀元前800〜400年）はハルシュタット時代と呼ばれる。

中世には「白い黄金」と呼ばれるほど岩塩の価値は高く、ハプスブルグ家がハルシュタットを直轄地として手厚く保護し、採掘された塩によって巨額の富を手にした。

▲坑道の入口
photo by weisserstier

▲トロッコに乗って岩塩坑を見学
photo by Luca Sartoni

▲かつて作業員が移動に使った滑り台
photo by Luca Sartoni

CHECK!

納骨堂

湖畔の山裾の斜面に発達したハルシュタットは、その平地の少なさから墓地の確保が難しく、伝統的に納骨堂の利用が行われてきた。一旦土葬された遺骨は、埋葬後10〜20年ほど経つと墓を掘り返し、遺骨を天日干しし、頭蓋骨に故人の名前や模様を書き込むなどの装飾が施されてから、納骨堂へ納められた。

▲装飾が施され納骨堂へ納められた頭骸骨
photo by Mihnea Stanciu

［ヨーロッパ／チェコ］

53 プラハの歴史地区

【遺産名】プラハ歴史地区
●登録年…1992年 ●分類…文化遺産 ●登録基準…2、4、6

ヴルタヴァ（モルダウ）川を挟んで、西岸地区と東岸地区（※）に分かれているプラハ。面積866万㎡の中に約3670の健造物があり、1540棟が歴史的・文化的な価値があるといわれている。「建築博物館の街」「黄金のプラハ」「百塔の街」「魔法の都」など数々の言葉でたとえられている。

モルダウ河畔に広がる建築博物館の街と呼ばれる

プラハの街の起こりは870年頃、ヴルタヴァ（モルダウ）川の西岸の丘陵に城塞が築かれたことに始まる。やがて、司教座やボヘミア王国の宮廷が置かれようになり、発展していった。

14世紀半ば、ボヘミア王カレル1世が神聖ローマ帝国皇帝カール4世となり、プラハを首都に制定した。皇帝は、プラハ城内の増改築や聖ヴィート大聖堂のゴシック様式による建設、カレル橋の再建など帝都にふさわしい都市づくりを進め、ヨーロッパでもっとも繁栄した都市となった。近代以降も多くの芸術家を輩出する学問・芸術の街として重要な位置を占め続けている。

1200年の歴史を誇り、「建築博物館の街」や「百塔の街」と呼ばれるまち並みには、ロマネスク様式の建物やゴシック様式の塔、バロック様式の教会、ルネッサンス様式の豪邸、さらにはユダヤのシナゴーグからアール・ヌーヴォーまで、各時代を代表する様々な建築様式を見ることができる。

▲モルダウ川に架かるカレル橋

▲丘の上に建つプラハ城は世界で最も大きい城の一つ

photo by photojenni

▲「プラハの春」など革命の舞台にもなったヴァーツラフ広場

CHECK! 建築博物館の街　プラハ

▲プラハ城はプラハの街を見下ろせる高台にある

◀930年に建立された、ロマネスク様式の聖ヴィート大聖堂。壮麗な造りの中に、時代、時代のプラハが刻まれている▼

◀17世紀に建てられたというプラハ城のマティアス門

ヨーロッパが重ねてきたいくつもの歴史をそのまま刻み込んだかのようなプラハの街は、生きている喜びを自然に受け止めてくれるような不思議な魅力に満ちている。

▲10世紀初めに建立されたプラハ城内にある、聖イジー教会

▲カレル橋には、絵や詩を売る人、楽器を演奏する人、パントマイムを演じる人などが集まる。その楽しい姿もプラハの一つの風景である

旧市庁舎には15世紀に作られた
▼「天文時計」が掛けられている

本ページ1〜7の写真提供／Cannergy

※西岸地区と東岸地区／西岸地区はプラハ城のあるエリア。東岸地区は旧市街広場を中心に発展したところで旧市庁舎のあるエリア

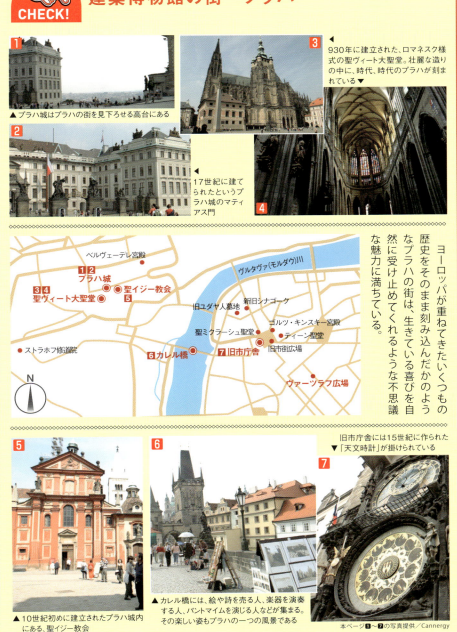

54

［ヨーロッパ／スペイン］

アントニ・ガウディの作品群

【遺産名】アントニ・ガウディの作品群
●登録年…1984年、2005年 ●分類…文化遺産 ●登録基準…1、2、4

古今東西の折衷様式を唱えたモデルニスモ（※）の代表的建築家として知られ、数々の建築物が世界遺産に登録された建築家のアントニ・ガウディは、1852年6月25日にスペインのカタルーニャ地方のバルセロナ南西にある商業都市レウスで、父方・母方ともに銅細工職人の家系の子として生まれた。

自然と建築物が美しく調和 モデルニスモの代表的建築

アントニ・ガウディは16歳の時、バルセロナ県立建築専門学校予科に入学。学校を卒業したガウディは、内装や装飾の仕事を手掛け始める。26歳の時、パリの万国博覧会にガウディが出品した手袋店のショーケースを見て、その才能を見抜きガウディのよき理解者となり、生涯の友ともなる大富豪のエウゼビ・グエルと出会い、グエル公園やグエル邸の設計・建築を依頼された。

モデルニスモの特徴である斬新な曲線の使用や華やかな装飾性が評判を呼び、その後バルセロナ中の富豪からガウディに設計の依頼が来るようになり、サグラダ・ファミリア大聖堂の主任建築家にも任命された。1926年に路面電車にひかれて死亡するまで様々な作品を手掛けた。世界遺産に認定された建物はグエル邸をはじめ7カ所。中でもサグラダ・ファミリア大聖堂は、1882年から建築が始まったが、未だ完成しておらず、2026年に完成予定となっている。

▲「サグラダ・ファミリア」受難のファサード
photo by Kent Wang

▲聖家族贖罪教会という意味のサグラダ・ファミリアは、バルセロナのシンボル的建物

▲外観の波打つ曲線は地中海をイメージしてつくられたカサ・ミラ photo by amanderson2

POINT

世界遺産登録された建築物 奇妙でユニークな建築物たち

世界遺産に登録された物を含めて、ガウディの作品はほかに類を見ないユニークな作品が多い。

サグラダ・ファミリア／1882年着工で現在も建築中。2026年完成予定。生誕のファサードと地下聖堂が世界遺産に登録。

▲サグラダ・ファミリア－生誕のファサードの装飾　photo by Andrew and Annemarie

カサ・ミラ／1906〜1910年にかけて建築。実業家のペレ・ミラとその妻ルゼー・セギモンの邸宅として建築された、直線部分をまったくもたない建築物。

◀不思議な造形のカサ・ミラ屋上
photo by momo

▲宮殿をコンセプトにしたグエル邸の内観
photo by anne arnould

グエル邸／1886〜1888年にかけて建築。「邸宅」というよりも「宮殿」をコンセプトに建てられた。グエル所有の採石場から採れた大理石もふんだんに使用されている。

◀グエル公園
photo by Kenward

グエル公園／本来は分譲住宅として1900〜1914年にかけて建築。おとぎ話を思わせる家、奇妙なベンチ、洞窟、ヤシの木を柱に見立てた傾斜するアーケードなど愉快な驚きに満ちている。

▲夜空に浮かぶカサ・バトリョ
photo by Kim

カサ・バトリョ／1877年建築の、繊維業で財を成したバトリョ家の建物を1904〜1906年にかけてガウディが増改築。セラミックタイルで覆われた外装は、夜になると輝き、夜景も有名な建物。

▲直線を多用したカサ・ビセンス photo by Stéphane D

カサ・ビセンス／1883〜1888年にかけて建築された、ガウディが初期に手がけた建築物のひとつで、まだ直線的な構造を多用している。レンガやタイル工場の社長であったマヌエル・ビセンスとその家族の住居として建築。

▲未完成のコロニア・グエルの教会地下聖堂
photo by Ferran Pestaña

コロニア・グエルの教会地下聖堂／「コロニア・グエル」はグエルが1890年に設立した労働者のコロニー。ガウディはその教会部分の設計・建築を担当。1908年に着工するが、グエル家が資金提供を打ち切ったため未完成。

※モデルニスモ／スペインのバルセロナを中心としたカタルーニャ地方で19世紀末から20世紀初頭に流行した、フランスのアール・ヌーボーと類似した芸術様式

55

モン・サン・ミシェルとその湾

【遺産名】モン・サン・ミシェルとその湾
●登録年…1979年、2007年 ●分類…文化遺産 ●登録基準…1、3、6

フランスのサン・マロ湾にある全周約900m、高さ約80mの岩山の小島。その上に壮大な要塞のような修道院が浮かぶ。これが海に浮かぶ神秘の世界遺産、「モン・サン・ミシェル」である。満潮時になると露出していたところは海水におおわれ、島は海中に孤立する。島には橋で渡ることができる。

小さな孤島にそびえる天空の修道院

708年にアブランシュの司教オベールの夢に、大天使ミカエルが現われてお告げをした。モン・サン・ミシェルは、オベールがそのお告げに従って、岩山に礼拝堂を建てたのが始まり。966年、ノルマンディ公リチャード1世がベネディクト会修道院を創建し、付属の聖堂は1022年に着工し、1135年に完成する。修道院は幾度も増改築され拡張されていき、巡礼地として栄えた。ここは干満の差が激しく、絶海の孤島になったり、大陸と陸続きになったりと様々な表情を見せる。1877年には、堤防道路ができ、対岸のアブランシュの町と結ばれたが、砂の堆積で島の周囲で急速な陸地化が進んだため、2014年に堤防を取り壊し新たに橋を架けた。

モン・サン・ミシェルは、ノルマンディ・ロマネスク建築の代表例の一つとなっているが、その北側には13世紀に増築されたゴシック様式の建物も残っている。

▲修道院の回廊と中庭　photo by Tang Allen

▲潮の干満により時に海に浮かび、時に干潟にそびえ立つ修道院
photo by Arnie Papp

CHECK!

かつての姿を取り戻す試み

▲島と対岸をつなぐ橋
Photo by Mathias Neveling

堤防道路の完成で潮の干満に関係なく島へ渡れるようになったが、堤防が潮流をせき止めることとなり、100年で2mもの砂が堆積して急速な陸地化が進行した。そこでかつての姿を取り戻すべく堤防道路が取り壊され、2014年に新しい橋が完成した。橋は全長760m、橋脚は12m間隔で設置され、潮の流れをせき止めにくい構造になっている。

POINT

英仏百年戦争からのモン・サン・ミシェル

英仏百年戦争は、1337年のエドワード3世によるフランスへの挑戦状から、1453年のボルドー陥落までの116年間の交戦状態を指すとされている。ここでは、モン・サン・ミシェルについて英仏百年戦争の年表とともにその流れを見る。

年	内容
1337	英王エドワード3世が仏フィリップ6世に挑戦状を送る
1339	エドワード3世、仏王領に侵攻
1340	仏王軍がイングランド沿岸を攻撃、これに対し英王軍はエクリューズで仏王軍200隻の艦隊を破る（スロイスの海戦）

英仏の間に位置する、モン・サン・ミシェルの修道院は閉鎖され、城塞として利用される。しかし、干満の差と潮流の激しさが助けとなって、敵が船で近づくことができず、戦争で大きな被害を受けることはなかった

年	内容
1346	英王軍がノルマンディに上陸、クレシーの戦いで、仏王軍が大敗する
1356	ポワティエの戦いで、仏王軍がまた大敗。ジャン2世が捕虜となりロンドンに連行される
1370	デュ・ゲクランが仏王軍の司令官になり、ポンヴァヤンの戦いで英王軍に勝利
1384	休戦に合意、1375年にも休戦があった

▲1340年のスロイスの海戦の様子

年	内容
1415	アジャンクールの戦い、英王軍ヘンリー5世がノルマンディに再上陸、仏王軍（20,000名）を破る
1429	英連合軍に包囲されていたオルレアン、ジャンヌ・ダルクを含めた仏軍が英連合軍を撤退させ、オルレアンを解放
1449	今度は仏軍シャルル7世がノルマンディを支配し、ルーアンを陥落
1453	シャルル7世は英軍の立て直しの時間を与えず、ボルドー陥落

百年戦争終結後、モン・サン・ミシェルが戦乱を乗り切ったことで大天使ミカエルの崇拝が高まる。国王ルイ11世は「聖ミシェル勲爵士団」を創設

17世紀 **「聖モール」と呼ばれる新ベネディクト派の修道僧たちが住み始める。彼らは古文書の修復や医学など学問に専念し、修道院は研究センターのようになった**

18世紀 **フランス革命後の18世紀には、モン・サン・ミシェルは監獄として使用される。司祭や反革命の王党派などの反体制派の人たちが囚人として送り込まれた。1863年、ナポレオン3世によって閉鎖されるまで「海のバスティーユ(※)」として恐れられた**

※海のバスティーユ／フランス革命以前、政治犯を収容していたといわれるバスティーユ牢獄のこと。フランス革命で襲撃される

56 ウェストミンスター宮殿

【遺産名】ウェストミンスター宮殿、ウェストミンスター大寺院及び聖マーガレット教会
●登録年…1987年、2008年 ●分類…文化遺産 ●登録基準…1、2、4

ロンドンのテムズ川沿いにある、現在のイギリスの国会議事堂が「ウェストミンスター宮殿」である。テムズ川の東側から見ると、宮殿（国会議事堂）に隣接するビッグベンの後ろに聖マーガレット教会があり、宮殿の中央の後ろにウェストミンスター寺院が建つという位置関係にある。

王室と議会制民主主義 イギリス激動の時代の象徴

ウェストミンスター宮殿はエドワード証聖王の命で1065年に建設され、1529年まで歴代国王の居城として使われていた。同時に、1295年には初めてのイングランド議会である、模範議会が宮殿内で開催されている。1530年、ヘンリー8世がホワイトホール宮殿に移ることで、ウェストミンスター宮殿は二つの議会及び裁判所として利用されるようになった。

1834年、ロンドン大火で宮殿の大部分は焼失した。その後、ゴシック様式をベースにした設計が採用され、1840年に礎石が据えられ、貴族院議事堂が1847年に、庶民院議事堂が1852年に完成。建築の主要部分を含め再建されたのは1860年である。

ウェストミンスター寺院では、歴代の王の戴冠式や結婚式が行われる。創建は1065年だが、イングランド王ヘンリー3世の時代に、現在の姿の元となるゴシック様式に大改築された。なお、聖マーガレット教会には16世紀初頭につくられた、見事なステンドグラス（※）がある。

▲イギリス元首相ウィンストン・チャーチルも聖マーガレット教会で挙式している
Photo by Andrew Dupont

▲テムズ川河畔にあるウェストミンスター宮殿は、英国議会が議事堂として使用、併設されている時計塔（ビッグ・ベン）と共にロンドンを代表する建造物

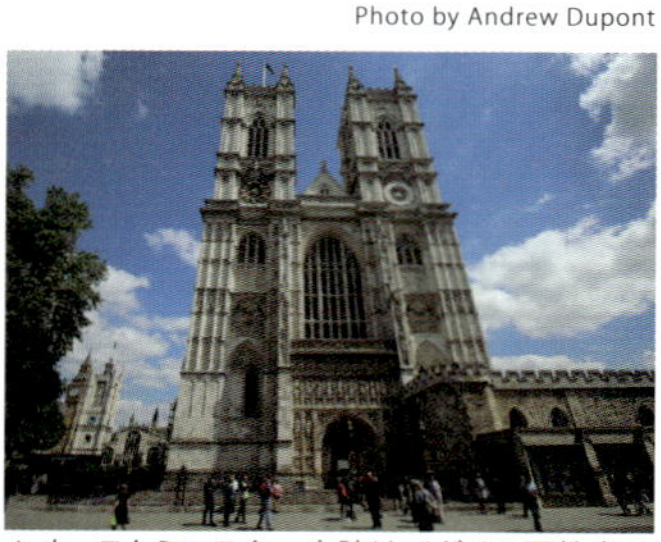
▲ウェストミンスター寺院はイギリス国教会の教会で戴冠式などの王室行事が執り行われる
photo by Victor R. Ruiz

POINT

ヘンリー3世と議会政治の原点

ウェストミンスター寺院のゴシック様式への大改築のキッカケ

ヘンリー3世（1207〜1272年）は莫大な費用を投じて、1245年にウェストミンスター寺院のゴシック様式への改修に着手した。この改修のためにヘンリー3世は貴族たちに重い税金を課した。これに対し貴族たちは寺院にあるチャプターハウスに集まり、国王を呼び出して税金を減らすように要求した。「話し合い」で問題を解決するという議会政治の原点がここにあったといわれている。

この「話し合い」が後の上院の誕生につながり、1544年の上院誕生から5年経った1549年に庶民院ともいわれる下院が誕生する。イギリスは二院制度を活かした議会政治で国を発展に導いていった。

▲ライトアップされたウェストミンスター地区　photo by Phil Dolby

▲ヘンリー3世

CHECK!

ロンドン名物、ビッグベン

高さ96mの時計塔はウェストミンスター地区の中で際立って目立つ。ウェストミンスター宮殿を知らなくても、ビッグベンのことはわかるというほど有名である。1895年の完成から重さ14トンの大鐘が1時間ごとに鳴り響き、四つの小さな鐘が15分ごとにロンドンの街に時を告げている。

大時計は正確で、BBC放送の時報としても使われている。

▲100年以上にわたり、ロンドンの街に時を告げるビッグベン　photo by Tredok

※ステンドグラス／ヘンリー７世の息子アーサー王子とカスティーリアの王女カタリナの結婚記念としてつくられた

57 キジ島の木造教会

【遺産名】キジ島の木造教会
●登録年…1990年 ●分類…文化遺産 ●登録基準…1、4、5

キジ島（※）は、ロシア連邦カレリア共和国にある、ヨーロッパで2番目に大きい淡水湖のオネガ湖に浮かぶ島で、ロシア正教会の木造教会建築群で知られる。1966年に**島全体が木造建築の特別保存地域に指定**され、ロシア各地からさまざまな木造建築物が移築され、保存されている。

匠の技が光る、釘を使わない ユニークな木造教会群

ロシア北西部のカレリア共和国のオネガ湖にある細長い島キジ島に建つ木造教会群。1714年に再興されたロシア正教の「プレオブラジェンスカヤ聖堂」（それ以前のものは落雷により焼失）は、**釘が使われていない**ことでも知られている。また、特徴的な玉ねぎ型の22の丸屋根は、ポプラの木片数万枚を鋸歯状に組み合わせたもの。この南側には1764年に建築された9つの丸屋根を持つ「ポクロフスカヤ聖堂」、その間に1874年建造の鐘楼がある。

1966年に島が木造建築の特別保存地域に指定されたことにより、ロシア各地から教会や農家、風車などの木造建築が移築された。中でもムーロム修道院から移築されたラザロ復活堂は、14世紀に建てられたロシア最古の木造教会といわれている。

▲木片を組み合わせてつくった丸屋根

▲巧みな職人技でつくられたキジ島の木造教会群

POINT

冬の教会 ポクロフスカヤ聖堂

美しい丸屋根と、聖堂内にイコン（聖画像）が飾られ厳かな雰囲気の「プレオブラジェンスカヤ聖堂」には暖房設備がなかった。そこで1764年に、冬場に暖がとれるペチカ（暖炉）を備えた「ポクロフスカヤ聖堂（冬の教会）」が建てられた。

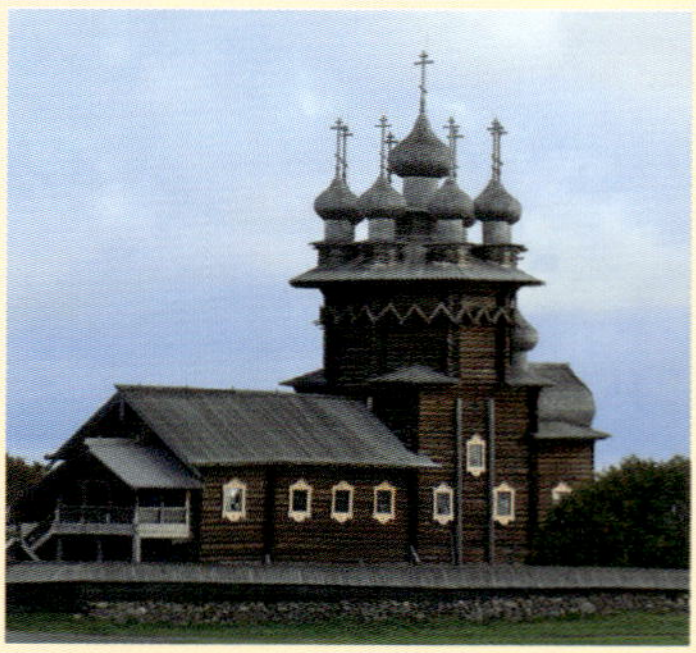
▲冬の教会の別名を持つポクロフスカヤ聖堂

※キジ／キジという言葉はこの地域の先住民だったカレリア人およびヴェプス人のことばで「祭祀の場」を意味する ※P84の写真提供／Larry Koester

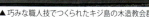

58

サンクト・ペテルブルグ歴史地区と関連建造物群

【遺産名】サンクト・ペテルブルグ歴史地区と関連建造物群
●登録年…1990年 ●分類…文化遺産 ●登録基準…1、2、4、6

サンクトペテルブルグはロシア、レニングラード州の州都で、1703年にロマノフ王朝のピョートル大帝の命により、ネヴァ川の河口デルタに人工的につくられた町。ロシアを代表する港湾工業都市で、1914年まではロシア帝国の首都であった。町の名前は建都を命じたピョートル大帝と同名の聖人ペテロにちなんで名づけられた。

計画的につくられた水と芸術の都

ピョートル大帝の命で、ロシア近代化の窓口として莫大な費用を投じて建設されたサンクトペテルブルグは、工業都市としてだけではなく、のちにエカテリーナ2世により現在の「エルミタージュ美術館」がつくられるなど、文化都市（※）としての礎も築かれていった。

サンクトペテルブルグの中心部および郊外には、世界三大美術館の一つでもとは歴代皇帝の居住地でもあった「エルミタージュ美術館」をはじめ、金色に輝くドームが印象的な「聖イサク聖堂」、カラフルな外観と壁から天井まで一面のモザイク画に圧倒される「血の上の救世主教会」、18世紀の大北方戦争の際に築かれた「ペトロパブロフスク要塞」など、世界遺産に登録された建造物や庭園などが数多く存在する。

▲ライトアップされた「聖イサク聖堂」 photo by Denis Simonet

▲カラフルな外観の「血の上の救世主教会」 photo by momo

POINT

エルミタージュ美術館 もとはエカテリーナ2世の私的美術品展示室

世界三大美術館の一つに数えられ、収蔵美術品数は300万点を超えるといわれる「エルミタージュ美術館」。もとはエカテリーナ2世の宮殿として建てられたもの。美術品はエカテリーナ2世が買い付けたコレクションにはじまる。当初一般公開はされていなかったが、1863年から市民も観覧が可能になった。

▲収蔵美術品ばかりではなく、絢爛豪華な内観も魅力 photo by Larry Koester

※文化都市／叙事詩『青銅の人』を書いた詩人のプーシキン、『罪と罰』の作家ドストエフスキーなどもこの都市を拠点に活動していた

59 モスクワのクレムリンと赤の広場

【遺産名】モスクワのクレムリンと赤の広場
●登録年…1990年 ●分類…文化遺産 ●登録基準…1、2、4、6

クレムリンはもともと「城塞」という意味で、12世紀の中頃には木造の砦があった。**これを大城郭へと変貌させたのがイヴァン3世。**堅牢なレンガ造りの城壁をつくり、城内（クレムリン）を壮麗な聖堂で彩った。なお、赤の広場（※）は1917年のロシア革命以降に整備される。

▲聖ヴァシーリー大聖堂

城壁に囲まれたクレムリンと城壁の外側に赤の広場

ソ連時代にはソ連政府の代名詞であったクレムリン。現在、ロシア連邦政府の諸機関が置かれ、歴史的・文化的に貴重な建造物が集中している。

モスクワ公国の時代が終わり、1712年にサンクト・ペテルベルグに首都が移っても皇室とロシア正教の聖域であったクレムリンの地位は揺るがなかった。**イヴァン3世が着手した城壁は、厚さが最大で6m、高さは5～19m、全長は約2・2kmに及んでいる。**また、赤の広場に建つ「聖ヴァシーリー大聖堂」は、1560年にイヴァン4世（1533～1584年）が対モンゴル戦勝記念として建造した。

クレムリンには、ひときわ高い「イヴァン大帝（3世）の鐘楼」、1838年に再建された「大クレムリン宮殿」など数々の宮殿や塔などが建ち並ぶ。

▲赤の広場。左の建物は聖ヴァシーリー大聖堂

POINT ロシア 略式年表

時代	年号	内容
モスクワ公国時代	1480～17世紀	イヴァン3世（1462～1505年）がロシア史上初めての「皇帝（ツァーリ）」と称した。ロシアという名称もこの時に登場。また、国章となる双頭の鷲もイヴァン3世に由来
ロマノフ朝時代	1613～1917年	この時代にはサンクト・ペテルベルグの建設に着手した、ピョートル大帝（1682～1725年）やナポレオンを敗走させた、アレクサンドル1世（1801～1825年）が登場する
ソ連時代 ロシア連邦共和国へ	1917～1991年	1917年の10月革命（ロシア革命）で史上最初の社会主義国家の樹立を成功させる。翌年、首都はサンクト・ペテルベルクからモスクワに移る。レーニンが1924年に死去、赤の広場にレーニン廟をつくる。ブレジネフ時代（1964～1982年）、ペレストロイカ提唱のゴルバチョフ時代（1985～1991年）を経て、ロシア連邦共和国となり現在に至る

※赤の広場／赤の広場の「赤」とは共産主義を象徴する赤色のことではなく、ロシアの古い言葉で「美しい」を意味する

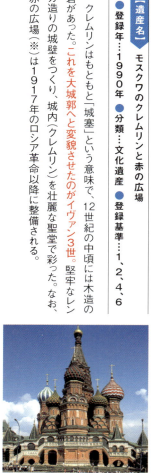

60 ワルシャワの歴史地区

【遺産名】ワルシャワの歴史地区
●登録年…1980年 ●分類…文化遺産 ●登録基準…2、6

ポーランド(※)のワルシャワ歴史地区は、世界遺産としてヴィスワ川の左岸の**「旧市街」と「新市街」を含む一帯が登録**されている。旧市街は城塞に囲まれ、バルバカンと呼ばれる16世紀の砦門が残っている。新市街は「新」とついていても、15世紀にさかのぼる歴史を持つ街である。

戦争による破壊から人々の熱意で蘇ったまち並み

ポーランドの首都ワルシャワは王国時代の1611年に首都となった。ワルシャワのヴィスワ川沿いの歴史地区は、多彩な様式の建造物が連なる古都の趣に満ちた、「北のパリ」と称される芸術・文化の都だったが、第二次世界大戦中にナチスドイツによって激しい攻撃を受け、ほぼ壊滅状態となった。しかし、旧市街は戦前に記録された詳細な図面や写真、風景画をもとにワルシャワ市民の熱意で、17〜18世紀のまち並みを**「壁ひとつ、窓一枚まで」忠実に復元した**のである。旧市街の広場や教会、王宮などが美しくよみがえり、その復元と維持への人々の営みが評価され世界遺産登録につながった。旧市街には14世紀ゴシック様式の聖ヨハネ聖堂、新市街には17世紀バロック様式の聖堂などがある。

▲18世紀後半の姿を復元した新市街のまち並み

▲ワルシャワ旧市街のマーケット・プレイス
photo by epicxero

POINT

ポーランドは1989年に民主化を実現

ポーランドは、第二次大戦でソヴィエト連邦によりナチスドイツの占領から解放され共産主義国となった。しかし、社会主義経済の行き詰まりや体制への不満などから、ワレサを中心とした「連帯」による民主化運動が起き、1989年に開かれた「円卓会議」により民主化が実現した。

※ポーランド／この国が生んだピアノの詩人ショパン(1810〜1849年)はワルシャワ音楽院で学び、この地でデビューした

61 ブダペストのドナウ河岸とブダ城

【遺産名】ドナウ河岸、ブダ城地区及びアンドラーシ通りを含むブダペスト
●登録年…1987年、2002年 ●分類…文化遺産 ●登録基準…2、4

ブダとペスト（※）が「セーチェーニ鎖橋」で結ばれた、「ドナウの真珠」とも呼ばれるドナウ河岸の都市ブダペスト。1242年、ハンガリー王がドナウ川を見下ろす丘に建てた城塞のある住居がブダ城。ペスト地区は、アンドラーシ通りとその地下を走る地下鉄が2002年に世界遺産登録対象に追加された。

「ドナウの真珠」と呼ばれる東欧の魅力にあふれる古都

ハンガリーの首都ブダペストはその美しさに定評があり、「ドナウの真珠」「ドナウのバラ」「ドナウの女王」「東欧のパリ」などの異名をいくつも持っている。ブダの丘に建つ王宮は13世紀以降、ハンガリー王の居城となり、ネオ・バロック様式を今に残す。

ハンガリーはオーストリア・ハンガリー帝国の一部として自治権を与えられた1867年から、**美しい都市をつくるための建設に邁進**する。壮麗な「国会議事堂」、歴代ハンガリー王の戴冠式が行われた「マーチャーシュ聖堂」など。

また、エルジェーベト広場から英雄広場までの2・5kmのアンドラーシ通りには、地下の浅いところ（掘るのではなく深い溝）に電車を通し、上から蓋をしたというヨーロッパではパリに次いで古い地下鉄が走っている。

▲ライトアップされたセーチェーニ鎖橋とブダ城　photo by Paul Mannix

▲ドナウ川越しに望む国会議事堂

POINT
ハンガリーの美しい首都、ブダペスト

ドナウ川を挟んで、西岸の丘陵地帯がブダ、東岸の平坦な地がペスト。

※ペスト／ドイツ語などの発音に基づいた日本語の表記で、ハンガリー語（マジャル語）では「ペシュト」

ウィーンの歴史地区

【遺産名】ウィーンの歴史地区
●登録年…2001年 ●分類…文化遺産 ●登録基準…2、4、6

ドナウ河畔にあるウィーンはオーストリアの首都。このウィーンの中央、**直径1kmほどの旧市街が歴史地区の中心**で多くの建造物が並ぶ。町は11世紀頃から交易の要所として発展、12世紀には旧市街を囲む「市壁」の建設が始まった。ウィーンの歴史はハプスブルグ家と密接に関係している。

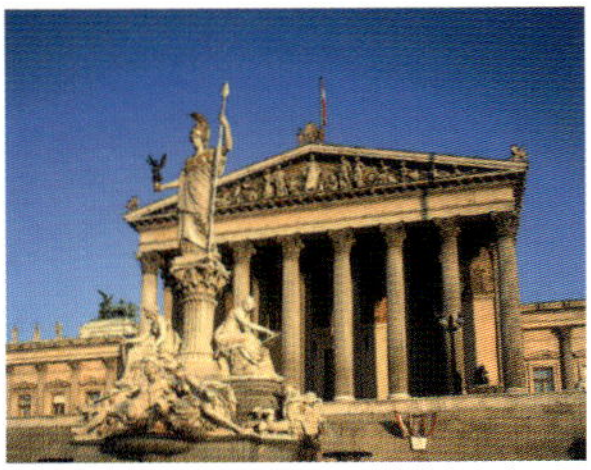

▲古代ギリシャの神殿を模範とした、国会議事堂

建築、美術、音楽、文学 豊かな歴史と文化の都

オーストリアの首都ウィーンは、2000年の歴史を持つ古都。ハプスブルグ家がこの地に落ち着いた13世紀頃から城塞都市として繁栄した。ハプスブルグ家は11世紀に登場、1273年にルドルフ1世が神聖ローマ帝国の皇帝に推挙されたことで幕が開き、1278年にはウィーンを自治領として都を置いた。**ハプスブルグ王朝の帝都として、シュテファン大聖堂（※）、王宮、博物館などを残す。**町には、古代ローマ時代の遺跡から、19世紀末～20世紀はじめに流行したウィーン分離派の建築まで、各時代を象徴する歴史的建造物が多数残っている。1857年には市壁が撤去され、リンク・シュトラーセと呼ばれる環状道路を設置し、新しい都市づくりを進め、現在のウィーン歴史地区の外観が形づくられた。

▲ゴシック様式の外観と、バロック様式の祭壇を持つシュテファン大聖堂　photo by Saïda

POINT

ハプスブルグ家 簡略・家系図

ハプスブルグ家の家系は複雑であるが、ハプスブルグ＝ロートリンゲン家として現代まで続いており、ウィーンにもたらした影響は多大である。

●ルドルフ1世（1271～1291）
●アルブレヒト2世（1438～1439）　●フリードリヒ3世（1440～1493）
二人はドイツ王となり、王位を世襲化
●カール5世（1519～1555）　スペイン・ハプスブルグ家の始まり
●フェルディナント1世（1558～1564）　オーストリア・ハプスブルグ家
●レオポルド1世（1658～1705）
●カール6世（1711～1740）
マリア・テレジア（ハンガリー女王）＝●フランツ1世〈皇帝〉（1745～1765）
マリー・アントワネット＝ルイ16世（フランス国王）
ハプスブルグ＝ロートリンゲン家

※●印は神聖ローマ皇帝　※途中の系譜や兄弟姉妹は省いている

※シュテファン大聖堂／モーツァルトの結婚式、および葬儀が執り行われたことでも有名

［ヨーロッパ／オーストリア］

［ヨーロッパ／オーストリア］

シェーンブルン宮殿と庭園

【遺産名】シェーンブルン宮殿と庭園群
●登録年…1996年 ●分類…文化遺産 ●登録基準…1、4

オーストリアの首都ウィーンの旧市街南西部にあるシェーンブルン宮殿。その歴史は17世紀末にレオポルド1世がバロック様式の離宮建設を命じたことに始まる。1740年、カール6世からハプスブルグ家の家督を継承した**マリア・テレジア（※）が、ここを住居に定めた**ことで大増改築された。

ロココ様式の壮麗な宮殿とフランス式バロックの庭園

ウィーンの南西にあるハプスブルグ王朝の離宮で、ウィーン風ロココ様式の宮殿。1700年にレオポルト1世の狩猟用の別荘として建築されて以降、歴代の皇帝らが増築を重ね、18世紀後半オーストリア系ハプスブルグ家最後の君主といわれた皇后マリア・テレジアの時代に完成。ハプスブルグ家の世襲となったマリア・テレジア。女子が皇帝になることはできないため、夫が皇帝となる。彼女は離宮の大増改築を1744年から行う。「マリア・テレジア・イエロー」と呼ばれる黄色が印象的な外観で、**宮殿内部は優美で壮麗なロココ様式。**金箔やクリスタルにあふれた部屋の数は1441にもなる。部屋の中には公的な王宮とは異なる、私生活の場としての匂いも残っている。なお、**庭園はフランス・バロック様式**になっている。

▲美しい庭園の奥に建つシェーンブルン宮殿
photo by Dennis Jarvis

▲庭園内にある巨大な温室「パルメンハウス」
photo by Dennis Jarvis

POINT

日本人観光客が発見した日本庭園

1913年にフランツ・フェルディナント大公が日本訪問から帰国後、シェーンブルン宮殿に日本庭園を造営させた。いつしか荒廃し、「アルプス庭園」と呼ばれるようになったが、後の調査で手水鉢と思われる石などが見つかり、日本庭園であったことが断定された。これを受け1998年、日本から庭師を招き、枯山水の日本庭園として修理復元がなされた。

▲日本の庭師により修理復元された日本庭園
photo by Twang Dunga

※マリア・テレジア／彼女の末娘は、マリー・アントワネット。15歳でフランス王国・ルイ16世に嫁ぐまで、夏をここで過ごした

プリトヴィッチェ湖群国立公園

【遺産名】プリトヴィッチェ湖群国立公園 ●登録年…1979年、2000年 ●分類…自然遺産 ●登録基準…7、8、9

プリトヴィッチェ湖群国立公園はボスニア・ヘルツェゴビナとの国境に近くにあるプリトヴィッチェ湖群市に位置するクロアチアの国立公園で、ディナル・アルプス山脈の山間に点在するカルスト地形(※)の一つ。クロアチア唯一の自然遺産で、1979年に登録され、2000年に登録範囲が拡大された。

一生に一度は訪れたい水と緑が織りなす絶景

プリトヴィッチェ湖群国立公園は、クロアチアの首都ザグレブの南方約110kmに位置するクロアチアの山岳地帯東部にある。エメラルドグリーンに輝く**大小16の湖と92の滝が階段状に形成された景観が人気**で、一生に一度は訪れたい世界の絶景にも選ばれている。

プリトヴィッチェ湖群は「上湖群」と「下湖群」に分かれる。上湖群には12の湖があり、白雲岩が土台となり地表浸食が見られる。下湖群は石灰岩の渓谷に4つの湖がある。また野生動物が数多く生息しており、熊や狼、鷹などを見ることもできる。

国立公園内へは2カ所の入口でチケットを購入してから入場。湖畔のブナ原生林や透明度の高い湖水の上に架かる木道を歩いて散策する。また、バスや船の便もあるのでお手軽に見学もできる。

▲木道を使って湖と滝を間近に見ることができる
photo by James

▲様々な姿を見せる水の景色
photo by Mike Norton

CHECK!

リトルプリトヴィッチェ ～ラストケ村～

▲小川や滝が家の横や下を流れる幻想的な光景
photo by Mario Fajt

ラストケ村はプリトヴィッチェ湖群国立公園から約30km、コラナ川とスルンチツァ川の合流点にある、家々の間や家の下を川が流れ、大小いくつもの滝がある珍しい地形の村。この妖精の国に迷い込んだかのような水上の桃源郷は、「リトルプリトヴィッチェ」とも呼ばれ、クロアチアの保存文化遺産に指定されている。

※カルスト地形/石灰岩など水に溶解しやすい岩石が雨水や地下水に溶食されてできる地形

65

メテオラ

【遺産名】メテオラ　●登録年…1988年
●分類…複合遺産　●登録基準…1、2、4、5（文化）、7（自然）

メテオラとはギリシャ語で「宙に浮く」という意味。ギリシャ北西部のテッサリア平原にそびえる高さ約20～500mの塔状の奇岩群と、その上に建設された修道院共同体、メテオラ修道院群の総称である。9世紀、洞窟や岩の裂け目に住み着いた「隠修士」が起源とされ、14世紀には本格的な修道院建設が始められた。

奇岩の上にそびえるギリシャ正教の修道院

メテオラの険しい地形は、俗世との関わりを断ち、祈りと瞑想に生きるキリスト教の修道士にとって理想の環境と見なされ、9世紀には既にこの奇岩群に穿たれた洞穴や岩の裂け目に修道士が住み着いていた。この時代の修道士は、単独で修行する隠修士が主流であった。

さらに14世紀、東ローマ帝国とセルビア王国との戦乱を逃れた修道士たちがギリシャ正教の教えを守り抜こうと、この天然の要塞メテオラに修道院を築き、縄梯子や滑車しか搬送手段がない過酷な環境下で、16世紀までに20を超える修道院がつくられ、多くの修道士たちが住みついた。修道院内部にはギリシャ正教の美術を伝えるフレスコ画やイコン（※）などが残されている。また、僧のいない修道院やその廃墟、隠遁所が巨岩の上や岩壁の各所に残されている。

▲いろいろな形の奇岩の上にある修道院。現在も6つの修道院が活動している

▲奇岩の上にたたずむ天空の修道院

CHECK!

恐怖の手動ロープウェイ

▲スリル満点のロープウェイ
photo by Gabriel

今は橋や階段が整備されているが、かつて修道士たちは縄の梯子や巻きあげ機を使っていた。最初の修道士は梯子もなく、ロック・クライミングによってこの場所を発見し、修道院を建てたことになる。大メテオロン修道院では、手動ロープウェイで物資を運んでいる。

※イコン／聖像のことで、狭義では一枚の板に描かれた絵

オリンピアの古代遺跡

【遺産名】オリンピアの古代遺跡
●登録年…1989年 ●分類…文化遺産 ●登録基準…1、2、3、4、6

オリンピアは古代オリンピック発祥の地であり、現在世界各国で開催されるオリンピックの聖火リレー(※)の聖火もここでおこされる。オリンピアは、紀元前10世紀頃にはギリシアの最高神・ゼウスの聖地とされていた。ゼウスの父、クロノスが丘の名の由来である。

ゼウスを讃える祭典、古代オリンピック誕生の地

オリンピアはペロポネソス半島西部のクロノスの丘に位置する。オリンピックの開催は紀元前800年頃から、当初は最高神ゼウスへの奉納試合として始まり、次第にギリシアのポリスが参加する定期大会に発展した。4年に1度という開催形態は、この頃から続いている。オリンピアには、ゼウス神殿の建つ聖域を囲むように競技場のスタディオン、練習場や更衣室、浴室などからなるパライストラのほか、体育館や宿泊施設などが建ち並んでいた。

しかし、393年にローマ皇帝によってオリンピックは禁止された。なお、近代オリンピックはクーベルタン男爵の提唱により、アテネで1896年に第1回大会が開催された。

▲紀元393年にオリンピックが禁止され町は衰退した。6世紀の地震で崩壊したゼウス神殿 photo by Fathzer

▲格闘技練習用につくられた、列柱廊

POINT

4年に1度行われるヘラ神殿での採火式

近代オリンピックにおける聖火の採火式は、ゼウスの妻「ヘラ」を祀ったオリンピアのヘラ神殿において、炉の女神ヘスティアを祀る11人の巫女が凹面鏡を用いて太陽から採火する。なお、この儀式は非公開となっている。

▲聖火の採火式が行われる「ヘラ神殿」

※聖火リレー／聖火リレーの始まりは、1936年のベルリンオリンピックからである

67 フィリピの古代遺跡

【遺産名】フィリピの古代遺跡
●登録年…2016年 ●分類…文化遺産 ●登録基準…3、4

ギリシャ北東部、カヴァラという港町から12㎞ほど内陸に入った場所にあるフィリピ（ピリッポイ）遺跡。広大な遺跡にはギリシャ・マケドニア、ローマ、ビサンチン時代の建造物が入り混じり、古代ローマ遺跡と初期キリスト教遺跡の両面が評価され、世界遺産に登録された。

古代ローマ遺跡と混在する初期キリスト教遺跡の世界

マケドニア王アレキサンダー大王の父・フィリッポス2世により、紀元前356年に創建された城郭都市フィリピ（ピリッポイ）遺跡。もともとの住民たちが異民族の侵入に対してマケドニア王フィリッポス2世に助けを求め、そのままフィリッポス2世が街を手に入れることになり、大王の死後ローマの支配に入った後も繁栄を続けた。

遺跡に入り最初に目にする山の斜面に造られた劇場は、フィリッポス2世が建てた劇場をローマ時代に改装したもの。建設当時はギリシャ悲劇・喜劇の上演、ローマ時代は剣闘士の興行などが行われたと考えられている。ほかにもビサンチン時代のキリスト教会の跡などが多数見つかっている。

▲ローマ風のフォーラム（広場）

▲山の斜面に造られた劇場

CHECK!

未完の教会跡（パシリカB）

ローマ時代の大浴場跡に建設された教会（パシリカB）。6世紀に教会を建てようとして未完で終わったもの。地震により街が破壊されたため中止になったと考えられている。パシリカはA、B、Cの3カ所に分かれている。

▲2階建てだったと考えられるキリスト教会（パシリカ）は柱と基礎部分が残されている

【一口メモ】博物館ではさまざまな出土品が見られ、特に柱頭は、素朴な感じのするドーリア（ドリス）式、渦巻き装飾があるイオニア式、アーカンサスの葉で飾ったコリント式などの変遷が見られる

ヴァレッタ市街

【遺産名】ヴァレッタ市街
●登録年…1980年 ●分類…文化遺産 ●登録基準…1、6

ヴァレッタは地中海に浮かぶ島国マルタ共和国の首都。マルタ島の東部、シベラスの丘の上にある難攻不落の要塞都市。中世ヨーロッパの三大騎士修道会の一つ聖ヨハネ騎士団時代の建造物も残る。またバロック建築をはじめ、マニエリスム・近代・新古典主義建築などの建築様式が見られる。

▲豪華な装飾が施された聖ヨハネ大聖堂の内部 photo by Leandro Neumann Ciuffo

中世の多彩な建造物が数多く残る街

地中海中央部に位置し、地中海交通の要衝であったマルタ島は、古代から常に戦いの場となり、多くの民族や文明、勢力が交錯してきた。中世の時代、イスラム勢力からヨーロッパを守るための砦だった。この地を守る聖ヨハネ騎士団は、1565年5万の大軍を率いたオスマン帝国によるマルタ大包囲攻撃に激戦の末勝利。この後、ヴァレッタ(※)はより堅固な要塞都市として整備された。

▲蜂蜜色の石灰岩で造られた要塞都市ヴァレッタ photo by emmapidduck

町の建造物は「マルタストーン」とも呼ばれる蜂蜜色の石灰岩で造られ、「ガラリア」という突き出たバルコニーが特徴の家々が立ち並ぶ。「勝利の聖母教会」はヴァレッタで最も古い建造物、カラヴァッジョ作の絵画『洗礼者ヨハネの斬首』で有名な「聖ヨハネ大聖堂」など、歴史的建造物が残っている。

［ヨーロッパ／マルタ］

CHECK!

マルタの巨石神殿群 〜世界で一番古いといわれる神殿〜

マルタの巨石神殿群はマルタ島とゴゾ島で発見された人類最古といわれる石造建築物群。1980年に世界遺産に登録された。中でもゴゾ島で発見されたジュガンティーヤ神殿(紀元前3600年頃建造)は、全長6m、重さ約20トンの石で建造されており、世界的にも最古の宗教施設のひとつといわれている。

▲ジュガンティーヤ神殿 photo by tpholland

※ヴァレッタ／町の名のヴァレッタは、オスマン帝国との戦いに勝利した聖ヨハネ騎士団の団長、ジャン・パリゾ・ド・ヴァレットに因んでいる

［ヨーロッパ／イタリア］

69 フィレンツェの歴史地区

【遺産名】フィレンツェの歴史地区
●登録年…1982年 ●分類…文化遺産 ●登録基準…1、2、3、4、6

古代ローマに起源を持ち、12世紀に自治都市宣言をしたフィレンツェの歴史はメディチ家（※）抜きには語れない。今もルネサンスのまち並みを残し、ダ・ヴィンチやミケランジェロが現われそうな雰囲気が漂う。**再生を意味する「ルネッサンス」**、それは人が人になる精神の叫びでもあった。

ルネッサンスのシンボル「花の都」フィレンツェ

街の中心、ドゥオモに建つ「サンタ・マリア・デル・フィオーレ大聖堂」は1296年に起工されたイタリアにおけるゴシック建築および初期のルネッサンス建築を代表するもので、フィレンツェで最も目立つ112mの高さがある。これに並んで「ジョットの鐘楼」がある。

メディチ家の庇護のもと、ダヴィンチやミケランジェロなど**多くの芸術家が活躍したフィレンツェは、街そのものが芸術品のような美しさを持つ。**数多くの広場、聖堂、宮殿だけではなく、それらをつなぐ道や橋、一般の建物にもルネッサンスの香りが漂い、当時の面影を知ることができる。

▲花の聖母マリア大聖堂の名がある「サンタ・マリア・デル・フィオーレ大聖堂」 右が「ジョットの鐘楼」

▲14世紀後半に完成した、サンタ・クローチェ聖堂

POINT

メディチ家

銀行業で成功を収め、フィレンツェ共和国の事実上の支配者として君臨したメディチ家の中でもロレンツォ・デ・メディチ〈1449～1492年〉は、ボッティチェリ、ミケランジェロなど多くの芸術家を保護するパトロンとしても活躍。彼は優れた政治・外交能力を発揮し「偉大なるロレンツォ（イル・マニフィコ）」とも呼ばれた。この時代がフィレンツェの最盛期でもあった。

▲メディチ家の紋章
薬の玉をモチーフにしたといわれている、6つの玉をあしらったメディチ家のシンボルは、今でも街のあちらこちらで見ることができる

※メディチ家／メディチ家の「メディチ」は薬という意味で、先祖は薬種問屋または医師だったのではないかとされている

70

ピサのドゥオモ広場

【遺産名】ピサのドゥオモ広場 ●登録年…1987年、2007年
●分類…文化遺産 ●登録基準…1、2、4、6

ピサの旧市街のはずれにあるドゥオモ広場。ここにはイタリアを代表する4つの建物が整然と並んでいる。色の混ざった白大理石で覆われた「大聖堂」。その北側に回廊付きの美しい中庭を持つ「墓所（※）」。さらに「洗礼堂」、**大聖堂の鐘楼が有名な「ピサの斜塔」**である。

傾斜を修正できずに建ち続けたピサの斜塔

ピサの旧市街のはずれにあるドゥオモ広場。ドゥオモとは大聖堂を意味する言葉で、大理石に覆われた大聖堂のほか、墓所、洗礼堂、「ピサの斜塔」として有名な、大聖堂の鐘楼として建てられた8階建ての塔がある。大聖堂の着工は1063年でロマネスク様式、洗礼堂は完成に200年以上要したため、ロマネスク様式とゴシック様式が混在している。ピサの斜塔は、1173年から建設が始まったが、**ここの土地の地盤が軟弱で、また当時の技術では高さ55mでおよそ15tの建物を造ることが困難だったことが、建設途中から傾き始めた要因とされている。**完成後も少しずつ傾きが大きくなっていったが、1990年からの修復工事で傾きは改善された。

▲大聖堂とその東側に建つピサの斜塔
photo by Paul Mannix

▲大聖堂（ドゥオモ）の内部

POINT ギネスにも認定されたピサの斜塔

ピサの斜塔の高さは55mで階段は296段（294という説もあり）。円筒形の外径は約20m、内径は約4・5m。建物全体の総重量は14，453tで中に入って登ることも可能。かつては5・5度もの傾斜があったが、修復工事などで現在は3・99度。2009年までは世界一傾いた塔としてギネス記録にも認定されていた。

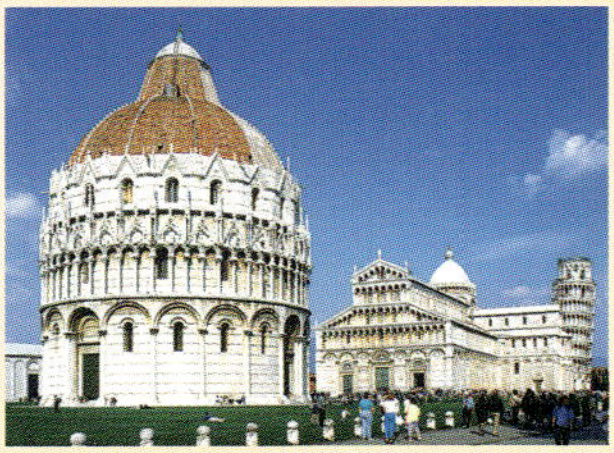
▲手前が洗礼堂、その奥に大聖堂と斜塔が見える

※墓所／白大理石の回廊に囲まれた中庭の土は十字軍に参加したピサの大司教が、キリストが十字架にかけられたゴルゴダの丘から持ち帰ったものと言われている

71 ポンペイ、エルコラーノ及びトッレ・アヌンツィアータの遺跡地域

【遺産名】ポンペイ、エルコラーノ及びトッレ・アヌンツィアータの遺跡地域
●登録年…1997年 ●分類…文化遺産 ●登録基準…3、4、5

ポンペイはナポリ近郊の、地中海貿易の拠点として栄えた港町。ヴェスヴィオ山の斜面ではブドウなどが栽培され、ワインの醸造も盛んだった。エルコラーノはナポリ近郊の漁港で高級保養地でもあった。トッレ・アヌンツィアータはポンペイ近郊の別荘地。いずれも西暦79年のヴェスヴィオ山の大噴火で滅亡した。

一瞬にして火山灰に埋もれ滅亡の時が閉じ込められた町

ナポリ近郊の町ポンペイ。西暦79年、平和だったこの町を突如ヴェスビオ山の大噴火という悲劇が襲った。火砕流と一昼夜にわたって降り続いた火山灰により町は地中に埋もれてしまった。エルコラーノ（ヘルクラネウム）はポンペイよりもヴェスヴィオ山により近い漁港で高級保養地、トッレ・アヌンツィアータはローマ時代の別荘地であり、これらも同様に崩壊した。

18世紀になり発掘が進められ、堆積した火山灰によって風化から保護されていた町は、ローマ時代そのままのまち並みや人々の生活を今に伝えている。また、逃げ遅れた人々の体は火山灰の中で朽ち果て、空洞になって残されていた。この空洞に石膏を流すことによって当時の姿をそのまま再現することができた。

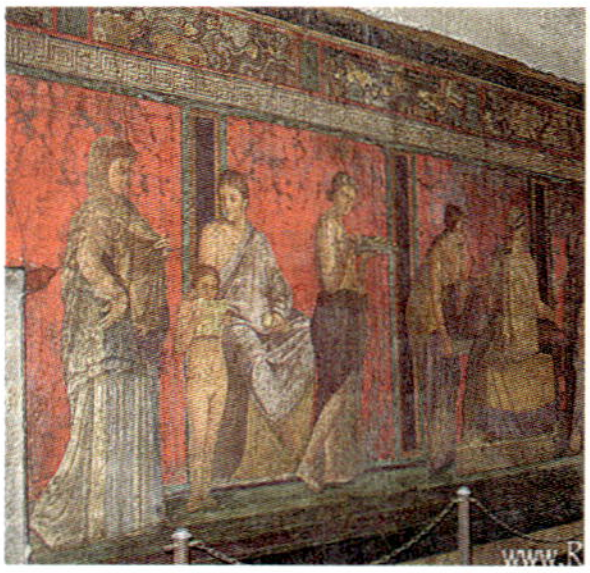

▲「秘儀荘」と呼ばれる邸宅に残された壁画

▲当時のまち並みが色あせずに残されたポンペイと大噴火したヴェスビオ山 photo by Loris Silvio Zecchinato

POINT

堆積した火山灰が記録した悲劇の瞬間

ヴェスビオ山の大噴火に伴い発生した有毒ガス（※）により多くの人がその場に倒れ、その上に大量の火山灰が降り積もった。発掘調査中に奇妙な空洞が発見され、その空洞に石膏を流し込むと、死の瞬間の姿の人間の形をしていた。降り積もった火山灰の中で肉体が朽ちて空洞ができたのだ。

▲ポンペイの悲劇を今に伝える人々 photo by TyB

※有毒ガス／ヴェスビオ山噴火の調査に向かった大プリニウス（「博物誌」の著者として有名）もこのガスで死亡したとの説もある

20世紀の産業都市イヴレーア

【遺産名】20世紀の産業都市イヴレーア
●登録年…2018年 ●分類…文化遺産 ●登録基準…4

イタリア54番目の世界遺産として2018年に登録された「20世紀の産業都市イヴレーア」。イタリア北部に位置するイヴレーアは、計算機、タイプライター、コンピューターなどの製造を手がけてきたオリベッティ社の創業地として知られ、テスト場として発展した。

社会プロジェクトの規範的20世紀の工業都市

中心部には中世の城塞やドゥオーモが残る人口2万4千人の小さな街・イヴレーア。中世以来の旧市街地と20世紀の産業革命以後の過程で、農村地帯は近代工業の発展とともに産業都市に変貌した。

オリベッティ社の建設した施設は、20世紀に発明された電算機、タイプライター、オフィスコンピューターなどを製造していた工場で、1930〜60年代には優れたデザインの産業施設が建設されている。特にその多くは一流の建築家や都市計画家などのプロフェッショナルが設計し、そこにあるビルや大工場、住宅施設などは経営と福祉事業の両面から考え出されたものでコミュニティ運動の精神を映し出したものといえる。

▲オリベッティ社「スタディアンドリサーチセンター」

▲オリベッティ社の宿泊施設

CHECK!

イヴレーアの謝肉祭

毎年2〜3月初旬に開催されるイヴレーアの謝肉祭。ナポレオン時代の衣装に身を固めた兵士などの行進があり、午後からは市民が9組に分かれてオレンジをぶつけ合うオレンジ合戦が始まる。広場はオレンジの香りでいっぱいになる19世紀初頭から続くイベント。

▲オレンジ戦争とも呼ばれているオレンジのぶつけ合い

【一口メモ】オリベッティ社は1990年代半ばに操業を中止。しかし、その施設の価値が見直され、イタリア54番目の世界遺産に登録された。

73
アマルフィ海岸

【遺産名】アマルフィ海岸
●登録年…1997年 ●分類…文化遺産 ●登録基準…2、4、5

アマルフィはイタリア南部の急峻なアマルフィ海岸に面して築かれた都市。海に面し海岸線が入り組んでいるなど、外敵の侵入を防ぐのに適した地理的条件で、**中世にはアマルフィ公国として強盛を誇った海洋国家**。現在は美しいアマルフィ海岸の中心都市として観光拠点にもなっている。

世界一美しい海岸線と海洋国家の面影を残す町

イタリア南部のカンパーニア州サレルノにある保養地アマルフィ。**ヴィエトリ・スル・マーレからアマルフィを抜け、ポジターノへ到るまでのエリアは、世界一美しい海岸線といわれる。**都市の起源は、古代ローマ時代にまでさかのぼる。839年にナポリ公国から独立してアマルフィ公国となり、イスラム勢力との戦いのなかで徐々に勢力を拡大。東方交易で得た資金やイスラム諸国の優れた文化を導入した結果、地中海を最初に支配した。ピサやヴェネツィアやジェノヴァと並ぶ強大な海洋国家（※）として地中海の覇権を争っていた。

アマルフィの町は、狭く急峻な断崖にへばりつくように建物が密集して建ち、外敵の侵入を防ぐため階段でできた路地が複雑に入り組んだ構造になっている。

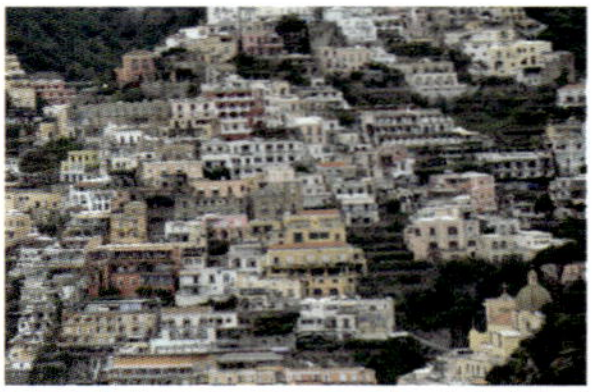
▲急峻な斜面上に建つアマルフィのまち並み photo by Harvey Barrison

▲切り立った断崖とエメラルドの海が複雑に入り組む海岸線

POINT
千年以上の歴史を持つ複雑に文化が融合した市街

市街には様々な文化を取り入れた海洋国家らしく、ヨーロッパ、ビザンツ、イスラムなどの様式が、複雑に混ざり合った独特のまち並みが残されている。特にアマルフィが最盛期を迎えた11世紀に建造されたアラブ＝シチリア様式の大聖堂の、装飾の施された正面（ファサード）は見事。

▲アマルフィ大聖堂（右）と鐘楼（左） photo by Pablo Cabezos

※強大な海洋国家／アマルフィ公国は地中海のみならず、黒海にも商業活動を広げた。ウクライナのセヴァストポリには、アマルフィとの交易の痕跡が残されている

74 バチカン市国

【遺産名】バチカン市国
●登録年…1984年 ●分類…文化遺産 ●登録基準…1、2、4、6

バチカン市国は、今から約80年以上前の1929年2月、時のムッソリーニ政府と教皇庁の間で交わされた協定により、教皇を元首として誕生した、世界最小の独立国である。面積は、東京ディズニーランド（約0・52㎢）より小さい0・44㎢。ここは**世界に10億人以上の信者を持つカソリックの総本山**である。

国土全域が世界遺産 世界一小さな国は美の宝庫

サン・ピエトロ大聖堂の歴史は古代ローマに遡る。64年、キリストの第一の弟子ペテロが皇帝ネロの迫害により、この地に殉教した。324年、コンスタンティヌス帝がペテロの墓の上に聖堂を造ることを命じた。これが15世紀末まで存在した旧サン・ピエトロ大聖堂である。新聖堂の建築工事は1502年に始まり、**1514年にラファエロが、1546年にはミケランジェロが主任建築家**として、さらに錚々たる芸術家が参加して、1626年に豪華で荘厳な聖堂が完成した。

バチカン市国にはこのほかにも数多くの建築物や美術品があり、ローマ教皇の宮殿、「バチカン宮殿」（※）や歴代教皇の膨大なコレクションを集めたバチカン美術館、ベルニーニが設計した30万人を収容できるサン・ピエトロ広場なども有名。

▲サン・ピエトロ大聖堂の内部
photo by Aurelien Guichard

▲サン・ピエトロ大聖堂から見たサン・ピエトロ広場
photo by ChrisYunker

POINT

国土と人口

バチカン市国の人口は2019年の統計で615人。バチカン市国は宗教国家であるので、国籍は聖職に就いている間に限って与えられる。

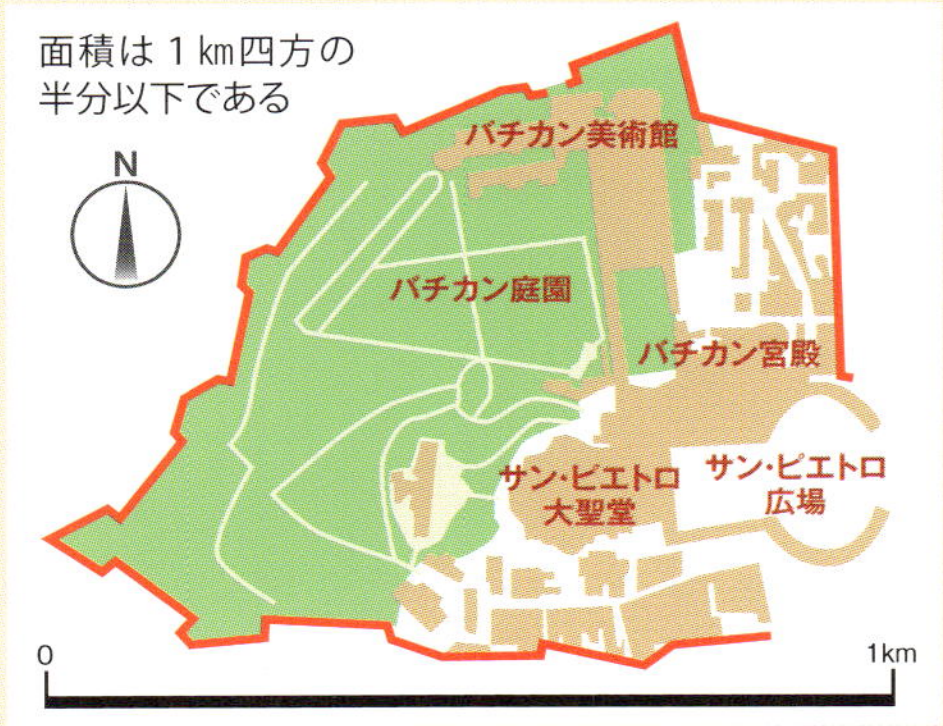

※バチカン宮殿／ローマ教皇の宮殿で、サン・ピエトロ大聖堂と大階段でつながっている

75 ケルン大聖堂

【遺産名】ケルン大聖堂　●登録年…1996年、2008年
●分類…文化遺産　●登録基準…1、2、4

ケルン市のシンボル、ケルン大聖堂。巨大な2つの尖塔の高さは157m、ゴシック様式（※）の建物としては世界最大である。**着工（1248年）から完成（1880年）まで632年間**（約280年間の中断も含む）を要するという、気の遠くなるような歳月の長さも稀有である。

ライン河畔にそびえたつ ゴシック様式建築の傑作

かつては「北のローマ」と呼ばれたケルン。ライン河畔にそびえたつケルン大聖堂は高さが157mある巨大な2基の尖塔が象徴的な宗教建造物で、神聖ローマ帝国の名のもとヨーロッパに君臨した中世に、ドイツ人が構想した大聖堂。三十年戦争以来、200年以上に渡り小国分裂の状態という辛苦を経たあと、1871年にドイツ統一国家が成立。ケルン大聖堂は**ドイツ・ナショナリズムの記念碑**でもあった。

大聖堂の内部のステンドグラスは、バイエルン国王ルートヴィヒ1世が寄進したもので「バイエルン窓」とも呼ばれている。祭壇奥のキリスト像は、「ゲロ大司教の十字架」と呼ばれ、1000年以上の歴史を誇っている。なお、ケルンには、この大聖堂のほかにロマネスク様式で建てられた12の教会が残っている。

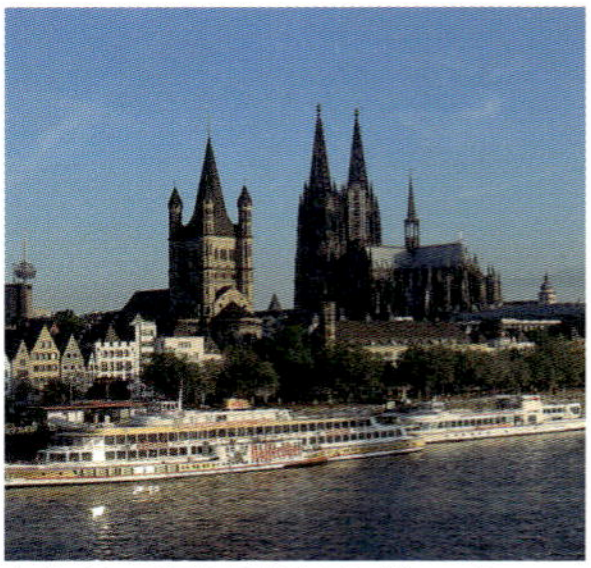
▲ケルンで最も有名なランドマーク

▲ライン川対岸から見るライトアップされた大聖堂　photo by jiuguangw

遺産メモ

危機遺産に登録、そして解除

ケルン大聖堂は、2004年にユネスコの危険遺産リストに掲載された。理由は、周辺での高層ビルの開発が進んで、大聖堂に対し景観的に邪魔をするというもの。一方、ケルン当局が周辺の規制地域であるバッファゾーンの設定が必要であるのにも拘わらず、それを怠ったという側面もあるようだ。その後、建設計画の縮小や周辺の管理計画の改善により、2006年に危機遺産リストから除外された。

▲ケルン大聖堂内部の壮大な造りは圧巻　写真提供／中田勝康

※ゴシック様式／12世紀〜15世紀にかけて西ヨーロッパで広まった建築・美術の様式

76

ヴュルツブルクの司教館

【遺産名】ヴュルツブルク司教館、その庭園群と広場
●登録年…1981年　●分類…文化遺産　●登録基準…1、4

1719年にビュルツブルクの司教になったヨハン・フィリップ・フランツは、軍隊に所属していたバルタザール・ノイマン（※）を宮廷建築士に抜擢し、パリやウィーンで学ばせて、**1744年にヴュルツブルク司教館を完成させた。**さらに内装と庭園の工事にかかり、完成したのは1780年である。

バロック様式の粋を集めた ヨーロッパ一美しい司教館

ヴュルツブルクはドイツ中央部に位置する中世の司教座都市で、742年に司教座が置かれた。17世紀になるとシェーンボルン家の司教が領主を兼ねる司教領主となる。ヴュルツブルク司教館は18世紀に権勢を誇っていたヨハン・フィリップ・フランツ司教が建造したバロック様式の宮殿。ロマンチック街道のスタート地点のシンボルでもある。設計は、天才建築家とうたわれたバルタザール・ノイマンで、広大な建物内には見どころが満載。1階から2階へ続く「階段の間」の天井に飾られた世界最大のフレスコ画は有名で、宮殿内部の皇帝の間や大理石の柱、壮大な階段などもどれも一級品。宮殿の東側と南側に広がる庭園も美しい。ナポレオンが、**ヨーロッパでいちばん美しい司教宮殿**と賞賛したといわれている。

▲バロック建築の豪華絢爛な外観

▲美しい庭園と広場を持つヴュルツブルク司教館
photo by jiuguangw

POINT

世界四大陸を描いた巨大なフレスコ画

第2次世界大戦時の空襲に耐えた丈夫な天井のおかげで、縦32m、横18mのフレスコ画が現在まで残っている。この絵を描いた画家ティエポロは、ルネサンス期の美術絵画の伝統を締めくくる最後の巨匠。このフレスコ画の中には、本人と建築家ノイマンの自画像が隠されている。

▲フレスコ画に圧倒される階段の間
photo by dierk schaefer

※バルタザール・ノイマン／もともとはヴュルツブルクの砲兵隊に所属していたが、司教の引き立てにより司教館を設計

77 クロンボー城

クロンボー城は、もともと15世紀にデンマーク王エーリク7世が、バルト海から北海へ抜けるエーレスンド海峡を通る船から通行税を徴収するために建てられた小さな城であった。この城をより大規模な城塞を持つ城にかえたのは、**フレゼリク2世（1534～1588年）で、11年間かけて1585年**に完成させた。

【遺産名】クロンボー城
●登録年…2000年 ●分類…文化遺産 ●登録基準…4

▲城内では夏にシェイクスピアの演劇が上演される

ハムレットの舞台となった古城は北欧ルネサンスの傑作

クロンボー城はデンマークの首都コペンハーゲンから北へ約40km、対岸にスウェーデンを望むヘルシンゲルに立つ。15世紀にスウェーデンとの間のエーレスンド海峡を通行する船から通行料を徴収するために建てられたが、16世紀にフレゼリク2世の命により、要塞機能の強化と、王宮としての機能を追加する増改築が行われ、1585年に完成した。煉瓦造りの重厚で風格ある城は**北欧ルネサンス様式（※）の傑作。**北棟は王の住居、西棟は王妃の住居、東棟は王族の部屋と厨房、南棟は教会になっている。城内にはデンマーク商業海軍博物館、地下には兵舎や地下牢もある。

シェイクスピアの戯曲「ハムレット」の舞台「エルシノア城」としても有名で、毎年夏には城の中庭でシェイクスピアの野外劇が上演される。

▲海峡に面したクロンボー城の一部は海事博物館になっている

CHECK!

デンマークを代表する古城めぐり

クロンボー城から電車で30分のところにフレデリクスボー城がある。最も古い部分は1560年にフレゼリク2世が建築したものだが、大部分は1602年から1620年にかけてクリスチャン4世が建築している。パラス湖の3つの小島の上に位置し、バロック様式の大きな庭園に隣接。現在は国立歴史博物館となっている。

▲宮殿の教会で聖別式や戴冠式が行われていた

※北欧ルネサンス様式／このルネサンス様式が取り入れられたのは、1629年の火災後に修復再建されたときである

ヴァトナヨークトル国立公園ー炎と氷の絶えず変化する自然

【遺産名】ヴァトナヨークトル国立公園ー炎と氷の絶えず変化する自然
●登録年…2019年 ●分類…自然遺産 ●登録基準…8

面積14000㎢、**国土の14%を占める**アイスランド南東部にあるヴァトナヨークトル**国立公園**。ヨーロッパ最大の氷河が火山活動によって爆発し、独特な自然が織りなす表情を見せている。2019年、アイスランドにとって3件目の世界遺産に登録された。

火山活動と氷河が創造する特異な景観の世界

北大西洋に浮かぶ氷河と火山の島アイスランド。その南東部にあるヴァトナヨークトル国立公園では、**氷河の下にある火山の噴火によって一瞬で解けた水が流れ出し、大地は大きく表情を変える**。ヴァトナヨークトル氷河は8100㎢と**ヨーロッパ最大の氷河**。氷の下にある多くの火山は何度も噴火を繰り返している。

果てしなく広がる氷原をスノーモービルで駆け、トレッキングツアーに参加して氷河ウォーキングを楽しんだり、水陸両用車でのクルーズなども可能。洞窟の美しさは格別と評価されている。

▲ヨーロッパ最大の氷河ヴァトナヨークトル氷河

▲2つの公園を統合して2008年にできたヴァトナヨークトル国立公園

CHECK!

アイスケープ(氷の洞窟)

氷河にできた洞窟・アイスケープは、その青く輝く景色が圧巻。探検ツアーが冬季に限定で催行され、クリスタルブルーにきらめく洞窟はこの世界遺産の一番の見どころにもなっている。

▲火山活動と氷河が織りなすアイスケープの景観

【一口メモ】火山活動が活発なアイスランドには温泉も多く、ミルキーブルーの熱水が人気の世界最大の露天風呂「ブルーラグーン」が有名だ

79

[ヨーロッパ/ノルウェー]

ベルゲンのブリッゲン地区

【遺産名】ブリッゲン
●登録年…1979年 ●分類…文化遺産 ●登録基準…3

港町にカラフルな色の三角屋根が整然と軒を並べるベルゲンのブリッゲン地区。ハンザ同盟に加盟し北欧最大の商業都市として栄えた、**中世後半の姿を今に伝える世界遺産**である。幾度も火災(※)に遭っているが、当初の図面を元に再建されてきた。今も貿易港として繁栄した時代の面影を残している。

北欧最大の貿易港として栄えた絵本のような景色の港町

ベルゲンはオスロに次ぐノルウェー第二の都市である。1070年にノルウェー王オーラヴによって開かれ、北欧最大の商業都市として発展。14世紀にはドイツのハンザ同盟に加盟し、港の東側に「ティスクブリッゲン」(ブリッゲンとは埠頭の意味)と呼ばれる、ドイツ人居留地が設けられた。三角屋根のカラフルな木造家屋が軒を連ね、中世後期のまち並みがそのまま残されている。**このハンザ商人たちが使用した商館、倉庫、住居**などまるで絵本のような風景の木造家屋が建ち並び、往時の繁栄を物語っている。三角屋根の建造物群の内側には木製の板張りの細い路地が張り巡らされている。

かつては干しダラの倉庫としても使われていた建物は、現在はレストランやショップ、ホテルなどとして利用されている。

▲木製の路地でつながったブリッゲン内部
photo by Harvey Barrison

▲カラフルで奥行の深い木造倉庫が並ぶブリッゲンのまち並み

POINT
ベルゲン鉄道で行く美しい景勝ルート

オスロとベルゲンを結ぶベルゲン鉄道は、ノルウェーの主要鉄道。ノルウェーの国土を貫く山脈を東西に横断するように走行する、世界でも人気の路線。

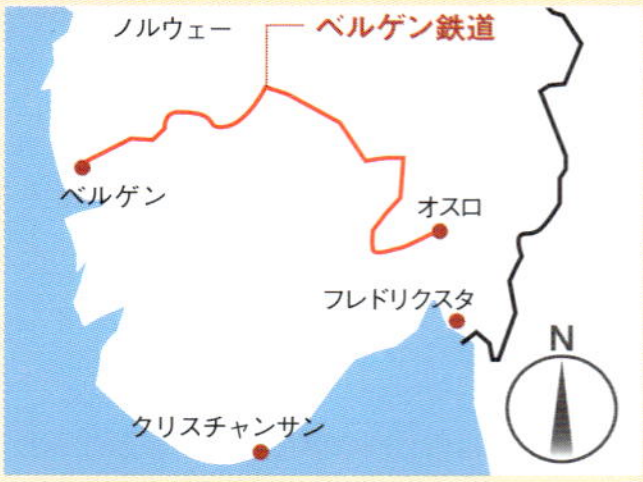

▲ベルゲン鉄道の車窓から広がる北欧らしい眺め　写真提供/Cannergy

※火災/現在のまち並みは1702年の大火後に建てられたもの。ハンザ商人がいなくなった後も、このまちの住人により何度も再建されてきた。

80

ブラガのボン・ジェズス・ド・モンテの聖域

［ヨーロッパ／ポルトガル］

【遺産名】ブラガのボン・ジェズス・ド・モンテの聖域
●登録年…2019年　●分類…文化遺産　●登録基準…4

ポルトガルで最も古い都市の一つブラガ。イベリア半島で最初にキリスト教が伝えられた場所として知られている。ブラガ郊外にある巡礼のための聖堂が連なるボン・ジェズス・ド・モンテ聖域。バロック式の階段とその上にある教会は幻想的な姿を今も見せている。

巡礼のための聖堂が連なる　キリスト教が根付く祈りの街

116m、600段もの階段が教会へと続くモーゼス広場にそびえるボン・ジェズス教会。イースターに近いセマナ・サンタと呼ばれる時期には敬虔な信者が膝をつき折りながらこの階段を進む。古都ブラガ郊外、**エスピーニョ山山頂にあるボン・ジェズス教会を中心とした聖域**が世界遺産に登録されたボン・ジェズス・ド・モンテの聖域だ。

教会へと向かう十字架の道を進むと美しいバロック式の階段があり、高みに見える教会とともに美しい景観を見せる。バロック式の階段を上がると最上部にあるのはモーゼス広場。ポルトガルにある庭園の中でも、最も美しい庭園の一つとして知られている。

▲モーゼス広場とボン・ジェズス教会

▲600段もの階段が続くボン・ジェズス教会

CHECK!

ポルトガル最古のケーブルカー

ブラガ市街から路線バスが到着する広場から教会まで歩いて20分ほどの距離だが、ケーブルカーを利用する方法もある。ポルトガル最古のこのケーブルカーは、上にあるタンクに注水し、その重みが動力になっている。

▲ポルトガル最古のケーブルカー

【一口メモ】ブラガは「祈りの街」といわれるくらいキリスト教が深く信仰されていて、大小さまざまな86もの教会が建ち並んでいる

［ヨーロッパ／ポルトガル］

81 リスボンのジェロニモス修道院とベレンの塔

【遺産名】 リスボンのジェロニモス修道院とベレンの塔
●登録年…1983年、2008年 ●分類…文化遺産 ●登録基準…3、6

リスボンに残るジェロニモス修道院とベレンの塔は、15世紀に始まる大航海時代の記念碑といえる建造物である。海洋王国ポルトガルの基礎を築いたのはエンリケ航海王子で、アジアへの新航路の開拓を志していた。その**夢は、死後38年経った1498年にバスコ・ダ・ガマによって実現する。**

15世紀に始まる大航海時代 その偉業を称える記念碑

ポルトガルの輝かしい歴史の始まりは15世紀の大航海時代で、インドからの金銀やコショウがポルトガルに巨大な富をもたらし、エンリケ航海王子の孫になるマヌエル1世（在位1495～1521年）の時代に黄金期を迎える。エンリケ王子の偉業を称えてマヌエル1世が創建したのが、**巨大で壮麗、まさに新大陸貿易で繁栄の絶頂にあったポルトガルを象徴するかのようなジェロニモス修道院**で、繊細で優雅なマヌエル様式という建築様式の傑作である。ここにはバスコ・ダ・ガマとマヌエル1世が葬られている。

修道院からさらに1kmほど先のデージョ川沿岸のベレン地区にはベレンの塔がある。これは、インド航路発見などのバスコ・ダ・ガマの偉業を称えてリスボン港の監視塔、要塞として建造された。

▲ベレンの塔には、地下に水牢（※）がある

▲大航海時代の富をつぎ込んで建築された、当時のポルトガルを象徴する建造物
photo by Becks

POINT

ジェロニモス修道院の美が凝縮

ジェロニモス修道院の中庭を囲む55m四方の回廊は、特に大きな見所。2階建ての回廊は、1511年に完成。アーチ型につらなる柱や外壁に、レース細工のように繊細な彫刻が見事に施されており、マヌエル様式の美が凝縮された最高傑作といわれる、完成度の高い回廊となっている。

▲ジェロニモス修道院で最も人気のある回廊
photo by Dennis Jarvis

※水牢／ベレンの塔の地下には潮流により海水が入り込む水牢が設けられ、政変のたびに高位高官が数えきれないほど幽閉されたという

シントラの文化的景観

【遺産名】シントラの文化的景観
●登録年…1995年 ●分類…文化遺産 ●登録基準…2、4、5

ポルトガルの首都リスボンから西へ約30kmにあるシントラ。アフォンソ1世が1147年にイスラム教徒からこの地を奪回してから、ポルトガル王室の避暑地となり王室の夏の離宮が置かれる。シントラ宮殿は15世紀にジョアン1世が建造し、歴代の王が19世紀頃まで増改築を繰り返してきた。

この世のエデンと称えられた豪華で幻想的な中世の世界

シントラは標高207m、大西洋のパノラマが一望できる自然豊かな地である。白い煙突が空にそびえるシントラ宮殿は、イスラム風建築の名残りやマヌエル様式など歴代の王が増改築を加えたため、さまざまな建築様式が混在する。中世の世界を連想させる美しい景観を詩人バイロン(※)は「この世のエデン」と称えている。

また、19世紀のロマン主義を象徴する「ペーナ宮殿」は、フェルナンド2世が、廃墟となったジェロニモス派の修道院をゴシック、イスラム、マヌエル、ムーア及びルネサンスの要素を取り入れて改築したものである。ほかにもムーア人が7～8世紀に建てたという城跡、20世紀前半にイタリアの建築家が12世紀の王族の別邸を改築した「レガレイラ宮殿」などがある。

▲不思議な美しさを持つ、ペーナ宮殿
photo by Nicolas Vollmer

▲厨房からの2本の白い煙突が目印のシントラ宮殿
photo by Alberto ....

CHECK!

ユーラシア大陸最西端のロカ岬

「ここに地終わり海始まる」ポルトガルの詩人ルイス・デ・カモンイスの叙事詩「ウズ・ルジアダス」の一節が岬の十字架の塔に刻まれている、ユーラシア大陸最西端の地。この詩が書かれたユーラシア大陸最西端到達証明書が発行されている。

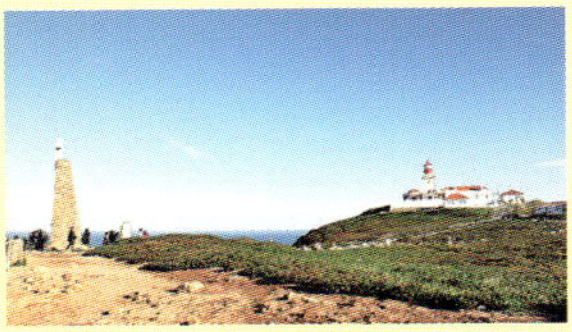
▲詩が刻まれた十字架と18世紀に建てられた灯台

※ジョージ・ゴードン・バイロン（1788～1824年）／イギリスの詩人で、生の倦怠と憧憬などを詠ったロマン派の代表である

83 要塞都市クエンカ

【遺産名】歴史的城塞都市クエンカ
●登録年…1996年 ●分類…文化遺産 ●登録基準…2、5

クエンカの歴史的城塞都市は、フカル川とウエカル川の2つの河川の浸食作用でつくられた石灰岩の岩山の断崖（※）にある。イベリア半島に侵攻してきたイスラム教徒がここに要塞都市を築いたのは9世紀のこと。**12世紀、キリスト教徒がこの地を奪回**した後は王家の町として繁栄した。

長い年月をかけて浸食された断崖の上に立つ建造物

クエンカはスペイン中部カスティーリャ・ラ・マンチャ州にある中世の要塞都市。石灰岩地形で、奇怪な形の石灰岩が乱立する台地と、フカル川とウエカル川に挟まれ川の浸食によってできた崖を利用して、9世紀にイスラム教徒によってつくられた。

1177年、**クエンカはカスティーリャ王・アルフォンソ8世によって奪取されキリスト教化された。**クエンカは織物産業で栄え、その後宗教都市として変化していった。ゴシック様式のクエンカ大聖堂をはじめ、サン・ミゲル聖堂、サン・ペドロ聖堂、ペトラス修道院などの宗教建築が数多く見られる。

クエンカのシンボルともいえる**宙吊りの家は14世紀に王家の別荘として建てられたもの**で、ウエカル川の崖の上にせり出すように立っている。

▲ゴシック様式のクエンカ大聖堂
photo by Victor Rivera

▲「宙吊りの家」は、現在は美術館とレストランとして使用 photo by The Spanish Traveller

POINT

スペインの世界遺産

※◎は本書で紹介の世界遺産

※岩山の断崖／断崖の頂にあるため、下から見上げると宙に浮いているようなので「魔法にかけれた街」とも呼ばれる

84 コルドバの歴史地区

【遺産名】コルドバ歴史地区 ●登録年…1984年、1994年
●分類…文化遺産 ●登録基準…1、2、3、4

コルドバはイスラム教、キリスト教、ユダヤ教の文化が複雑に交差した街である。ローマ帝国時代からの歴史があり、8世紀初めにイスラム教徒に征服され、後ウマイヤ朝の都となり黄金時代を迎える。1236年のレコンキスタ（国土回復運動）によりキリスト教徒の支配下に入った。

さまざまな宗教文化が時代とともに複雑に交差した街

コルドバの街は征服者の変遷を示すように、古代ローマ、イスラム、キリスト、ユダヤの文化が色濃く残るまち並みを形成している。

歴史地区の核は、現大聖堂・メスキータ。〝現〟の意味は、最初はイスラム教の大モスク・メスキータであったからである。758年に着工し、3回の増改築を経て987年にメッカと肩を並べる大モスクとなった。メスキータはキリスト教徒の時代になると、カトリックの聖堂となり、1523年には改装工事によりゴシック様式の祭壇をもつ大聖堂となったが、円柱の森（※）と呼ばれる独特のアーチをはじめ、イスラム教の雰囲気も色濃く残っている。

また、メスキータ近くの旧ユダヤ人街には、白壁にさまざまな花が飾られた美しい景観が人気の「花の小径」がある。

▲ユダヤ人街にある「花の小径」。奥にメスキータが見える

▲独特のアーチに圧倒される「円柱の森」
photo by Bert Kaufmann

POINT

ユダヤ教、キリスト教、イスラム教三宗教の基本と関係

ユダヤ教からキリスト教が生まれ、さらにキリスト教からイスラム教が生まれた。

宗教	教祖	聖典	ルーツ	発生時	信者数
ユダヤ教	―	旧約聖書	―	紀元前1280年頃	約1450万人～1740万人
キリスト教	キリスト	旧約聖書 新約聖書	ユダヤ	1世紀	約23億人
イスラム教	ムハンマド	コーラン	ユダヤ	7世紀	約16億人

※円柱の森／本来はイスラム教徒の礼拝の間として造られた。白い石と赤いレンガを交互に組み合わせて造られたアーチが約850本も並ぶ

85 グラナダのアルハンブラ、ヘネラリーフェ、アルバイシン地区

【遺産名】グラナダのアルハンブラ、ヘネラリーフェ、アルバイシン地区
●登録年…1984年、1994年 ●分類…文化遺産 ●登録基準…1、3、4

グラナダは、スペイン最後のイスラム王朝があった都。1230年頃にムハンマド1世が興したナスル朝（グラナダ王国）には、レコンキスタにより追いやられたイスラム教徒が移り住んだ。ここだけが**イスラム教の最後の砦**となり、周囲が陥落するなか**1492年まで約260年も生き延びた**のである。

歴史の光と影を刻んだイスラム芸術の美の世界

王国の宮殿はアラビア語で「赤い城塞」を意味するアルニカルア・アルニハムラーがスペイン語で転訛し、〝アルハンブラ〟と呼ばれるようになった。さらに、王族の避暑地としてつくられた「ヘネラリーフェ」、グラナダ最古の居住地である「アルバイシン地区」の3つが一つの世界遺産を構成。王族の別荘であった「ヘネラリーフェ離宮」、かつてアラブ人たちの居住区であった「アルバイシン地区」も遺産に登録されている。

中でも有名なのが、イスラム芸術の粋を集めた最高傑作、高台に建つ「アルハンブラ宮殿」（※）である。かつてイベリア半島を支配したイスラム教徒の王たちの栄華を今に伝えている。外観は単なる城塞にしか見えないが、内部は彫刻装飾、アラベスクタイルなど息をのむ神秘的な美しさに満ちている。

▲ヘネラリーフェ離宮の庭園

▲「アルハンブラ宮殿」内にある「アラヤネスの中庭」

POINT
中世のアラブの街へタイムスリップ

アルバイシン地区はアルハンブラ宮殿の西側に位置し、グラナダで最も古い地区とされる。中世ムーア人の統治時代の建築様式を残す一角である。白壁の家と石畳など典型的なアラブ人の街づくりが特徴となっていて、景観を壊す開発は禁じられている。

▲敵を撹乱するためアラブ的迷路になっている

※アルハンブラ（宮殿）／宮殿は現存する最古の建物「メスアール宮」、アラヤネスの中庭を囲む「コマレス宮」や「ライオンの中庭」などから構成されている

古都トレド

【遺産名】古都トレド
●登録年…1986年 ●分類…文化遺産 ●登録基準…1、2、3、4

1986年に町全体が世界遺産に登録されたスペインのトレドは、6世紀に西ゴート王国、711年にはウマイヤ朝、1031年にはトレド王国、1085年にはカスティーリャ王国と次々と支配が変遷していった。そうした歴史から、**旧市街にはユダヤ教・キリスト教・イスラム教の文化が入り交じったさまざまな中世の建築物が残る。**

スペインの歴史が凝縮された3つの文化が混在する町

トレドは、三方をタホ川に囲まれた高台に築かれた天然の要塞都市。スペインで最も古いまちの一つで、スペインの歴史が凝縮されたともいえる。トレドの旧市街にはトレド大聖堂やアルカサル（王宮）、モスクやシナゴーグなど、ユダヤ教、イスラム教、キリスト教が入り交じったさまざまな建築物が残る。また**イスラム様式とキリスト様式が見事に融合したムデハル様式**といわれる、世界的にも貴重な建築物が数多くみられる。

まち全体は迷路のような細かい路地によって結ばれていて、路地越しにさまざまな世界遺産の建築物を見ることができる。トレドは**スペインを代表する画家エル・グレコ（※）ゆかりの町**で、芸術的作品がいたるところに残る芸術のまちでもある。

▲路地越しに見るトレド大聖堂の鐘楼
photo by Jocelyn Kinghorn

▲スペインの歴史と3つの文化が凝縮されたトレド
photo by Dennis Jarvis

POINT ムデハル様式 イスラム教・キリスト教建築の融合

ムデハル様式はアラビア語で残留者を意味する「ムダッジャン」に由来するスペインの建築様式。レコンキスタ後のイスラム教徒の建築様式とキリスト教建築様式が融合したスタイルで、建物の壁面に幾何学模様の装飾を施すのが特徴。サンタ・マリア・ラ・ブランカはユダヤ教のシナゴーグだが、ユダヤ教の建物でありながら馬蹄形のアーチや、柱に施された装飾は典型的なムデハル様式である。

▲サンタ・マリア・ラ・ブランカ教会内観
photo by amaianos

※エル・グレコ／（1541～1614年）マニエリスム最後にして最大の画家。ベラスケス、ゴヤとともにスペイン三大画家の一人で、トレドに定住した

87 サンティアゴ・デ・コンポステーラ（旧市街）

【遺産名】サンティアゴ・デ・コンポステーラ（旧市街）
●登録年…1985年 ●分類…文化遺産 ●登録基準…1、2、6

9世紀初頭、イエス・キリストの十二使徒の一人、聖ヤコブの遺骸が発見された地。**聖ヤコブのスペイン語名である「サンティアゴ」と〝良い場所〟という意味の「コンポステーラ（※）」**を合わせた「サンティアゴ・デ・コンポステーラ」と名付けられ、やがて聖地として、多くの巡礼者が訪れるようになった。

高くそびえ立つ荘厳な大聖堂 キリスト教の巡礼路の終着地

スペイン北西部のガリシア州の州都「サンティアゴ・デ・コンポステーラ」。古くからローマ、エルサレムと並ぶ**キリスト教三大聖地の一つ**で、フランスから続く**「サンティアゴ・デ・コンポステーラの巡礼路」の終着地**である。聖ヤコブが眠る大聖堂は、まちの中心に広がるオブラロイド広場に立つ。最初の聖堂は10世紀末にこの地を制圧したイスラム勢力により破壊され、**カスティーリャ＝レオン王国のアルフォンソ6世の時代に再建された。**当初はロマネスク様式であったが、ゴシック、バロックなどさまざまな建築様式で増改築が行われ、現在の荘厳な姿となった。今でも多くの巡礼者がヨーロッパから引きも切らず訪れている。

▲大聖堂を中心に、美しい石造りの町並みが広がる

▲聖ヤコブの像が祀られた主祭檀

POINT

サンティアゴ・デ・コンポステーラ（旧市街）関連の世界遺産

サンティアゴ・デ・コンポステーラを目指す巡礼路は「フランスのサンティアゴ・デ・コンポステーラの巡礼路」（98年、フランス文化遺産）と「サンティアゴ・デ・コンポステーラの巡礼路：カミノ・フランセスとスペイン北部の道」（93年、スペイン文化遺産、15年名称変更）があり、主にフランス各地からピレネー山脈を経由してスペイン北部を通る道を指す。

▲巡礼の起点である「ル・ピュイ＝アン＝ヴレイ」

※コンポステーラ／「星の野」や「墓廟」にちなんで名付けられたという説もあるが、現在では「サンティアゴにとって良い場所、ふさわしい場所」という意味が近いとされている

ヴェルサイユの宮殿と庭園

【遺産名】ヴェルサイユの宮殿と庭園
●登録年…1979年、2007年 ●分類…文化遺産 ●登録基準…1、2、6

パリの南西約20kmのヴェルサイユに、大王(※)(太陽王)と呼ばれたルイ14世が宮殿の造営を手がけたのは1661年。フランスの絶対主義王政を象徴する宮殿は全長550m、21年の歳月を費やし完成。大王は宮廷と王政の機能をパリのルーヴル宮からここへ移した。その後も増改築がなされ、最終的な完成には50年ほどかかった。

フランス絶対王政を象徴する芸術作品ともいえる宮殿

ヴェルサイユ宮殿は、ルイ14世が建築家や造園家など当時の傑出した芸術家たちの才能を結集して築かせたバロック様式の宮殿で、「フランス絶対王政の象徴的建造物」ともいわれる。1661年から約50年の歳月をかけて建造された。その後もルイ16世とその王妃マリー・アントワネットが改築、ナポレオン1世も調度品の収集などを行った。宮殿の中で最も豪華な「鏡の間」は長さ73mの回廊で、一方の壁には庭園が眺められるアーチ型の窓が並び、反対側の壁には窓と同じ大きさの鏡が置かれ、窓からの光の反射で部屋をより明るくする仕組みになっている。ほかにも王妃の間などの華麗な装飾は、宮殿の豪華絢爛さを象徴している。幾何学模様の広大な庭園は、フランス式庭園の傑作として知られている。

▲広大なヴェルサイユ宮殿には、1000人の王侯貴族と4000人の召使いが常時出入りしていたといわれている

▲絢爛豪華な鏡の間　photo by Itdan

CHECK! 小トリアノン宮殿

▲王妃がイメージしたイギリスの農村風景　photo by Psychs

ヴェルサイユ宮殿の広い庭園の中にはルイ15世の愛人、ポンパドゥール夫人のために建てられた「小トリアノン宮殿」があるが、完成前に夫人は死去した。その後、ルイ16世から宮殿を与えられた王妃マリー・アントワネットは庭をイギリス風にし、農村に見立てた小集落「王妃の村里」をつくった。

※大王/芸術を保護した大王、太陽(神)のようにすべての恩恵を施す者という意味がある

89 ロワール渓谷

ロワール川はフランス中部を流れ、ナントの下流から大西洋に注ぐ、全長約1012㎞、流域面積は国土の20％強を占める大河である。そのロワール川流域の**シュリー・シュル・ロワールからシャロンヌまでの約200㎞の景観**が文化遺産に登録されている。2000年に以前から単独で登録されていたシャンボール城が追加された。

【遺産名】シュリー・シュル・ロワールとシャロンヌ間のロワール渓谷
●登録年……1981年、2000年 ●分類……文化遺産 ●登録基準……1、2、4

フランスの庭園（※）と称される今に生きる文化的景観

人と環境の調和のとれた発展が長きにわたり続いているロワール渓谷。**流域にはブロワ、アンジェ、アンボワーズ、シノン、オルレアン、トゥールなど歴史上重要な意味を持つ街や現存する名城**が数多くある。

ロワール渓谷に点在する城の中で最大の広さを持つフレンチ・ルネサンス様式のシャンボール城、ロワール川支流のシェール川にまたがるように建つシュノンソー城、幾何学的構成のフランス式庭園の始まりであるアンボワーズ城、百年戦争の際にジャンヌ・ダルクがランスの大司教から祝福を受けた場所であるブロワ城、ノストラダムスを招いたという伝説があるショーモン城などのほか、ヴィランドリー城やフォントヴォー修道院など価値ある建造物が点在する。

▲シュノンソー城と川の対岸を結ぶディアーヌ橋
photo by Aleh Vill

▲フレンチ・ルネサンス様式のシャンボール城
photo by patrick janicek

POINT

ロワール川と名城

シュリー・シュル・ロワールからシャロンヌに点在する主な名城。

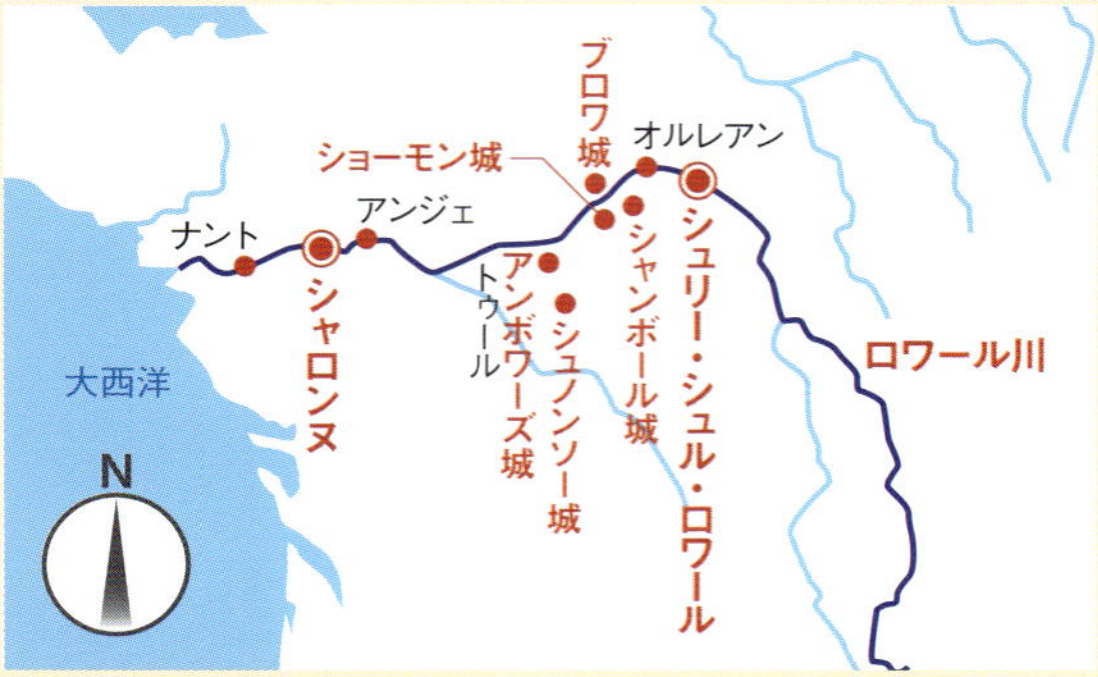

※フランスの庭園／流域に16世紀に王侯貴族がつくった城館と庭園が多いことから呼ばれている名称

90 歴史的城塞都市カルカソンヌ

【遺産名】歴史的城塞都市カルカソンヌ
●登録年…1997年 ●分類…文化遺産 ●登録基準…2、4

カルカソンヌはフランス南部のラングドック・ルーション地方オード県の県都で、ピレネー山脈のふもとにある町。**カルカソンヌの南東部のオード川を見下ろす高台に、かつて「ラ・シテ」と呼ばれていた二重の城壁に囲まれたコミューンがあり**、この地域が世界遺産として登録された。

防衛のための二重の城壁が中世城塞都市の面影を今に伝える

カルカソンヌは、紀元前3世紀にケルト人が建設した砦のある町で、13世紀半ばには隣国のアラゴン王国とフランスとの国境紛争の前線地帯に含まれていたため、ルイ9世によって**ローマ時代の城壁の外側にさらに城壁の建設**がはじまり、1285年、フィリップ3世の時代に完成した。町の名前になっているカルカソンヌは、カール大帝がこの都市の攻略を諦め退散した際に、当時町を治めていた女性カルカスが勝利の鐘を鳴らしたことに由来する。17世紀半ばのピレネー条約によってスペインとの国境が定まると、二重の城壁は不要となり荒れ果てたが、19世紀になって歴史的価値が見直されて修復（※）された。城壁内は中世城塞都市の面影を今に残し、**二重の城壁の長さはヨーロッパ最長**を誇る。

▲城壁と奥に見えるコンタル城
photo by Karoly Lorentey

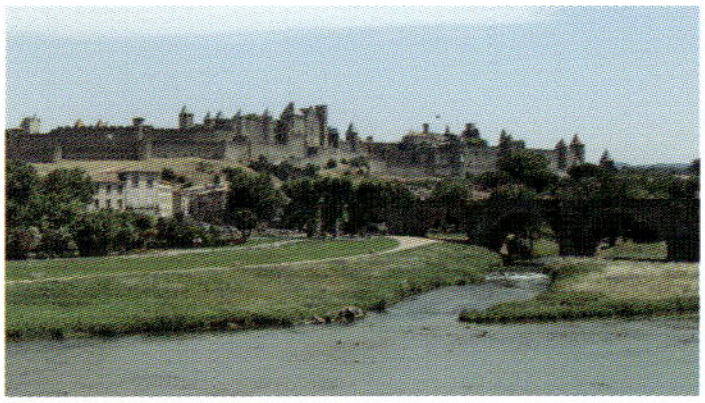
▲城塞都市カルカソンヌとオード川に架かるヴュー橋
photo by Andy Wright

CHECK!

交易船が往来したミディ運河

▲町の中をゆったりと流れるミディ運河
photo by Kathleen Tyler Conklin

カルカソンヌは、17世紀末に完成した地中海と大西洋を結ぶミディ運河の交通上の要衝でもあった。フランス南部、トゥールーズからトー湖までを結ぶ、全長240km（支流部分も含めると360km）にも及び、世界遺産に指定されている。主な交易品はワインで、現在も周辺にはブドウ畑が広がっている。運河を船で旅する人も多い。

※修復／修復の際間違いも多く、屋根は本来の平らなタイル造りではなく、北フランスの城などに見られるスレート葺きの尖ったものにされてしまった

［ヨーロッパ／フランス］

パリのセーヌ河岸

【遺産名】パリのセーヌ河岸
●登録年…1991年 ●分類…文化遺産 ●登録基準…1、2、4

紀元前3世紀、ケルト人パリシィ族が今のシテ島に住みはじめたのが町の起源である。紀元前52年にローマ軍によって征服され、ローマ都市ルテティアとして発展。セーヌ河岸の周辺にはノートルダム大聖堂、エッフェル塔、ルーヴル美術館、コンコルド広場など、**2000年の歴史と文化を誇る**建造物が点在する。

▲ライトアップされたノートルダム大聖堂

セーヌ川に架かる橋はパリの歴史の架け橋

パリ市内を東南から北へ向かって蛇行しながら流れるセーヌ川。37の橋のうち、1607年に完成した、パリに現存する最古の橋であるポンヌフはシテ島を通っている。またパリで最初に鉄で造られた橋、ポンデザールなど一つ一つの橋に歴史やドラマがあり、**パリ2000年の歴史と文化を代表する様々な建造物が、シテ島とサン・ルイ島を浮かべるセーヌ河岸の周辺に点在**している。

セーヌ川を挟んで、右岸と左岸に点在する遺産の数々。右岸側には、凱旋門からシャンゼリゼ通りが伸び、マドレーヌ寺院がある。さらにコンコルド広場、ルーヴル美術館と続く。イエナ橋の目の前にはシャイヨー宮がある。左岸にはパリのシンボルのひとつパリ万国博覧会のモニュメント、エッフェル塔、ブルボン宮やオルセー美術館がある。

▲パリを代表する景観、セーヌ川右岸側の凱旋門とシャンゼリゼ通り

POINT
8回あったパリ万国博覧会

この国際博覧会は、1855年、1855年（※）、1878年、1889年、1900年、1925年、1937年、1947年と都合8回開催されている（1931年はパリ植民地博覧会）。エッフェル塔が博覧会のシンボルとなったのは1889年の博覧会で、入場アーチ門の役割を担っていた。

▲パリのシンボルの一つ、エッフェル塔

※1867年／この博覧会は、日本が初めて参加した国際博覧会で江戸幕府、薩摩藩、佐賀藩が出展している

92

ベルンの旧市街

【遺産名】ベルン旧市街
●登録年…1983年 ●分類…文化遺産 ●登録基準…3

蛇行するアーレ川に北、東、南の三方を囲まれた小高い丘。その丘に築かれた街がスイスの首都ベルンである。1405年の大火によって、街は石造りに生まれ変わり、その**石造りのまち並みは、ほぼそのままの姿で残されている。**中世の面影を残す旧市街全体が世界遺産に登録されている。

中世の美しい佇まいを今に残すスイス連邦の首都

蛇行するアーレ川に囲まれた土地を生かし、1191年にツェーリンゲン公ベルトルト5世によってつくられたベルン。

旧市街の入口に建つ、ツィットゲロッゲ（時の鐘の意）と呼ばれる時計塔（※）は、16世紀から休むことなくベルンの時を刻み続けている街の名物。1405年の大火に襲われた街の**復興の象徴として建てられたベルン大聖堂**は、後期ゴシック様式で高さ100mの塔を持っている。さらに、街のあちらこちらに噴水が点在する。中世の香り漂う街をゲーテは「自分が訪ねた都市の中で一番美しい」と賞賛している。

ベルンは明瞭な都市化の意図に沿って開発され、今なお中世ヨーロッパ都市の美しい佇まいを残しながら、スイス連邦の首都としての機能も兼ね備えている。

▲アーレ川とベルン旧市街 photo by Lomyx

▲赤褐色の屋根が続く街

▲時計塔は街のランドマーク

遺産メモ

街の名の由来

12世紀末にこの地を治めていた領主は、狩りで最初に捕えた獲物の名を街につけようと決めていたという。最初に捕まったのは「熊」、ドイツ語でベールという。これがベルンという名の由来で、ベルン州の旗には大きな熊が描かれている。

※時計塔／毎正時に人形が回る。巨大な歯車が組み合わさった精巧な作りで、動力はゼンマイ

93

ブリュッセルのグラン・プラス

【遺産名】ブリュッセルのグラン・プラス
●登録年…1998年 ●分類…文化遺産 ●登録基準…2、4

ベルギーの首都、ブリュッセル。その中心部にある大広場「グラン・プラス」は四方を15～17世紀の歴史的な建造物で囲まれている。この建物の7割はギルドハウス（※）と呼ばれる職人や商人の同業組合の集会所であった。なお、メインとなる建物は、ゴシック建築の市庁舎になっている。

絢爛豪華な建物が並ぶ世界で最も美しい広場

この広場に市場が開設されたのは11～12世紀頃。その後、広場は政治・経済・文化都市として発展。転機は1695年のフランス軍による砲撃で、市庁舎を除き、木造の建物の大部分が焼失した。そこで建物を石造りにし、わずか数年で広場を再建した。

15世紀建造の市庁舎は、フランボワイヤン（火焔）様式という装飾的なゴシック建築。王の家（市立博物館）は16世紀前半にカール5世の命で建設されたが、現在のものは1875年にネオゴシック様式で再建されたものである。さらにバロック様式の豪華絢爛なギルドハウス群が広場を囲み、壮麗な空間を演出している。ここは、ヴィクトル・ユゴーが「世界で最も美しい広場」、ジャン・コクトーが「絢爛たる劇場」と賛美した。

▲ライトアップされた市庁舎 photo by Sébastien Bertrand

▲2年に1度開催される「ブリュッセル・フラワー・カーペットフェスティバル」 photo by Leguy

POINT

グラン・プラスのギルドハウス群

1～11まで、パン職人同業組合、油商同業組合、画家同業組合など異なる同業組合が入っていた。

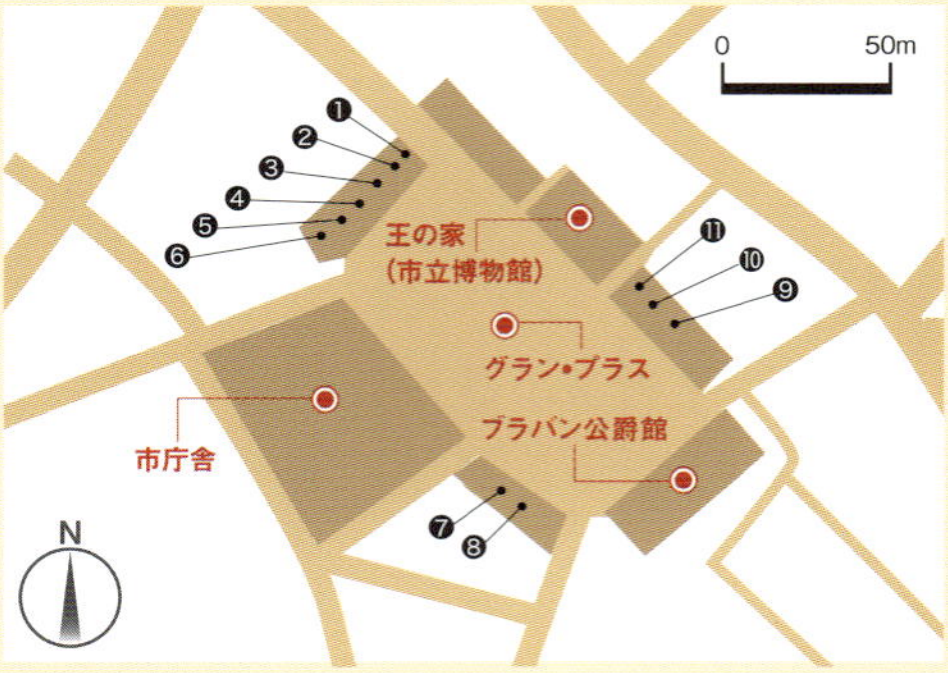

※ギルドハウス／現在、ギルドハウスはカフェ、銀行、ホテル、レストランなどに使われている

94 ブルージュの歴史地区

【遺産名】ブルージュ歴史地区
●登録年…2000年 ●分類…文化遺産 ●登録基準…2、4、6

13世紀にハンザ同盟に加わり、一時はヨーロッパの一大商業都市となったベルギーのブルージュ。現在、街は運河が縦横に走る水の都。両岸にはハンザ同盟時代の商館や聖堂が建ち並び、水面に映る。遠い日の栄華を語る中世の佇まいが、歴史地区として世界遺産に登録されている。

▲運河と美しいまち並みが広がるブルージュ
photo by Wolfgang Staudt

運河が張り巡らされた北のヴェネツィア

「北のヴェネツィア」「水の都」「屋根のない美術館」など数々の異名を持つベルギーの古都。ブルージュとは橋の意味で、50を超える橋がかかる運河の街は、マルクト広場とブルフ広場を中心に、ハンザ商人の富の象徴であったギルドハウスやベルギー最古の市庁舎、聖血礼拝堂や聖母大聖堂（※）、鐘楼などが建ち並び、中世そのままのまち並みが今も残る。なかでも13～15世紀に建造された高さ83mの鐘楼からは、時を告げるカリヨンが今も変わらぬ音でまちに鳴り響く。47個の鐘からなるカリヨンの音色は中世の面影と見事に調和する。

またかつて、芸術の都であったブルージュは、初期フランドル絵画の巨匠ヤン・ファン・エイクやメムリンクが活動したことでも知られている。

▲運河に映る中世の景色。一番右奥が鐘楼

POINT

カリヨン（組み鐘）の響き

カリヨンとは音程の違う鐘を複数個組み合わせたもので、ヨーロッパでは23鐘以上組み合わせたものをカリヨンと呼んでいる。もともとは、時刻を知らせる教会や鐘楼の大鐘が鳴ることを事前に知らせる「前打ち」と呼ばれる小さな鐘であった。日本では一般的に「洋鐘」をカリヨンと呼ぶこともある。また、鍵盤と鐘をワイヤーでつなげたカリヨンもあり、これを演奏する人をカリヨネアという。

▲カリヨンのイメージイラスト

※聖母大聖堂／ブルゴーニュ公シャルルとその娘でハプスブルグ家のマクシミリアンの妃になったマリーが眠っている

キンデルダイク・エルスハウトの風車群

【遺産名】キンデルダイク・エルスハウトの風車群
●登録年…1997年 ●分類…文化遺産 ●登録基準…1、2、4

オランダ（※）は、国土の4分の1が海抜0m以下という低地帯で、絶えず洪水の被害にあってきた歴史を持つ。その治水の切り札として16〜17世紀に登場したのが「風車」。牧草地が広がるキンデルダイクには、この風車が19基もあり、今もシンボルとして稼働している。

19基の風車が密集するオランダならではの風景

風車は水路沿いに連結するように建てられ、低地から高所の川（運河）へと水を汲み出すという、生活に欠かせない役割を果たしていた。19世紀の中頃、その風車の数は最盛期を迎え、約1万基が設置されていたという。

風車は治水だけではなく、湿地帯を緑豊かな大地に変え、オランダを農業王国へと発展させている。また、風車の動力は、製粉、脱穀、製材にも利用されていた。

▲ライトアップされた風車
photo by Travis Juntara

産業革命以降は、その役目をポンプに取って代わられ衰退していった。ロッテルダムの南東約13kmほどの川沿いには、現在19基の風車が残されている。キンデルダイク・エルスハウトでは、風車守が風車の小屋の中で暮らし、保存に努めている。なお、このキンデルダイク・エルスハウトの風車は、1740年頃につくられたものである。

▲オランダの原風景ともいえる、キンデルダイク・エルスハウトの風車群 photo by John Morgan

POINT

オランダ風車の特徴

風車は、材質や構造の違いで何種類かに分けられる。「オランダ風車」は、レンガまたは石造りの土台の上に、木造の八角形や十二角形の建物などを載せている。羽根のついている屋根の部分だけが風向きに合わせられるようになっている。建物自体は動かないから大きくつくることができ、それに合わせて羽根も大きくつくれるので、大きな出力を得ることができる。

▲キンデルダイクにある風車守が住んでいる4階建ての風車は、4LDKの間取り

※オランダ／正式な名称は「ネーデルランド」で「低地の国」という意味。「世界は神がつくりたもうたが、オランダはオランダ人がつくった」という有名な言葉もある

ストーンヘンジ

【遺産名】ストーンヘンジ、エーヴベリーと関連する遺跡群
●登録年…1986年 ●分類…文化遺産 ●登録基準…1、2、3

ストーンヘンジはソールズベリー平原につくられた謎の巨石群。直径100mを超える環状の溝と土手で囲まれた広場に、馬蹄形に組み立てられた巨石群が立っている。重さ約30tを超える巨石が直径30mの同心円状に配置されていて、神秘的な巨石サークルを描いている。

ソールズベリー北部の平原にそびえ立つ謎の環状巨石群

ストーンヘンジは、イングランド南部ソールズベリーの南ウィルトシャーの荒涼たる平原に突如として現れる、4000年以上前に建造がはじまった巨石の環状列石遺跡。ストーンヘンジとは、石でできた蝶つがいという意味。土塁と堀に囲まれ、高さ6m以上の大石柱が100m近い直径の内側に、祭壇を中心にして4重の同心円状に広がっている。

その建造目的は、寺院だったという説、天文台や太陽と月との並び方から有史以前の暦だったという説など何のためにつくったのか、宗教学的、天文学的（※）、建築学的などいろいろな研究と見解があるがいまだ解明されていない。なお、ストーンヘンジの北約30kmのエーヴベリーにも巨石遺跡があり、同一の世界遺産に登録されている。

▲エーヴベリーの巨石遺跡
photo by Andrew Bowden

▲いまだその謎が解明されていない巨石遺跡
photo by alfonsomll

POINT

不思議なサークル ストーンヘンジ

ストーンヘンジのメインは中央のひづめのような部分で、巨石には名前が付けられている。2つの直立した石の上に、石を横にして載せているオブジェが「トリリトン」（トライリソンともいい、日本語では三石塔）といわれている。また直立した石のうち、大きな方の石を「サーセンストーン」といい、小さい方の石を「ブルーストーン」と呼んでいる。

※天文学的／巨石の配置が太陽の運行に関係している説がある。一方、治癒・治療の場所という新説もある

97

ボイン渓谷の遺跡群

【遺産名】ブルー・ナ・ボーニャ・ボイン渓谷の遺跡群 ●登録年…1993年、2013年 ●分類…文化遺産 ●登録基準…1、3、4

アイルランドの首都ダブリンから北へ約50㎞のところに位置するブルー・ナ・ボーニャ。ここを流れるボイン川の一帯がボイン渓谷である。流域の丘陵にある約5000年前の新石器時代（※）につくられたという、約40基からなる墳墓群が世界遺産になっていて、その大部分は屈曲したボイン川の北側に集中している。

▲アイルランド島で最も有名な先史時代遺跡、ニューグレンジ

天文考古学上重要なアイルランド最大の先史遺跡

アイルランドの先史時代の遺跡群が連なるボイン渓谷。ボイン川の流れによってできた屈曲部に新石器時代の石室墳、立石、そのほか先史時代の遺跡群が連なり、ニューグレンジ、ノウス、ドウスという3つの大型墳墓と、40以上の墓地が点在している。この中で石室の内部まで見ることができるのは、1962年に発見されたニューグレンジだけである（ガイドの同伴が必要）。ニューグレンジの石室墓は、直径90m、高さ11mの巨大なもので、石室の中を歩くことができる。その中の天井は石板を組み合わせたものであるが、現在でも一滴の雨漏りもないといわれている。

入口の上部には穴があいており、冬至の日の出の光がこの穴を通して石室内を明るく照らすという、天文学的な巧妙な仕掛けもある。

▲ニューグレンジ石室墓の入口、手前の石には渦巻き模様が刻まれている photo by Daniel Stockman

POINT

天体運行を知り尽くしていた人々

ニューグレンジ、ノウス、ドウスという3つの主要巨石遺跡は、天文考古学上重要な意味を持つと考えられている。ニューグレンジは冬至とその前後の数日間のみ室内に朝日が差し込む。この遺跡群を造った人々はかなり正確な天文学的知識を持つと考えられており、ニューグレンジとドウスは冬至の太陽に、ノウスは春分の太陽にそれぞれ対応している。隣接する遺跡群についても、ほかの対応関係がないか研究されている。

▲春分の太陽に対応すると考えられている「ノウス」 photo by _TuVeuxMaPhoto_

※新石器時代／新石器時代は地域によって異なるが紀元前8000年前頃からはじまる

世界遺産 WORLD HERITAGE SOUTH & NORTH AMERICA

南北アメリカ

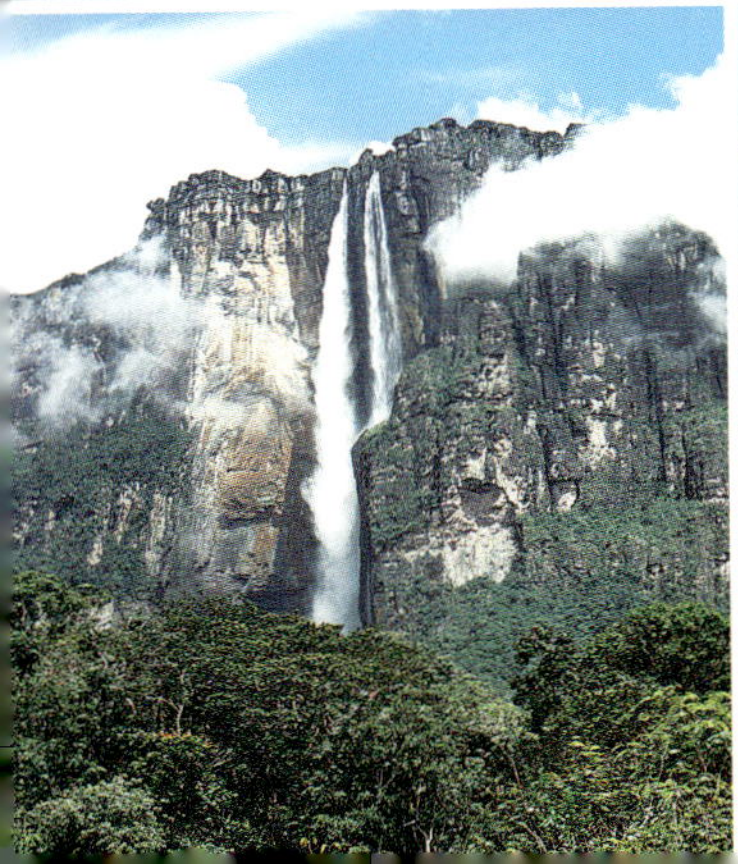

［南北アメリカ／アメリカ］

グランド・キャニオン国立公園

世界で最も壮大で圧倒的な景観を誇る峡谷・グランド・キャニオンは、アメリカ合衆国南西部、アリゾナ州北西部に位置する国立公園。総面積約4900㎢におよぶ広大な峡谷地帯は、ほぼ日本の福岡県の広さに匹敵する。その造形美に地球という惑星に初めて降り立ったような錯覚すらおぼえる。

【遺産名】グランド・キャニオン国立公園
●登録年…1979年 ●分類…自然遺産 ●登録基準…7、8、9、10

20億年分の地球の歴史を物語る、壮大なる大渓谷

荒涼とした赤茶けた大地、地層を露出した巨岩は目もくらむ絶壁となり、はるか谷底には激流が見え隠れする。グランド・キャニオンは、何億年もの時間をかけて堆積と隆起を繰り返した大地を、コロラド川（※）の急流が500万年以上に渡って削り続け、現在の姿が形成された大峡谷だ。地層の最下層は約17～20億年前の片岩層、リムと呼ばれる崖上付近の地層でも約2億5000万年前のもので、悠久の時を感じさせる。

峡谷はノースリム（北壁）とサウスリム（南壁）に分かれ、峡谷の最大幅は30km、深さは1600～1700mにも達する。露出している地層が浅い海の底だったことがわかる。

谷底は酷暑の砂漠、リム上付近では冬に雪が積もることも。起伏に富んだ地形と岩肌は、太陽の傾きとともに色を変えていく様子は、まさに神秘的。

▲川が浸食した大渓谷。数億年の歳月をかけて形成された

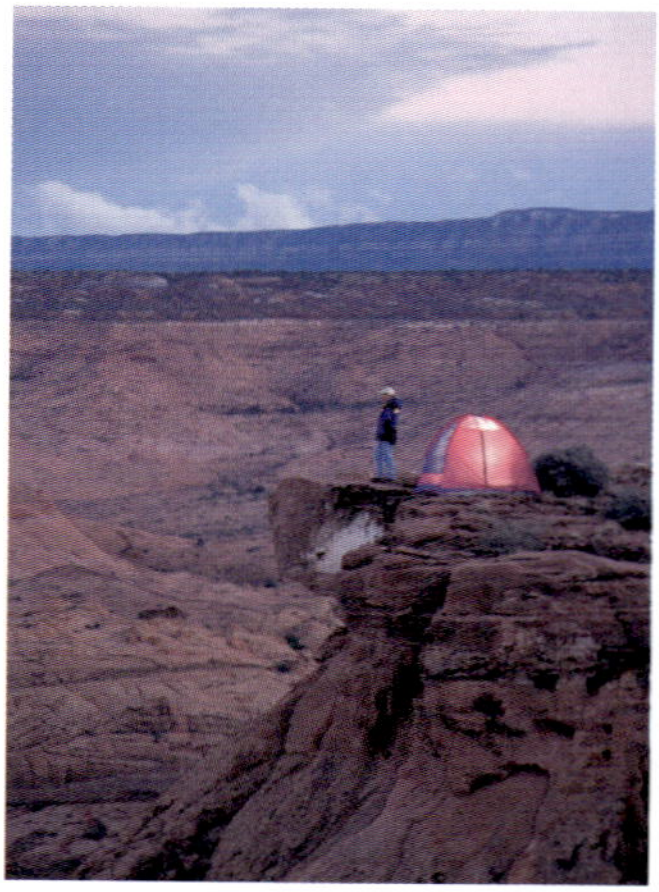
▲人間を圧倒する自然のパワー

▲渓谷では、さまざまな時代の地層を見ることができる

POINT

470年前にスペインの軍人が発見し、今や年間500万人が訪れる場所に

グランド・キャニオンは1540年、スペインの探検家フランシスコ・バスケス・デ・コロナドの命を受けた軍人のカルデナス一行が最初に発見した。その時、感嘆の声を上げたという。その後、約300年以上も経ってアメリカの地質学者ジョン・ウェズリー・パウエル一行が測量を行った。1919年に国立公園に指定され、今や年間500万人近くの観光客が訪れる場所となった。

CHECK!

多種多彩な動植物が生息する国立公園

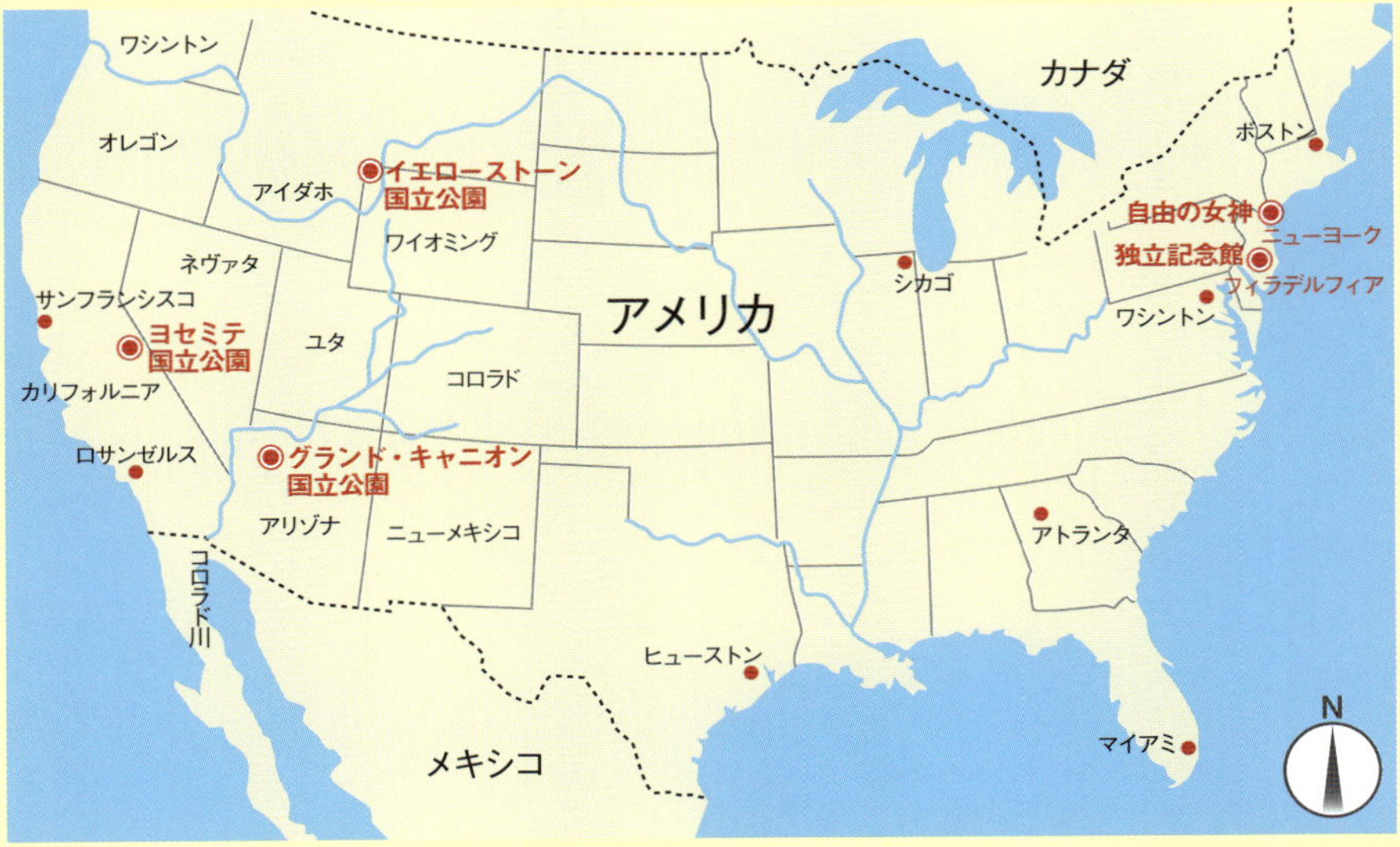

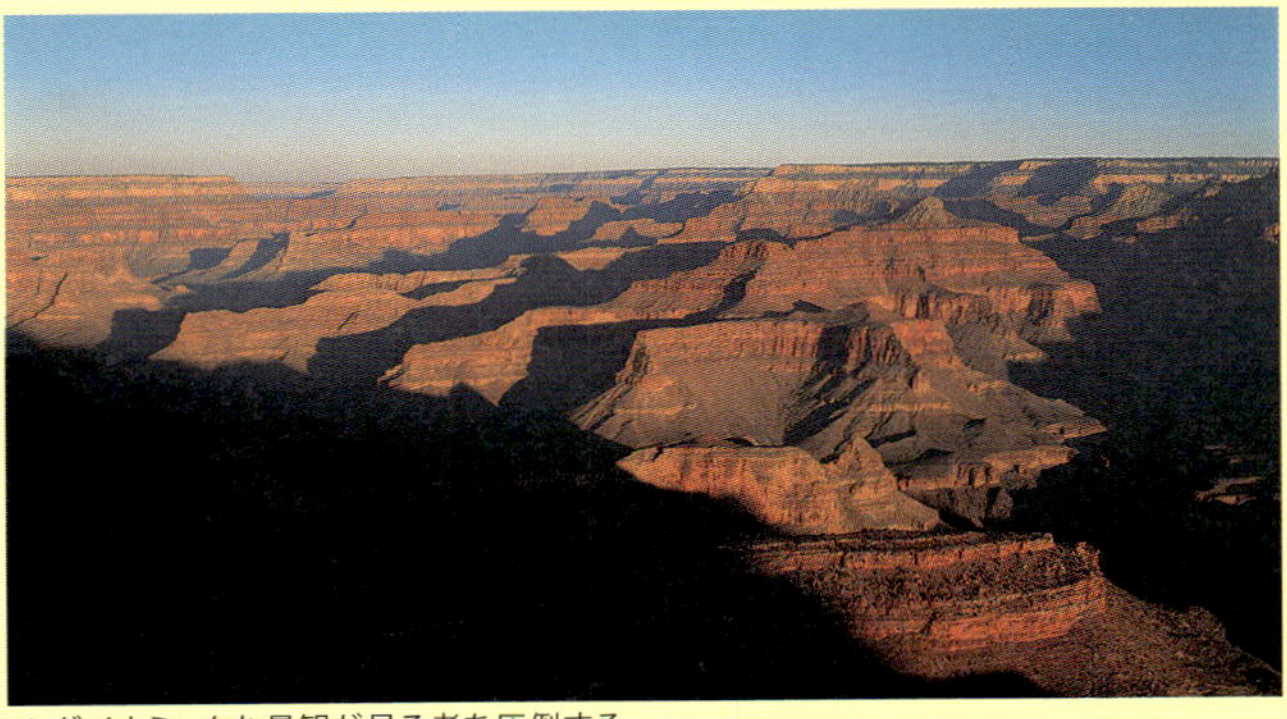
▲ダイナミックな景観が見る者を圧倒する

サウスリムの年間降雨量は380㎜。最深部では年間200㎜。この厳しくも美しい大自然の中に、1500種以上の植物、355種の鳥類、89種の哺乳類、47種の虫類、9種の両生類、17種もの魚類が確認されている。

※コロラド川／アメリカ合衆国南西部およびメキシコ北西部を流れる川。ロッキー山脈西部の乾燥地帯を流れ、カリフォルニア湾に注ぐ

99

［南北アメリカ／メキシコ］

古代都市チチェン・イッツァ

【遺産名】古代都市チチェン・イッツァ
●登録年…1988年 ●分類…文化遺産 ●登録基準…1、2、3

ユカタン半島にあるユカタン州の州都メリダの東、約120kmにある「後古典期マヤ」の遺跡。密林に囲まれて広がる都市遺跡で「チチェン・イッツァ」とは「イッツァ民族の水の洞窟の口」という意味がある。その名の通り、かつては多くの井戸があったと考えられている。

ジャングルの中に点在するマヤ文明最大の遺跡群

5～7世紀頃に築かれた南方の遺跡には、グアテマラと同じ**マヤ文明の特徴を持った建築物**が数々存在している。

北方にはメキシコ中央高原に興ったトルテカ文明と融合した**マヤ・トルテカ文明を代表する遺跡**があり、10～13世紀頃に建設されたと考えられている。

なかでも印象的なのが戦士の神殿にある「チャクモール像」や「ツォンパントリ」。そこは凄惨な生け贄の儀式が行われた場所と推測されている。また、ククルカン神殿を祀ったピラミッドは**エル・カスティーヨ**（※）と呼ばれ、当時の高度な天文学の知識と優れた建築技術を今に示している。

▲遺跡保護のため、現在は入場制限も行われている

▲チャクモール像は戦士の神殿の入り口に配されている

遺産メモ

カスティーヨ

4面にある階段は91段で合計すると364段。それに最上段の1段を加えると365段となる。それぞれ9段の階層を階段で分断し、合計18段で、これはマヤ暦の1年（18ヵ月365日）を表しているといわれる。このことからカスティーヨは「暦のピラミッド」とも呼ばれている。

POINT

ユカタン半島全域に広がるマヤ遺跡

マヤ文明とはメキシコ南部、グアテマラ南東部、ベリーズなどいわゆるラマナイ地域を中心に広範囲に栄えた高度な文明。（遺跡マップ参照）中でもチチェン・イッツァは「マヤ・トルテカ文化」を代表する遺跡で、およそ5万㎞四方の広大な平原にある。

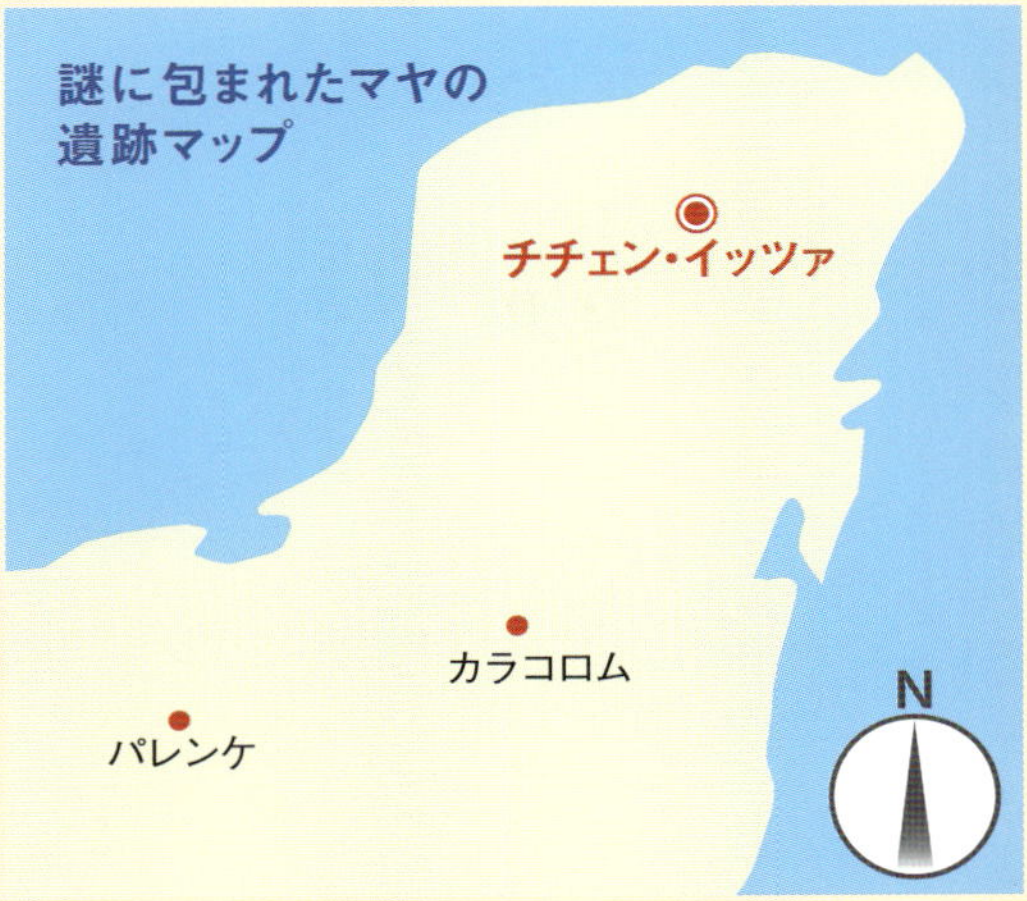

CHECK!

神秘の現象、マヤの最高神・ククルカンの降臨

階段状のピラミッド、エル・カスティーヨをはじめ、戦士の神殿、球技場、カラコルと呼ばれる天文台が並ぶ。春分の日の夕刻になるとエル・カスティーヨの階段に雨の神の化身であるヘビが現れるといわれている。

春分と秋分の時期だけに、ピラミッドの影で蛇が浮かび上がる▶
photo by Daniel Prats

▲天文台では高度な天文観測が行われていたと考えられている

※カスティーヨ／スペイン語で城塞の意味。ククルカンのピラミッド、ククルカンの神殿とも呼ばれる

100

［南北アメリカ／エクアドル］

ガラパゴス諸島

エクアドル本土から西へ約1000㎞離れた太平洋上に浮かぶ大小さまざまな島と岩礁。約5000万年前の火山活動によって形成されたといわれている。ここでは**流木や島によって運ばれてきた動植物が進化を遂げ、独自の生態系を確立している。**1535年、スペイン人司教ベルランガがこの島に到着した記録が残っている。

【遺産名】ガラパゴス諸島　●登録年…1978年、拡張2001年
●分類…自然遺産　●登録基準…7、8、9、10

独自の進化を遂げた動植物「進化論の着想を得た島々」

イギリスの科学者**チャールズ・ダーウィンはこの島に立ち寄り「進化論」のアイデアを得た**という。周辺海域は北から暖流、南と西から寒流が流れ込み、海の生物相も多様。たとえばガラパゴスペンギンは熱帯に棲む唯一のペンギンだ。また、体重が250㎏にもなる世界最古の爬虫類ガラパゴスゾウガメも見られる。さらに、トカゲ類で唯一海に潜って海藻を食べるウミイグアナなど希少動物が次々と発見されている。

しかし、人間（※）が上陸するようになってから、ゾウガメの乱獲、ヤギの繁殖などにより生態系が乱れ、エクアドル政府は1832年に領地宣言してエクアドル人を移住させ、世界に類を見ない極めて**貴重な生態系を守るため、手厚く保護した。**

近年観光地化が進み貴重な自然が失われ、2007年に危機遺産リストに入ってしまった。2010年には削除されたが、今後の環境取り組みに注目されている。

▲フンボルトペンギン属が生息する北限になる

▲ウミイグアナはガラパゴス固有種。ここでしか見られない

▲ガラパゴスゾウガメ

photo by putneymark

※西欧人の初上陸／西欧人来訪の最初の記録は1535年。17世紀には海賊の基地となり、18世紀には捕鯨船の基地となった。1835年にはエクアドル領となり流刑地として使われた

▲およそ2万人が住む諸島の一つ、バルトロメ島

▲固有の鳥類が多い

▲海草を食べる、ガラパゴスアメリカグンカンドリ

▲植物の生態もガラパゴスの生活に大きく関わっている

POINT

各島への上陸ポイントは、ここだ！

要注意！ガラパゴス諸島の上陸ガイド

大小120あまりの島々と岩礁からなるガラパゴス諸島。独特の生態系は観光資源にもなっており、多くの観光客が訪れている。観光客の上陸は、利用するクルーズ船によって異なる。諸島内ではどこでもクルーズ船からボートに乗り換えることになる。上陸地によって見られる動物も違ってくるので、事前の情報収集と計画立案が必要である。

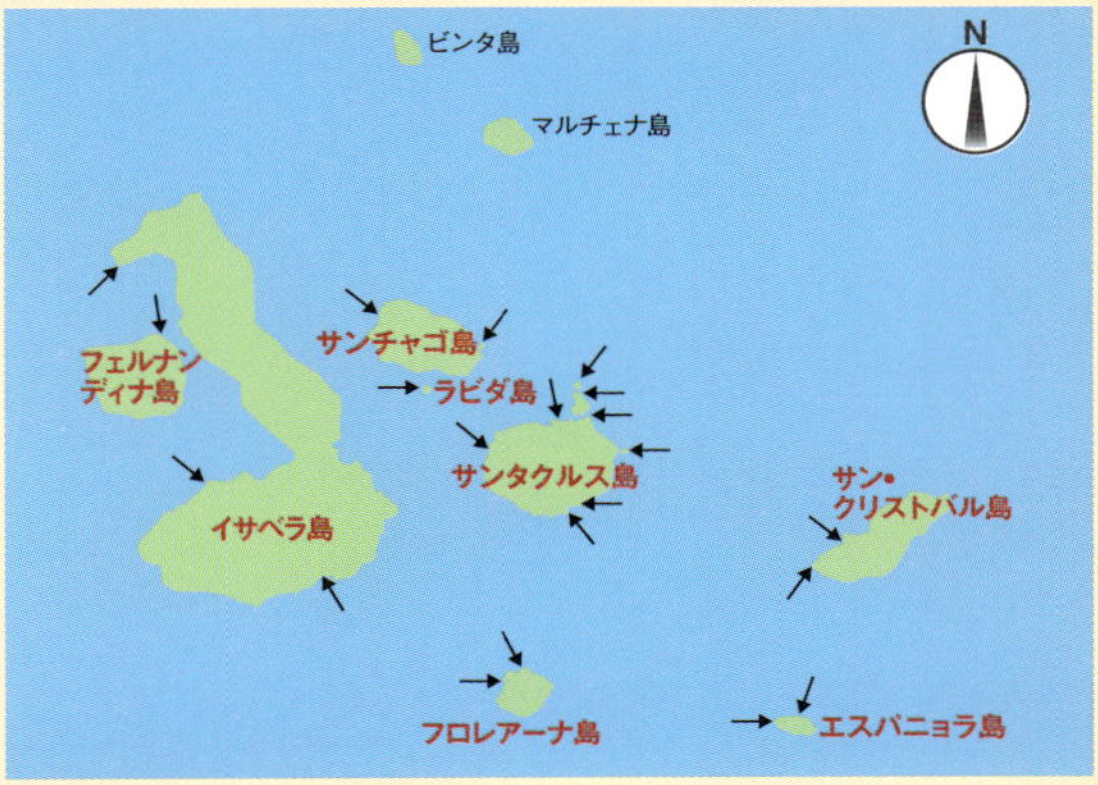

101 マチュピチュ

【遺産名】マチュ・ピチュの歴史保護区 ●登録年…1983年
●分類…複合遺産 ●登録基準…1、3（文化）、7、9（自然）

アンデス山中の標高2400mに存在するインカ帝国の都市遺跡。1911年、伝説の黄金郷ビルカバンバを求めて探検していたアメリカ人の歴史学者のハイラム・ビンガムが欧米人として初めて到達。以後、多くの謎を秘めながらも「空中都市」として知られるようになった。

多くの謎を残す神々の都 インカ帝国が残した空中都市

マチュ・ピチュとは現地の言葉で「年老いた峰」を意味する。ペルーのウルバンバ谷に沿う高い山の尾根にあり、その存在は山裾から確認することはできない。

また、周囲は熱帯山岳樹林帯で多様な植物が見られる。都市にいたるには南からの道しかなく、北、東、西は切り立った崖になっている。かつての王国の首都クスコでさえ失ったインカの都市の姿がここにある。16世紀から約3世紀続いたスペイン支配の歴史にマチュ・ピチュは一度も登場していない。千人もの人が住んだ都市が何故400年もの間、人目に触れることがなかったのか、この遺跡がインカ最後の都「ビルカバンバ・ビエホ（幻の都）」なのか（現在は否定されている）、それともアマゾンに進出するための基地だったのか、あるいはアクヤーナ（太陽の処女）を仕える祭祀センターだったのか、確かなことは何も分かっていない。

▲高度な建築技術を示す石組み

◀ワイナピチュは空中都市の象徴

▲空中都市では宮殿や寺院、さらに住居跡なども見られる

▲急峻な斜面で、どのように造られたのか

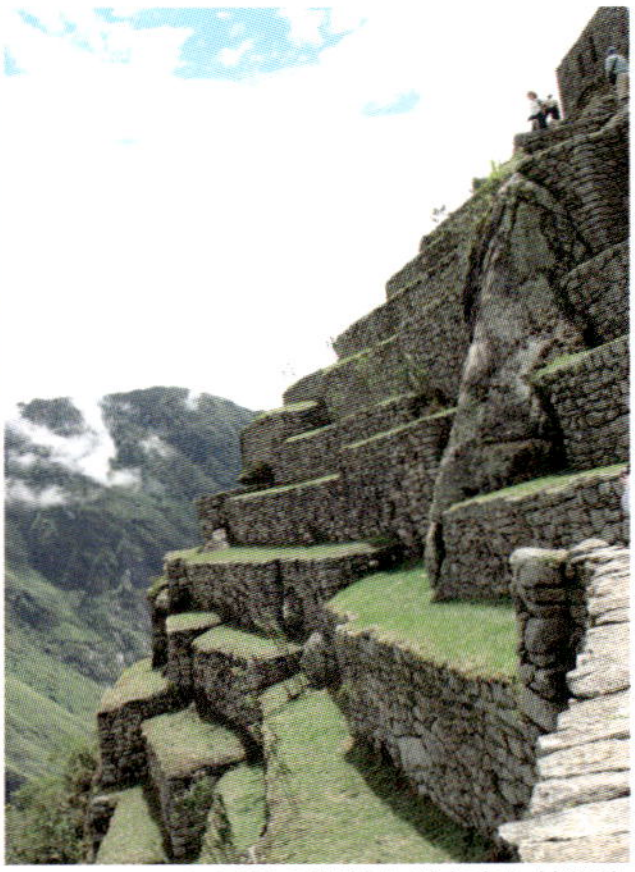

▲石畳の階段など高度な技術力で造られている

◀インカの都市はスペイン人に確認されたが、険しい峰の上にあるマチュ・ピチュはその難を逃れた　photo by David Stanley

POINT

整備されたマチュ・ピチュの全景に迫る！

遺跡の正面にそびえるのは、「若い峰」を意味するワイナピチュ（※）。向かって左側が市街区で、広場を中心に神殿や住居が狭い石畳の道や階段で結ばれている。水道も整備され、廃虚となった現在も水汲み場からは水が流れている。向かって右側の日当たりの良い急斜面は石積みの段々畑で、トウモロコシやジャガイモ、コカなどが栽培されていた。畑の上は墓地だったと考えられている。

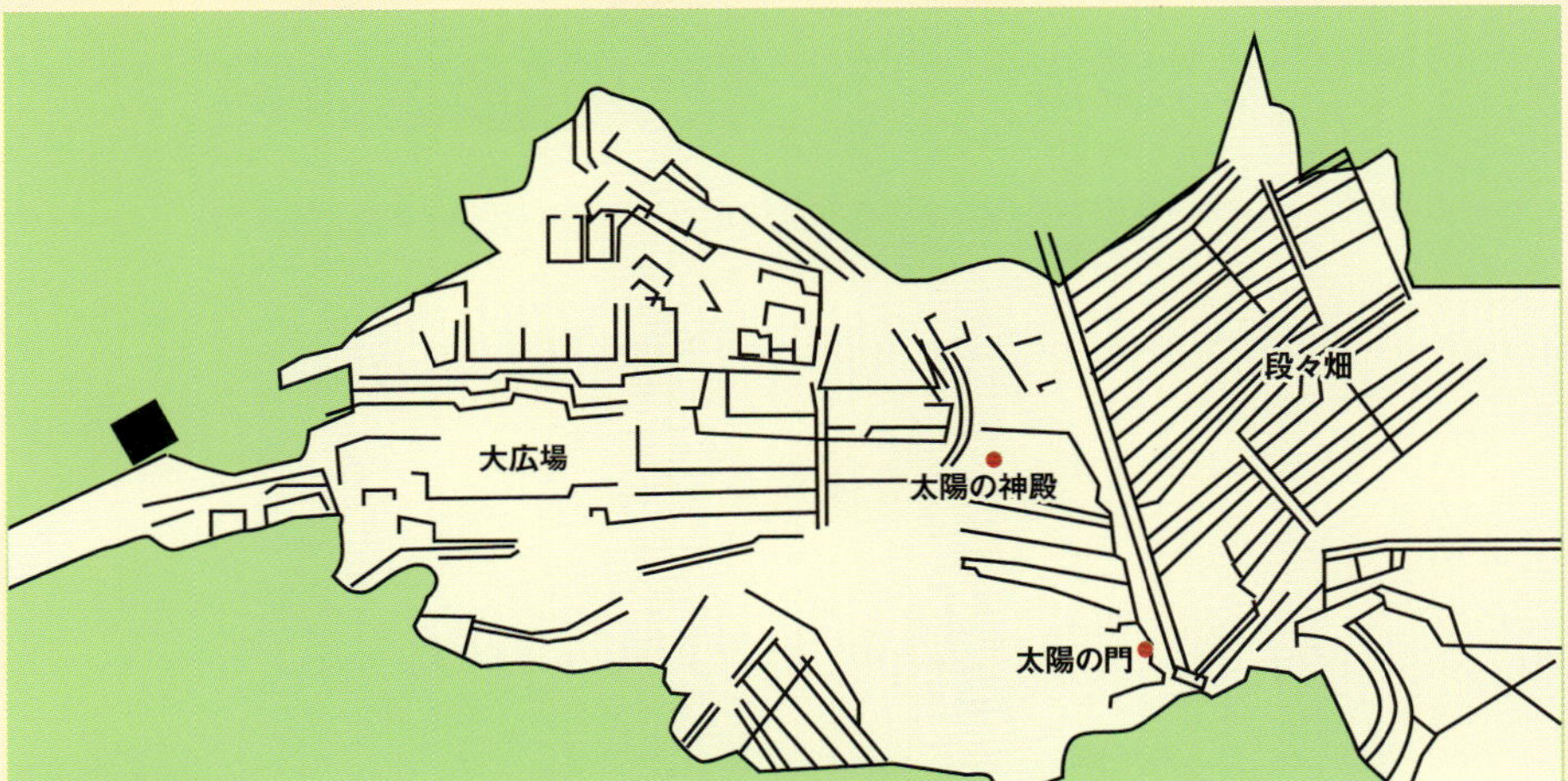

※ワイナピチュ／遺跡の存在ばかりが注目されているが、メガネグマや貴重なランなど珍しい動植物が生息していることから複合遺産に指定されている

［南北アメリカ／ペルー］

ナスカとパルパの地上絵

人類が空を飛べるようになってから発見することができた地上絵（※）。ペルーの首都リマから南へ約400km。1939年、ナスカ平原とフマナ平原に描かれた巨大な地上絵の存在が発見されて以降、その意味と制作方法について諸説あるが、真相はいまだ謎に包まれている。

【遺産名】ナスカとパルパの地上絵 ●登録年…1994年、名称変更2016年 ●分類…文化遺産 ●登録基準…1、3、4

偶然の発見で1500年の眠りから覚めた巨大な地上絵

1939年6月22日、ナスカ川とインヘニオ川の間に位置するナスカ台地を飛行機で飛んでいた考古学者ポール・コソックは、地上を眺めて驚いた。これがナスカの地上絵の発見の瞬間であった。広大な乾燥地帯に人間や動植物の約70の模様と、700を超える幾何学図形や直線が描かれていたのである。地上絵が描かれたのは紀元前2～6世紀。発見されるまで約1500年間も地上絵は忘れ去られていたのである。ドイツの数学者、マリア・ライヒェがこの地に住み着き、本格的に地上絵の解明作業と保護が行われるようになった。

ナスカ文化の中心地とみられているカワチ神殿では、水乞いの儀式が行われていた痕跡がある。地上絵は、天空の神に捧げる巨大なディスプレイだったのではないかとの説もある。

現在、フマナ平原は立ち入りが禁止されていて、大部分は上空からしか見ることができない。エルニーニョによる気候変動と、自動車の侵入による破壊が著しく消滅の危機にある。

▲シャチの地上絵

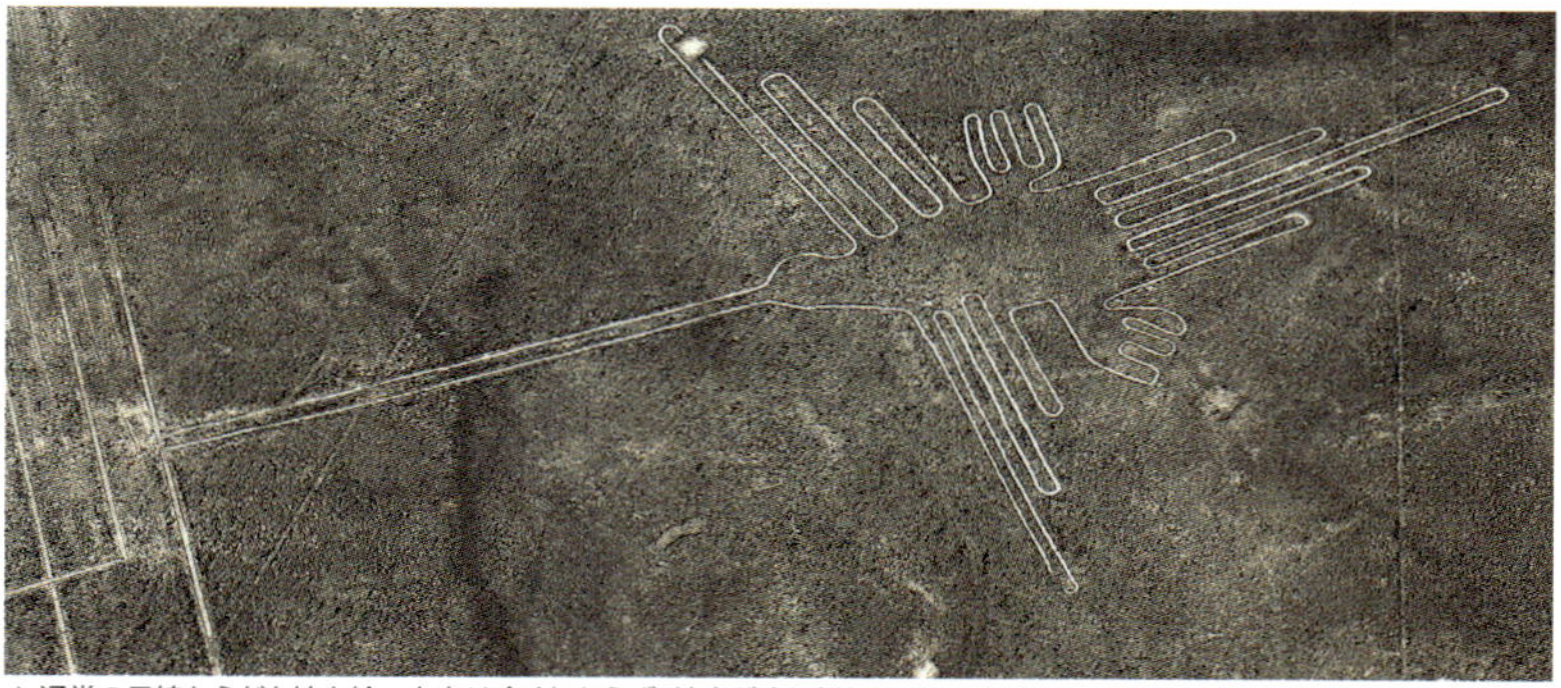

▲通常の目線からだと地上絵の存在は全くわからず、地表が少し削られている程度にしか見えない。写真は有名な「ハチドリ」

photo by Ivan Mlinaric

※地上絵／約70の動植物で、特に鳥の絵は13例と動物の題材の中で最多。地上絵が最も集中しているのは台地ナスカ・パンの西端あたり

▲ナスカの地上絵の観測塔「ミラドール」

▲地上に展望台はあるが一部しか認識できない

photo by Ivan Mlinaric

▲乾燥した気候が1500年もの間、風化や浸食から地上絵を守っていた

photo by Ivan Mlinaric

CHECK!

巨大な地上絵は遊覧飛行が絶対おすすめ

セスナ機は小さいもので乗客定員が3人、大きなものだと定員10人程度のものが使用される。遊覧飛行はわずか30分程度だが、地上絵をよく見えるようにするためにわざと機体を左右斜めに傾けたりもするので、乗り物に弱い人はあらかじめそれなりの覚悟が必要。

▲空からだとはっきりわかる地上絵

photo by ilkerender

カナディアン・ロッキー

【遺産名】カナディアン・ロッキー山脈自然公園群 ●登録年…1984年、1990年 ●分類…自然遺産 ●登録基準…7、8

荒々しい地形、雪を頂く峰々、深い緑の針葉樹、青く穏やかな氷河の湖、さらに滝や鍾乳洞も点在するなど雄大な自然と多彩な表情を見せるカナディアン・ロッキー。4つの国立公園と3つの州立公園からなる、大山脈の魅力に惹かれ、年間900万人以上の人々が訪れている。

3000m級の山々に抱かれた大自然が織りなす美しき景観

北アメリカを南北に貫くロッキー山脈は全長約4500km。その北部約1500kmがカナディアン・ロッキーと呼ばれている。1883年に鉄道建設が推進され、カナダ西部の山岳地帯まで延長された。

これが契機となり、1887年にカナダ初の国立公園であるバンフ国立公園が誕生した。

以後、周辺の整備が進み、自然公園群（※）は現在、バンフ、ジャスパー、ヨーホー、クートニーの4つの国立公園とマウント・ロブソン、ハンバー、マウント・アシニボインの3つの州立公園からなる。

▲季節や時間によって湖水の色が変化するレイク・ペルト

▲レイク・ルイーズ（ルイーズ湖）はカナディアン・ロッキーの宝石と呼ばれる

POINT

化石の宝庫で続けられる発掘作業

カンブリア紀とは、いつか？

公園一帯は美しい自然と多様性に富んだ生態系を成している。標高2599mのバージェス山は、5億年前は海の底。カンブリア紀の地層からは海底生物の三葉虫など、10万種以上の生物の化石が発見されており、氷河が削り取った急峻な山では、生物学者による発掘が行われている。

顕生代	新生代	代四紀・新代三紀・古代三紀
	中生代	白亜紀・ジュラ紀・三畳紀
	古生代	ペルム紀・石炭紀・デボン紀・シルル紀・オルドビス紀・カンブリア紀
原生代		
始生代		
冥王代		

※カナディアン・ロッキー山脈自然公園群／総面積は約2万3400㎢。アイスフィールド・パークウエイに沿ってコロンビア大氷原、ルイーズ湖といった観光名所が並ぶ

ライティング・オン・ストーン／アイシナイピ

【遺産名】ライティング・オン・ストーン／アイシナイピ
●登録年…2019年 ●分類…文化遺産 ●登録基準…3

2019年カナダ南部、アルバータ州の南部でアメリカのモンタナ州との国境付近に位置する奇岩地帯が世界遺産に登録された。この氷河による侵食でできた氷河地形の中にフードゥーと呼ばれる奇岩が並ぶ。先住民はこの地を聖地とし、数多くの岩絵や線刻などをのこしていた。

［南北アメリカ／カナダ］

1万年前の先住民族の岩絵と奇岩の数々が創る神聖な風景

世界遺産に登録されたアイシナイピ、ハーフナー・クーリー、ポバティー・ロックの3地域は北米大陸中央に広がるグレート・プレーンズ北部の荒涼たる大地。ロッキー山脈に源を発し、東へ流れてミズーリ川に注ぐミルク川。このミルク川周辺の渓谷には氷河の侵食から生まれたダイナミックな景観が展開し、フードゥーと呼ばれる奇岩群が見られる。

紀元前1800年から4000年もの間、ブラックフット族の聖地として崇められ、ペトログラフ（岩絵）やペトログリフ（線刻）、基地や儀式跡が多数残されている。ガイド付きのツアーがあったり、プログラムに参加するとのこのエリアの歴史と文化に触れることができる。

▲北米平野に残る最大のロック・アートの保存地域

▲長年の風雨によって生み出された奇岩群　photo by Jan Mosimann

CHECK! 岩絵・線刻

ライティング・オン・ストーン州立公園には、1万年前にこのエリアに住んでいた先住民であるアイシナイ（ブラックフット族）の人々の暮らしを描いた岩絵や線刻が残されている。

▲先住民族が残した石彫り

【一口メモ】世界遺産に登録された3地域のうち、アイシナイピは先住民族の言葉で「描かれた（または書かれた）」という意味。国定史跡にも指定されている

105

［南北アメリカ／カナダ］

ケベック旧市街の歴史地区

ケベック州の州都ケベック・シティーにある旧市街のエリアで、北米唯一の城郭都市として知られ、長い歴史を持つ。城壁に囲まれた丘の上にあるアッパータウンと丘と川岸の間にあるロウワータウンとに分かれる。フランス植民地の名残が最も多く残り、公用語はフランス語。

【遺産名】ケベック旧市街の歴史地区　●登録年…1985年、2006年名称変更　●分類…文化遺産　●登録基準…4、6

北米で最も古い歴史を持つ、唯一の城郭都市

カナダ・ケベック州の州都ケベックは、17世紀はじめにフランス人の入植者によって築かれた、北米の中で最も古い歴史を持つ街の一つで、唯一の城壁で囲まれた都市。フランスの植民地の拠点としての歴史を持つため、人々の生活、建築、芸術などにフランス文化の影響が色濃くみられる。シャトー・フロンテナックやノートル・ダム大聖堂などルネッサンス期のヨーロッパの香りが漂い、カナダの中でも一風変わった街となっている。

その魅力はケベックに先住していた人々と、そこへ植民した人々が入り交じって戦い、結果として、他のカナダ国内のイギリス風潮とは切り離された、独自の文化を培うこととなったところにあるようだ。

▲ケベックのシンボルにもなっている高級ホテル「シャトー・フロンテナック」photo by J. Saper

▲フランス文化が残る街並み

CHECK!

アッパータウンに立つノートル・ダム大聖堂

正面から見て左右の塔の形状が異なる左右非対称型で、バロック様式の傑作といわれる。ルイ14世から贈られた祭壇のランプや、聖母マリアの生涯を描いたステンドグラスなどの美術品が、聖堂内を彩る。350年の歴史を持つ由緒ある大聖堂では、1984年にカナダで最初のローマ教皇によるミサも行われた。

▲ケベックのノートル・ダム大聖堂

【一口メモ】公用語／フランス文化を現在に受け継いでいるため、フランス語が公用語。実際、観光の中心である旧市街では英語が通じるが、郊外に出ると、英語が全く話せない人も珍しくない

106

エバーグレーズ国立公園

【遺産名】エバーグレーズ国立公園
●登録年…1979年 ●分類…自然遺産 ●登録基準…8、9、10

エバーグレーズ国立公園は、1947年に創立された。アメリカ本土内の国立公園でもデス・バレー国立公園、イエローストーン国立公園に次いで3番目に面積の広い国立公園となっている。一見すると湿地帯だが、専門的には川で1日に800mと非常にゆっくりと南に向かって流れている。

大都市マイアミ近郊にある広大な湿原地帯

エバーグレーズ国立公園は、フロリダ半島の最南端、メキシコ湾と幅150kmあるオキチョビー川が交わる河口付近に広がる広大な湿原地帯。半島のほぼ真ん中にある巨大な湖、レイク・オケチョビから、ゆっくりした速度で川が流れ巨大な湿地帯をつくっている。野生のワニやマナティ、フロリダパンサーなど、熱帯から亜熱帯にかけての動植物が1カ所で見られる。1992年、ハリケーン「アンドリュー」による被害を受け、翌年危機遺産に登録された。2007年に解除されたが、2010年再びリストに登録された。

▲見渡す限り続く湿原地帯

▲四国のおよそ1.5倍の面積を持つ広大な湿地帯

POINT

多くの動植物が生息するがその数を急速に減らしている

水深が30cm程度の浅瀬を草が覆っているため、「草の海」と呼ばれている。ハリケーンの襲来や商業地化・農地化が原因で、エヴァグレーズ国立公園は危機遺産になった。フロリダピューマやフロリダパンサーのように絶滅の危機にさらされている動物もいる。一度壊された自然を戻すのは容易なことではないが、自然保護の努力が今も続けられている。

▲湿地の王者アリゲーター
photo by Frank Kehren

【一口メモ】約6,000頭のマナティーがフロリダに生息。海の浅瀬に暮らすマナティーは、皮下脂肪が薄く水温20℃以下では生きられない。水温が低い冬は内陸の暖かい川へ移動する

107

イエローストーン国立公園

【遺産名】 イエローストーン国立公園
●登録年…1978年 ●分類…自然遺産 ●登録基準…7、8、9、10

熱水を噴き上げるオールド・フェイス・フル間欠泉に象徴されるイエローストーン。国立公園に指定されているイエローストーンの名は同地のロッキー山脈に源を発するイエローストーン川とその川が注ぐ巨大なカルデラ湖、イエローストーン湖から命名されている。

自然保護の原点となった世界初の国立公園

アメリカ合衆国は1872年、**世界に先駆け「国立公園」を制定**した。自然の乱開発を防止するのが大きな目的で、その第一号となったのがイエローストーン国立公園である。一帯はマグマが地下4800mに迫っているため、**オールド・フェイスフル・カイザー**（※）をはじめと数百以上あるといわれる間欠泉、噴気孔、温泉など様々な熱現象が集中している。森林と激流の渓谷美は熱水現象と並び、公園の大きな魅力となっている。

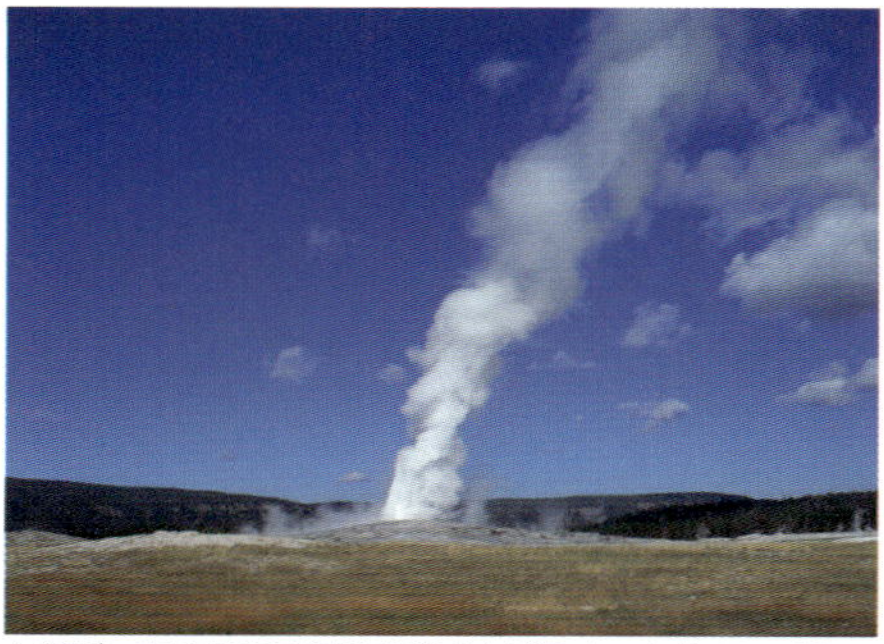

▲ほぼ一定の間隔で温泉を噴き上げるオールド・フェイスフル・カイザー

▲地下水の温度が上昇すると圧力が上がり、熱泉が噴出する

POINT

生態系を取り戻すためにオオカミを再導入

世界最初の国立公園に指定されたイエローストーンだが、人為的影響によって、1995年に世界危機遺産に登録されるという不名誉な記録が残っている。かつて生息していたオオカミが害獣として殺され、一度絶滅したとされた。それにより今度はワピチ（アメリカアカシカ）が増加し、生態系に狂いが生じた。そこで1995年にカナダから8頭のオオカミが再導入され、かつての生態系を復活させる試みがなされ、見事に生態系が回復した。ほか、金や油などの採掘計画の中止など諸問題が解決に向かったと判断され、2003年に危機遺産登録から解除された。

※オールド・フェイス・フル・ガイザー／世界的にも有名な間欠泉。ほぼ一定間隔で3.8万～4.5万リットルの熱水を高さ約50mまで噴き上げる

108 独立記念館

【遺産名】独立記念館
●登録年…1979年 ●分類…文化遺産 ●登録基準…6

フィラデルフィアにあったペンシルベニア州の議事堂において、イギリスからの独立を宣言し、合衆国が誕生した。そこが現在、独立記念館として世界遺産として登録されている。記念館の両側には**フィラデルフィアが首都だった時代**の国会議事堂と旧市庁舎が並び、周辺は国立の独立歴史公園に指定されている。

独立宣言と憲法が創られた アメリカ合衆国独立の聖域

17世紀以降、イギリスが築いてきたアメリカ大陸東岸の植民地は13州に達していた。しかし、度重なる課税負担に端を発し、1770年代には13植民地の人々とイギリス軍との間で紛争が勃発。1774年、13州の代表は徹底抗戦を決議し、2年後の7月4日、ついに**イギリスからの独立を宣言**。アメリカ合衆国が誕生した。その場所がペンシルベニア州の議事堂で、現在の独立記念館である。宣言の際に打ち鳴らされた鐘は「**リバティ・ベル（自由の鐘）**」（※）と呼ばれ、アメリカの自由の象徴となっている。

▲フィラデルフィアの語源は古代ギリシア語の兄弟愛

▲ジョージ・ワシントンの銅像

POINT
建国の時から全ての人間の自由を宣言していた

宣言の中に「すべての人間は生まれながらに平等であり、生命、自由、幸福を追求する権利を与えられていることを、われわれは自明の真理であると信ずる」といった内容の一文がある。まさに自由の国として生まれたアメリカの建国の理念がここにある。

▲独立の象徴といわれる自由のシンボル、リバティ・ベル

※リバティ・ベル／現在、独立記念館の鐘楼からはずされ、1ブロック北のパビリオンに収められている。観光客には「世界一有名なヒビが入って2度と鳴らない鐘」と案内されている

109

自由の女神像

【遺産名】自由の女神像
●登録年…1984年 ●分類…文化遺産 ●登録基準…1、6

かつては要塞として使用されていた台座の上に立つ、気高く美しい女神。右手にトーチを、左手に独立宣言書を抱え、奴隷制度と独裁政治を意味する鎖を踏み付け、王冠には7つの突起がある。それは7つの大陸と海を意味しており、世界最大の移民国家の愛と自由を見守っている。

独立と友好を記念し、フランスから贈られた自由と民主主義のシンボル

ニューヨークのマンハッタン沖2kmに浮かぶリバティ・アイランド。そこにそびえ立つ自由の女神像（※）は1886年、アメリア合衆国の独立100周年を祝してフランスから贈られたもの。正式名称は「世界を照らす自由」となっており、フランスの彫刻家バルトルディが設計した。高さ46mの像の内部は螺旋階段になっており、冠部分まで上がれるようになっている。

▲ニューヨーク湾のリバティ島

▲エッフェル塔の作者が内部の骨格を設計した

POINT 自由の女神ができるまで

自由の女神が出来るまで

①発案者は歴史学者エドゥアール・ド・ラブライエ。1874年にラブライエからフランスのフレデリック・バルトルディに依頼され製作された。設計にはエッフェル塔で知られるギュスターブ・エッフェルも携わった。

▼

②女神のモデルはドラクロワの絵画「民衆を導く女神」とバルトルディの母親。

▼

③1884年にフランスのパリで仮組みされ。214個に分解してアメリカに運ばれた。

▼

④台座部分はジョセフ・ピューリッツァの建設基金のキャンペーンによって、リバティ島に造られた。

▼

⑤1886年10月28日に除幕式が行われた。顔に掛けられたフランス国旗を製作者のバルトルディが除幕。

※自由の女神像／1874年、プロイセンとの戦いに敗れたパリで開始された。発案はエドワール・ド・ラブレー、制作はフレデリック・バルトルディ

110

ハワイ火山国立公園

【遺産名】ハワイ火山国立公園
●登録年…1987年 ●分類…自然遺産 ●登録基準…8

マウナロア山とキラウエア山の2つの活火山を中心に、およそ900㎞の地域一帯がハワイ火山国立公園に指定。地球の鼓動を実感できるエリアとして知られている。いたるところから白い煙が立ち上り、その迫力満点の景観は何度見ても飽きない魅力に溢れている。

世界で最も活発な火山活動を最も安全に観察できる場所

2つの火山が今なお活動を続けている、ハワイ火山国立公園。マウナ・ロア火山は標高約4170m、水深約6000mの海底からそびえ、海底から頂上まで1万m以上という世界最大の火山。一方のキラウエア火山（※）は、現在も断続的に溶岩を噴出し、迫力満点の景観が広がる。見どころの「キラウエア・カルデア」の中のハレナウア火口には、火の神ペレが住むという伝説がある。

▲ハワイ語で「噴き出す」や「多くをまき散らす」を意味する"キラウエア"と名付けられた火山

▲ハレマウマウ火口には火の神ペレが住むといわれる

POINT
温かい地面や石に、生きている地球を実感する

ハワイ島のキラウエア火山では溶岩の噴出速度が遅く、世界一安全な火山といわれている。

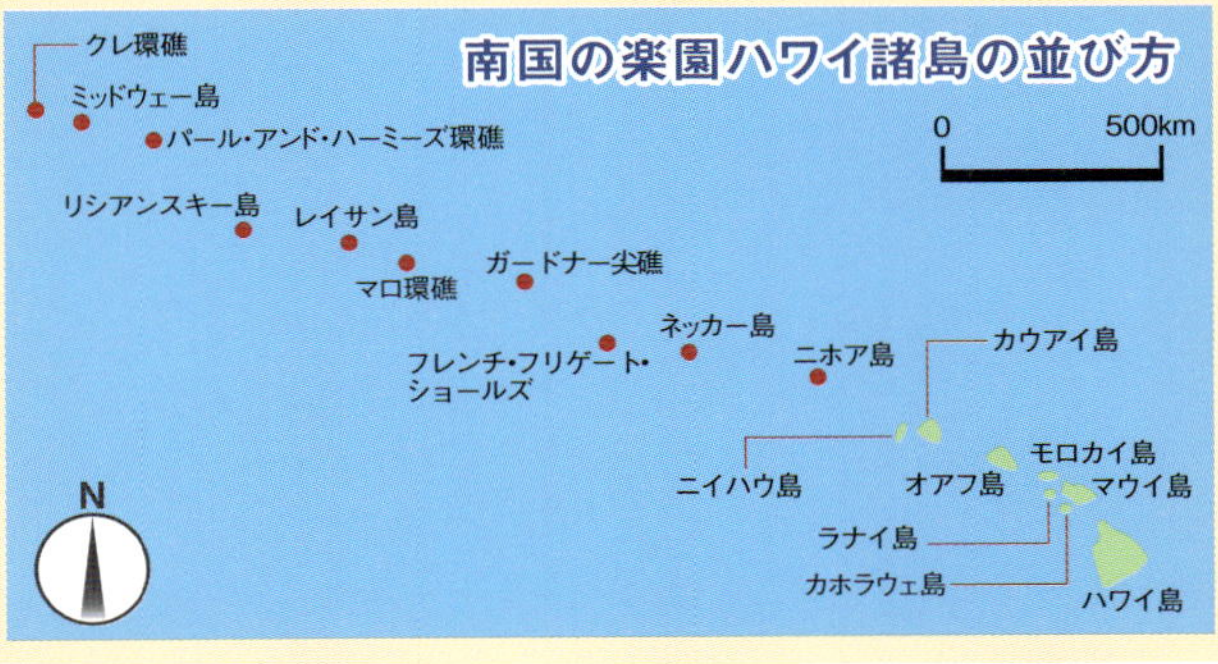

※キラウエア火山／溶岩で荒涼とした山腹には、オヒアレフアなど火山性植物が植生しており、そのほとんどが固有種となっている

111 ヨセミテ国立公園

【遺産名】ヨセミテ国立公園
●登録年…1984年 ●分類…自然遺産 ●登録基準…7、8

4000m の山々が連なるシエラ・ネバダ山脈の中央部にあり、3082㎢という東京都の1.5倍の広さを誇る国立公園。幻想的な氷河と深い森林地帯により、美しく雄大な景観を見せてくれる。その自然美は西海岸に近いこともあって、年間400万人におよぶ観光客が訪れる。

広大な広さと手つかずの大自然 最も有名な国立公園の一つ

公園の中心となっているのが、ヨセミテ渓谷。数万年の歳月をかけて氷河が削り上げた渓谷は全長約12kmにおよぶ。そこには落差739mのヨセミテ滝や1000mを超える世界最大の花崗岩の一枚岩エル・キャピタン、さらに 渓谷の奥にそびえるハーフドームは、ヨセミテ国立公園（※）を代表する岩山で、壮大な自然美を見ることができる。

▲岩山ハーフドームは美しい渓谷の合間に見える

▲アメリカ第2の国立公園に制定されたヨセミテ

POINT

欧米における自然保護の聖地

博物学者のジョン・ミューアは、ヨセミテ国立公園の豊かな自然に魅了され、ここに住居を構えてしまった。氷河を研究する傍ら、自然保護にも情熱を注ぎ一生を捧げた。彼の尽力よってヨセミテは1890年、イエローストーンに次いでアメリカ合衆国第2の国立公園に制定された。

そうした経緯もあって、ここは欧米の自然保護の聖地にもなっている。アメリカを縦断する長距離自然歩道は彼にちなんで『ジョン・ミューア・トレイル』と命名されている。

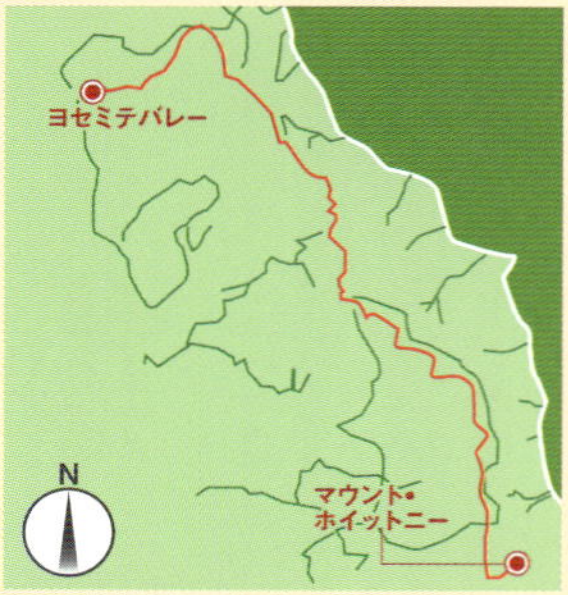

▲自然保護に情熱を注いだジョン・ミューアのトレイルコース

※ヨセミテ国立公園／公園内には100種以上のほ乳類、200種以上の鳥類が生息しているほか、樹齢2000年以上という巨大セコイアを含む160種以上の植物が群生しており、貴重な動植物が観察できる

テワカン＝クイカトラン渓谷：メソアメリカの起源となる環境

【遺産名】テワカン＝クイカトラン渓谷：メソアメリカの起源となる環境
●登録年…2018年 ●分類…複合遺産 ●登録基準…4（文化）、8（自然）

世界的な生物多様性ホットスポットとして知られるテワカン＝クイカトラン渓谷。特にサボテン科の多様性が顕著だ。サボテンの森、リュウゼツラン、イトラン、オークに覆われたこの地域は、生物多様性に加え、考古学的遺跡もあり、初期の作物栽培の痕跡も残している。

古代からの生態系が残るメキシコ的風景のエリア

2018年にメキシコにとって35件目の世界遺産に登録された「テワカン＝クイカトラン渓谷：メソアメリカの起源となる環境」。プエブラ州とオアハカ州にまたがるこのエリアでは、古代からの生態系が現存し、紀元前1200年頃の住戸跡が出土されている。テワカンの遺跡は、トウモロコシ栽培に従事しながら定住していたことを物語っている。この渓谷には先住民による井戸、ダム、水道橋、運河などの古い水管理のシステムが見られ、メソアメリカ文化の中でも最も歴史の古いエリアであると考えられている。また古代は海だったことが貝類の化石の多さからも想像でき、周囲には恐竜の足跡が見られる場所もある。

▲テワカンにあるビオスフェラ貯水池

▲サボテン科の多様性が見られるエリア観

CHECK!

テワカン＝クイカトラン生物圏保護区

テワカン＝クイカトラン渓谷の生態学的特徴の一つが円柱サボテンの森だ。メキシコに存在する約70種のサボテンのうち45種程度はここで見ることができる。なかにもこの生物保護区では18種の魚、27種の両生類、85種の爬虫類、338種の鳥類が見られ、固有種、絶滅危惧種も多く見られる。

▲生物圏保護区の景観

【一口メモ】さまざまな種類がある柱サボテン。大きく高く成長する柱サボテンの中には高さが10～20mくらいのものも見られるという

113

パレンケの古代都市と国立公園

【遺産名】古代都市パレンケと国立公園
●登録年…1987年 ●分類…文化遺産 ●登録基準…1、2、3、4

18世紀半ば、熱帯雨林の中に埋もれていた古代都市をスペイン人が発見し、1948年から本格的な発掘を開始。1952年、碑文の神殿といわれる建築物の地下に墓室を発見、パカル王の遺体が見つかった。これにより、「マヤのピラミッドはエジプトのような墓を持たない」というそれまでの**考古学上の定説を覆した。**

宮殿やパカル王の墓所が発掘されたマヤ文明都市

古代都市パレンケは4世紀に建設され、7世紀のパカル王の統治下に最盛期を迎えた。古代都市では「**碑文の神殿**」（※）のほかに「**十字の神殿**」「**太陽の神殿**」と呼ばれる**神殿群もある。**ピラミッドから発見されたパカル王の墓に続き、近年隣の建物から、**女王の墓も見つかった。**

500以上の建造物が確認されている遺跡だが、発掘されているのはわずかにすぎない。現在発掘中の神殿からも数々の発見が相次いでおり、パレンケはマヤ文明の歴史を紐解く貴重な遺跡として注目されている。

▲古代都市の中心部にある宮殿。塔の高さは15m

▲マヤ文字が刻まれている碑文の神殿

マヤ文字の表記例

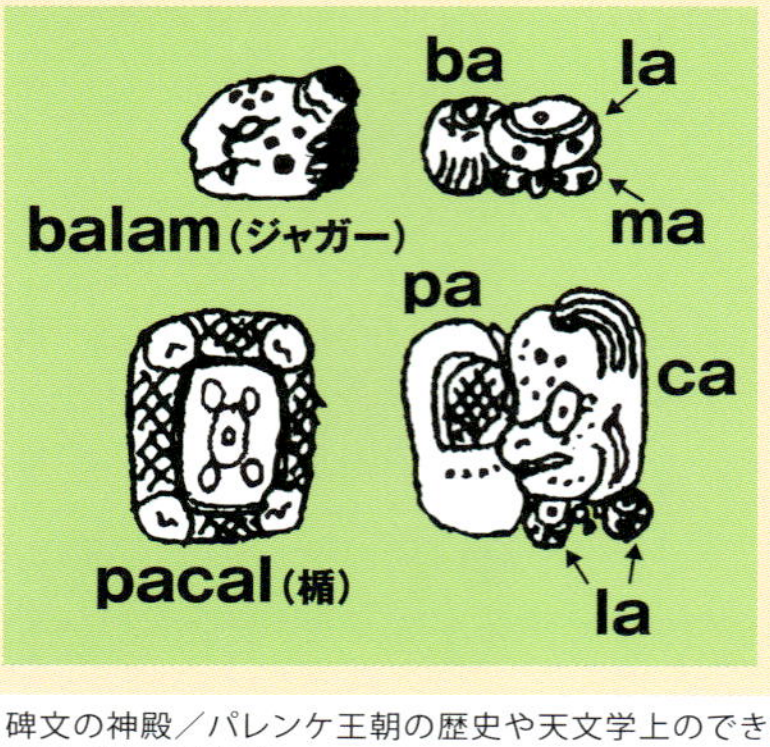

POINT

興味深いマヤ文字とは、コレだ！

ピラミッド状の神殿からはマヤ文字の碑文も発見されている。マヤ文字の表記例は図を参照。さらに1952年、この神殿の地下から墓室が発見され、翡翠の仮面に覆われたパカル王の遺体が多数の副葬品とともに安置されていた。

※碑文の神殿／パレンケ王朝の歴史や天文学上のできごと、さらに4772年までの未来予想が刻まれた大理石のパネルがある

テオティワカンの古代都市

【遺産名】古代都市テオティワカン
●登録年…1987年　●分類…文化遺産　●登録基準…1、2、3、4、6

アステカ文明以前に築かれた大都市遺跡。メキシコ・シティの北東に位置し、総面積は20㎢におよぶ。紀元前2世紀から6世紀まで存在した**巨大な宗教都市**で、当時の南北アメリカ大陸では最大規模を誇る文明だったと考えられている。なお、太陽のピラミッドはエジプトのクフ王のものより体積が大きい。

大いなる謎を秘めた遺跡 静かに佇む高度文明の都市

テオティワカン人の宇宙観や宗教観を表すため、計画的に設計された都市(※)からは、数学や天文学の高度な知識や建築技術を有していたことが読み取れる。

さらに南北に向かって延びる「死者の道」を基点として**太陽のピラミッド、月のピラミッドなど、各建造物が整然と配置されている。**通りを進むと「ケツァルコアトル神殿」に行き着く。神々が祀られ、城壁が存在しないことから戦争や圧政のない平和な都市と考えられていたが、後の調査で戦死の壁画や多数の殉教者、生け贄を捧げる風習が発見されている。都市には下水網が完備されていたが、人口の集中で下水の処理能力が低下、自然災害などによる治安の悪化が原因で人々が去り、滅びた。

▲月のピラミッドから見た太陽のピラミッド

▲太陽のピラミッドはテオティワカンを代表する建築物

CHECK! 建造物の内部にも新たな遺跡が隠されている

ケツァルコアトル神殿は200年頃に完成したが、300年頃にピラミッドで覆い隠された。現在はシウダデーラ側だけ神々の像が残されている。古い神殿は新しい神殿やピラミッドで覆われ、増築されたため、多くの建造物の内部には新たな遺跡が隠されている可能性が大きい。

▲左がシウダデーラで、右がケツァルコアトル神殿

※テオティワカンの都市／紀元前2世紀中頃を起源とし、紀元4〜7世紀頃に周辺で産出された黒曜石の交易で繁栄を築き、最盛期の人口は10万人を超えていたと想像される

115 アンティグア海軍造船所と関連考古遺跡群

【遺産名】アンティグア海軍造船所と関連考古遺跡群
●登録年…2016年 ●分類…文化遺産 ●登録基準…2、4

イギリスのエリザベス2世女王を元首とするイギリス連邦王国の一つで、カリブ海東部にあるアンティグア・バーブーダ。そのアンティグア島でイギリス海軍の拠点となった造船所跡が世界遺産に登録された。城壁で囲まれたジョージアン様式の海軍関連建造物群だ。

現存する最古の造船所に商店やオフィスが今も稼働中

「アンティグア海軍造船所と関連考古遺跡群」はアンティグア島の入り江に築かれたイギリスの城壁などの施設群だ。高い山地に囲まれ聖狭く水深が深い湾はカリブ海全域の植民地化を推進していくには好都合だったようだ。周囲の山地はハリケーンから造船所を守るのに適しており、島の位置もカリブ海全域を監視していくのに絶好の場所と考えられた。

18世紀の完成当時の姿を現在も残しながら、その当時から営業を続けている商店もあり、アンティグア・バーブーダ初の世界遺産として登録されている。公用語は英語で観光客も多い。

▲周辺を高い山に囲まれたイギリスの海軍建造物群

▲アンティグア島の入り江に築かれたイギリスの城壁など

CHECK! ネルソンドックヤード

アンティグア・バーブーダのアンティグア島南岸の深い入り江、イングリッシュハーバーに位置した造船所跡。ドックヤード敷地内には18世紀後半に建築された建物が多く、レストラン、博物館、土産品店などが営業。観光客も多い。

▲観光施設として入場は有料だが、訪れる人が多いネルソンドックヤード

【一口メモ】イギリス連邦王国であるアンティグア・バーブーダは1981年に英国より独立。他の連邦国同様エリザベス2世が君主だが君臨はせず、各王位が独立している

116

ベリーズ珊瑚礁保護区

【遺産名】ベリーズのバリア・リーフ保護区
●登録年…1996年 ●分類…自然遺産 ●登録基準…7、9、10

ベリーズ珊瑚礁保護区はユカタン半島南部にあるベリーズの海岸から沖合20kmに広がる。オーストラリアのグレート・バリアリーフに次ぎ世界第2位の広さの珊瑚礁。ここには珊瑚礁でできた小島が150以上あり、ターコイズ・ブルーに輝く海域は**太陽光が水深50mまで届くくらいに透明度が高い**。

▲美しい海と珊瑚礁に恵まれた島々

カリブ海の宝石と讃えられる世界7大水中景観の一つ

マングローブ林、砂浜、ラグーンなどから構成される、世界では第2位、北半球最大規模の環礁地帯。非常に透明度が高く、海水温度は平均20度以上。サンゴのための栄養と酸素が十分に供給されていて、珊瑚の種類は60種以上、生息魚類は500種以上が確認されている。中でも**有名なのがライトハウス・リーフと呼ばれるサンゴ礁にある、直径313mの巨大なブルーホール「グレート・ブルーホール（※）」**で、ダイビングに人気。ライトハウス・リーフはウミガメが産卵しにやってくることでも知られている。過度の観光開発による周辺のマングローブ林の伐採などで、2009年に危機遺産に登録されたが2018年に除外された。

▲世界でも指折りのダイビング・ポイントが目白押し

POINT

ブルーホールはなぜこの部分だけ青い？

上空からだとなぜこの部分だけやけに青く見えるのか。元々は洞窟や鍾乳洞といった地形だった場所が、何らかの理由により海中へ水没し、そこだけが深さ100m以上に落ち込んでいて浅瀬に穴が空いたように形成された地形の事を指す。このような事から周りと色が違うのだ。

▲グレート・ブルーホールのサンゴ　photo by jayhem

※ブルーホールの鍾乳洞／その穴の側面は長い年月を経て出来た鍾乳洞になっており、ぽっかりと空いた穴の中の地形はダイナミックで神秘的になっている

［南北アメリカ／グアテマラ］

ティカル国立公園

【遺産名】ティカル国立公園　●登録年…1979年
●分類…複合遺産　●登録基準…1、3、4（文化）、9、10（自然）

密林の中に残るマヤ文明最大最古の都市遺跡。テオティワカン文化の影響を受けたティカルには、3000もの建築物があり、中央広場を中心に「大ジャガーの神殿」「仮面の神殿」「双頭の蛇の神殿」と名づけられた階段状ピラミッド神殿がそびえ立つ。

密林の中で突如姿を現すマヤのピラミッド群

ティカル遺跡は、グアテマラ北部のペテン低地に5つの巨大なピラミッドを持つ古典期マヤの最大で最古の大都市で、17世紀末、道に迷ったスペイン人神父によって発見された。マヤ文明の政治、経済の中心都市として2500年前に繁栄を極め、周囲には約6万人もの人々が暮らしていた。大きな川のないティカル周辺では、水を確保するため街全体を漆喰で塗り固め、水を貯水していた。しかし、漆喰を確保するため周辺の森を破壊したことにより、10世紀はじめに起こった干ばつを増大させたことが原因で飢餓が発生し、都市機能を維持することができなくなり、巨大都市ティカルは徐々に衰退していった。

▲最上部にジャガーの彫刻がある、高さ51m「大ジャガーの神殿（1号神殿）」 photo by MikeMurga

▲「仮面の神殿」と呼ばれる2号神殿 photo by Don Sampson

CHECK!

樹海に浮かぶピラミッド群は壮観

ほかのマヤ地域に比べてかなり傾斜が急な神殿の形である。特にティカルで最大の4号神殿は64.6mもあり、2番目の高さの5号神殿でも57mある。どちらもピラミッドの横につくられた急な階段で登ることができ、そこからの展望が素晴らしいことから人気のスポット。

▲5号神殿からの景色 photo by DavidDennisPhotos.com

【一口メモ】複合遺産の第1号／ティカルは遺跡のほかに、周囲の広大な熱帯雨林も併せて世界遺産に登録されている。文化と自然の両方を指定された複合遺産の第一号が、ティカル遺跡である

ハバナ旧市街と要塞群

【遺産名】ハバナ旧市街とその要塞群
●登録年…1982年 ●分類…文化遺産 ●登録基準…4、5

かつてヨーロッパと中南米の貿易中継地点として繁栄を極めていたキューバの首都ハバナ。そのハバナから金銀財宝を奪おうとする**海賊（カリブの海賊）から自国を守るために強靭な要塞をいくつも築き上げた**。4つの要塞はフエルサ要塞、モロ要塞、プンタ要塞、カバーニャ要塞と呼ぶ。

▲ハバナ大聖堂は旧市街の中心的存在
photo by Don Sampson

16世紀後半に要塞化された優雅なバロック建築の街並み

砂糖とタバコの生産で栄えたハバナは、1519年にスペイン人によって建設された。ハバナ湾の入江には、海賊や諸外国など外部からの攻撃に備え、**16世紀から18世紀にかけて、堅固な要塞が築かれ街全体が要塞化都市として機能**した。中でもモロ要塞は高さが約40m、厚さ約6mあり、カリブ海最強の要塞とも言われた。街並みは、壮麗な聖堂や官舎、富裕商人の家が立ち並び、その多くはバロック様式。国立オペラ団や国立バレエ団の公演が行われるガルシア・ロルカ劇場、アメリカの連邦議会議事堂を模した旧国会議事堂などの堂々たる建物が点在。特に旧軍管区司令官の邸宅は、バロック建築の至宝といわれ、今も当時のまま残されている。

▲バロック建築が囲む優美な景観ビエハ広場
photo by Dani Figueiredo

POINT
海岸線に築かれた4つの要塞と砦

フランスの海賊であるジャック・ドソーレスに一度街が焼き討ちされた。この経験から、ハバナの街は要塞化に着手する。まず1558年に第一の要塞「フエルサ要塞」が造られた。その後、ハバナ湾入り口を防衛するために「モロ要塞」を建造。1590年にはモロ要塞の対岸に「プンタ要塞」が造られ、1763年には「カバーニャ要塞」が造られた。

▲現在は灯台の役目を果たすモロ要塞

【一口メモ】アーネスト・ヘミングウェイの執筆舞台に。スペイン内戦に関わり「誰がために鐘は鳴る」を執筆し、その印税で郊外に家を購入して「老人と海」を書いた。

119

リオ・プラタノ生物圏保護区

【遺産名】 リオ・プラタノ生物圏保存地域
●登録年…1982年 **●分類**…自然遺産 **●登録基準**…7、8、9、10

中南米の小アマゾンと呼ばれる、リオ・プラタノ生物圏保護区は、ホンジュラスのカリブ海に面した生物圏保護区である。**プラタノ川（※）流域を対象とした保護区**で、グラシアス・ア・ディオス県、コロン県、オランチョ県にまたがっており、この国最大の熱帯雨林地域を含んでいる。

▲プラタノ川　photo by SieBot

開拓されずに残った ホンジュラス最大の熱帯雨林

ユカタン半島東部のプラタノ川流域の密林地帯。熱心に開拓されることはなく、**先住民族のミスキート人らが細々と暮らすあまり人の分け入らない地**として、その環境が守られてきた。標高1000m級の山々が連なり、河口付近のマングローブ湿地帯や熱帯・亜熱帯雨林、湖やサバンナなどには、アメリカマナティーやジャガー、アメリカワニ、オオアリクイ、コンゴウインコなどの動物や植物が見られる。多彩な植生になっているが、**平地は少なく登録地域の90%が山地となっている。**近年、密猟や森林の違法伐採により、1996年には危機遺産リストに登録された。一時改善され削除されたが、2011年、再度危機遺産に登録されている。

▲プラタノ川と、その流域の密林地帯

POINT

危機にさらされた貴重な動物

内陸地帯には377種に及ぶ鳥類が生息する。沿岸にはマングローブの森が広がり、絶滅が危惧されるアメリカマナティー（ジュゴン目のマナティー科に属する大型海棲哺乳動物）などが見られる。コンゴウインコの密猟が続くなど自然破壊が進み、危険にさらされている。

▲アメリカマナティー
photo by U.S. Fish and Wildlife Service Headq

▲コンゴウインコ
photo by Dennis Jarvis

※プラタノ川／岩山や滝がある上流の山岳地帯と全長約100kmにわたる川が、熱帯雨林の中をS字に曲がりながら流れる。平均気温が26℃、年間に2,000〜2,500mmの雨が降る

120

カナイマ国立公園

【遺産名】 カナイマ国立公園
●登録年…1994年 ●分類…自然遺産 ●登録基準…7、8、9、10

南米6カ国をまたぐ、広大なギアナ高地。**公園の65%を占めるテーブルマウンテンという山々が、大小100以上も並ぶ。**その中心に位置するのが、カナイマ国立公園。面積は30000㎢以上であり、四国の約1.6倍である。ギアナ高地最高峰といわれるロライマ山は標高2810m。先住民の言葉で「偉大」を意味する。

長い時間人の侵入を拒んだ最後の秘境「ギアナ高地」

ベネズエラ、ブラジルにまたがる広大なギアナ高地の一角に広がるカナイマ国立公園。風雨によって削られた約20億年前の地層が、大小100以上のテーブルマウンテンとなって屹立。**標高約2560mのアウヤン・テプイの頂上から流れ落ちるアンヘルの滝（エンジェル・フォール）は落差979mで世界一。**隔絶された森や、ほとんど垂直の絶壁のテーブルマウンテン山頂では、固有の生態系を形成。原始的なカエルや食虫植物など、珍しい動植物が今も生き続けている。有名なイギリスの作家コナン・ドイルは、この地にインスピレーションを得て、小説「ロスト・ワールド（※）」を描き上げたことでも知られている。

▲エンジェル・フォールから流れ落ちる水は、地上に着く前に霧となるため滝つぼがなく、山裾に広がる熱帯の森を潤している photo by davidkjelkerud

▲テーブルマウンテン

POINT

なぜ秘境と呼ばれるか？

テーブルマウンテンは四方が垂直の断崖絶壁で、人や動物が近づくのを拒絶しており、まさに最後の秘境と言われる。地球の長い歴史の中のプレート変動の際、変動軸上に位置していたためにほとんど影響を受けなかったと考えられる。この一帯では18億年前の地層を見ることができる。

▲ロライマ山からの眺望 photo by aulo Fassina

※ロスト・ワールド／コナン・ドイルのSF冒険小説で1912年に発表。古生物学者達がこの台地に恐竜をはじめとする古生物の生き残りを探しに行くというストーリー。

121 ロス・カティオス国立公園

【遺産名】ロス・カティオス国立公園
●登録年…1994年 ●分類…自然遺産 ●登録基準…9、10

コロンビア北西部チョコ県、パナマとの国境地帯にある国立公園。パナマ側にも世界遺産ダリエン国立公園があり、両国合わせて広大な自然保護区を形成している。面積720㎢のこの公園は中央アメリカと南アメリカ大陸の接点にあたるこの地域に独特な動物相を守る上で重要な役割を果たしている。

▲世界最大の齧歯目「カピバラ」も生息

氷河期にも絶滅しなかった古代種が残るジャングル

アトラト川流域の熱帯雨林、湿原、丘陵などから成り、カピバラのほか、幻のヤマネコと呼ばれるオセロットやアルマジロ、マントホエザルなどのほ乳類をはじめ、コロンビア国内で確認されている約4分の1に該当する400種以上の鳥類が一帯に生息している。

▲100万年以上前から存在している唯一のジャングル

この一帯は100万年前の間氷期にも熱帯雨林が生き残った唯一の地域であり、太古の種が死滅せずに存続してきた。このため、園内の植物のほぼ25%は、固有種が占めている。違法な伐採による森林破壊などから、2009年、危機遺産に登録されたが、2015年に危機遺産（※）リストからは除外された。

CHECK! 地上の楽園のような場所

チョコ県の国境付近に広がる国立公園は多様な生態系が展開されている。400種類以上の鳥類をはじめ、さまざまな動物が生息しており、保護観察に訪れる人々の姿も多く見られる。

▲オオハシ photo by Sheila Sund

▲マントホエザル photo by Brian Gratwicke

▲オセロット photo by Tambako The Jaguar

※危機遺産から脱出／コロンビアは、隣国のパナマと協力し、違法伐採を取り締まることに成功し、リストから外れることになった。コロンビアに拍手！

イグアス国立公園

【遺産名】イグアス国立公園 ●登録年…1984年（アルゼンチン）、1986年（ブラジル） ●分類…自然遺産 ●登録基準…7、10

アフリカの「ヴィクトリアの滝」、北米の「ナイアガラの滝」とともに、世界を代表する滝の一つが「イグアスの滝」だ。ブラジルとアルゼンチンの2つの国の間にあるイグアス国立公園内にあり、轟音を響かせ大量の水が流れ落ちる景観は、見る者を圧倒する。

［南北アメリカ／アルゼンチン、ブラジル］

美しく壮大な世界最大級の滝 2つの国にまたがる森林保護区

多種多様な動植物が生息しているイグアス国立公園。アルゼンチンとブラジルの2カ国にまたがり、総面積は49万2000㎢。イグアスとは、先住民族のグアラニー族の言葉で「大いなる水」を意味し、「イグアスの滝」は大小270以上の滝の総称となる。雨期には毎秒6万tの世界最大の水量が流れ落ちる。

1541年（または42年）、スペイン人の探検家アルバル・ヌニェス・カベザ・デ・バカが西洋人として初めてこの滝を目にした。

現在では滝壷周辺に遊歩道、また滝の上には展望橋も設けられており、観光用の施設・設備が充実している。大量の水が落下する迫力の景色を間近に見ることができる。

▲セラマドル山脈から流れるイグアス川はパラナ川と合流　photo by Don Sampson

▲上空から見ると馬蹄形になっている　photo by putneymark

POINT
大地を揺るがす滝と緑の熱帯林

最大落差は80m以上で、最大瀑布は「悪魔の喉笛」と呼ばれている。滝の上流の川幅は約1200m、下流側は約80mになっている。

▲「悪魔の喉笛」と呼ばれる景色　photo by Matito

【一口メモ】自然の宝庫／湿潤な亜熱帯気候に恵まれた公園絶滅危惧種の植物を含め、2000種以上の植物が繁茂し、多くの動物にすみかを提供している。また500種以上の蝶類も見られる

123

ロス・アレルセス国立公園

【遺産名】ロス・アレルセス国立公園
●登録年…2017年 ●分類…自然遺産 ●登録基準…7、10

アルゼンチン、パタゴニア地方・チュブ州のアンデス山脈内に位置するロス・アレルセス国立公園。**パタゴニアヒバの森林とパタゴニアアンデスの植物相を保護**することを目的に1937年に設立された国立公園だ。2017年には世界遺産に登録されている。

ボートで訪れることが可能なパタゴニアヒバの森林

ロス・アレルセス国立公園はチリとの国境に沿って南北に約65km、東西に約45kmの長方形のような形をしている。公園は全てフタレウフ川の流域にあり、流域は場所により名称が異なっている。公園内にはアルゼンチン最大のパタゴニアヒバの森林があり、公園内で最も知られているのはボートで訪れることが可能な多くの観光客が見られる**メネンデス湖北端にある最大のパタゴニアヒバの木だ。木の高さは57m、直径は2.2mに達し、樹齢は2600年に及ぶ**と考えられている。メネンデス湖の南東部には、それ以上に高く大きなパタゴニアの木が存在すると考えられているが、立ち入りが制限されており見ることはできない。

▲メネンデス湖とトレシラス氷河

▲パタゴニア北部の変化に富んだ景観
photo by Gustavo Perretto

CHECK!
パタゴニアヒバ

ロス・アレルセス国立公園の象徴的存在でもあるパタゴニアヒバの森林。この公園内の森林は保存状態も良く、自然な状態で残る最後の地域の一つになっている。パタゴニアヒバは世界で2番目に長い寿命（約3600年以上）を持つ樹種といわれている。

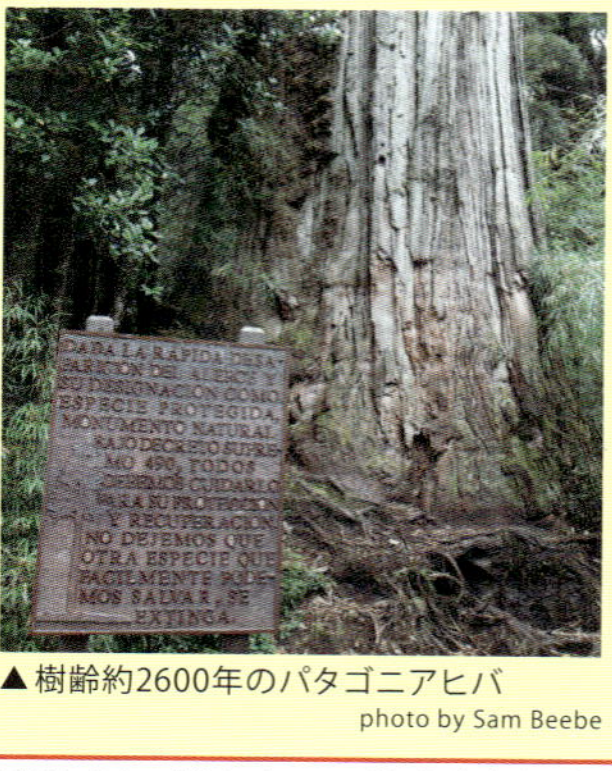

▲樹齢約2600年のパタゴニアヒバ
photo by Sam Beebe

【一口メモ】ロス・アレルセス国立公園内にはキャンプ場が複数あり、シンプルなキャンプから食事などがついたフルサービスのキャンプも楽しめる

124

クスコの歴史地区

【遺産名】クスコ市街
●登録年…1983年 ●分類…文化遺産 ●登録基準…3、4

リマの南東約570km、アンデス山脈中の標高3400mの高地に位置する。ここクスコは15～16世紀に栄えたインカ帝国の首都だった。インカとはケチャ語で「へそ」を意味しており、彼らはクスコこそが世界の中心だと考えていた。現在の人口は約30万人となっている。

インカの遺跡と植民地時代の面影を残す市街

太陽を崇拝したインカ人はクスコの神殿や宮殿を太陽の象徴となる黄金で彩った。しかし、1553年フランシスコ・ピサロが率いるスペインの軍隊によって征服され、金銀財宝は略奪されてしまい、神殿などの建造物も破壊された。スペイン人は17～18世紀に、インカの神殿や宮殿があった場所に、大聖堂など多くのバロック建築の建造物を築く。インカ時代の土台は生かされ、「カミソリ一枚通さない」とまで言われる強固な石組みの一部は植民地時代も生き残った。クスコの街並み（※）はピューマをかたどったという説もある。鉄道や空路も確保され発展しており、世界各国と姉妹都市を結ぶまでになっている。

▲壮麗な建築物として知られるカテドラルはアルマス広場にある
photo by Martin St-Amant

▲クスコは標高3400mの高地にある

CHECK!

驚異的な石工技術 インカの石組み

街中に点在するインカ時代の建物の土台を利用したスペイン風の建物。地震の多いこの地でもインカの壁はほとんど崩れることがなく、現在もこうした石壁にインカの精巧な技術が見受けられる。

▲宗教美術博物館の外壁にある有名な「12角の石」

※クスコの街並み／インカ時代はチンチャイスース（北西）、コリャスーユ（南）、アンティスーユ（東）、クンティスーユ（西）に分かれていた

125

イースター島

南米チリの沖から太平洋を西へ3700km。三角形の小さな島がイースター島だ。先住民族の言葉でラパ・ヌイと呼ばれており、その意味は「大きな島」となっている。どのようにつくり、どのように運ばれたのか、多くの謎が残る巨大な石像モアイはあまりにも有名だ。

【遺産名】ラパ・ヌイ国立公園
●登録年／1995年 ●分類／文化遺産 ●登録基準／1、3、5

神秘と謎に満ちた絶海の孤島 巨石像モアイが立ち並ぶ

1772年にオランダ人によって発見された。その日がちょうどイースター（復活祭）であったことから、「イースター島」と命名された。島の先住民は4～5世紀にポリネシアから渡来したと推定され、モアイ像（※）は10～16世紀に制作されたと考えられている。その数は900体～1000体ほどであり、目的は先祖の霊を祀るためだと考えられている。また、部族の力を示す象徴ともなっている。16世紀には急激な人口増加で2万人近い人口となり、森林破壊と部族抗争が起き、部族のシンボルであるモアイ像の破壊や文化の崩壊を招いてしまう。18世紀には住民が奴隷として連れ出され、文化が途絶えた。倒された像の一部は復元されている。

▲アフ・アキビの7人のモアイ。これは海の方を向いている

▲モアイ像の多くは海を背に、島の集落に向かって立つ　Photo by Arian Zwegers

POINT

どうやって運び立てたのか

モアイ像の制作現場は島の東側ラノ・ララク山。ここで岩肌からモアイの形に掘り出され完成するとアフと呼ばれる祭壇まで運ばれた。

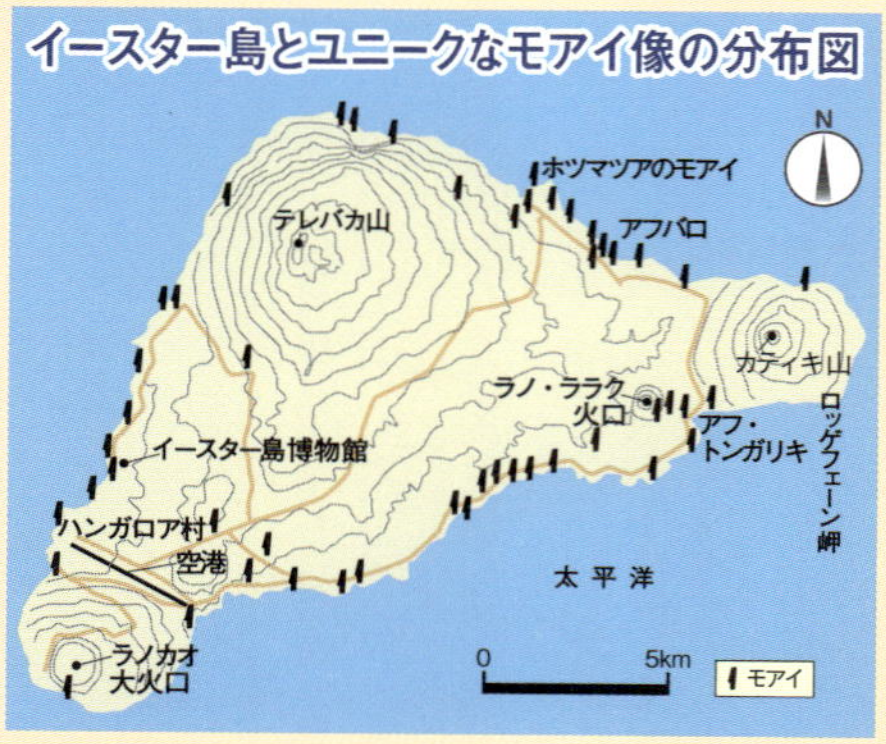

※モアイ像／石像には黒曜石や安山岩でできた眼球があったが現在は外されている

世界遺産

WORLD HERITAGE AFRICA

アフリカ

126

メンフィスのピラミッド地帯

【遺産名】メンフィスとその墓地遺跡-ギーザからダハシュールまでのピラミッド地帯
●登録年…1979年 ●分類…文化遺産 ●登録基準…1、3、6

ギリシアの歴史家ロドトスは「エジプトはナイルの賜物」と言った。その通り、ヴィクトリア湖を源とするナイル川流域は太古から人間の文明が開かれたところ。**人間の文明は大きな川の流域に誕生**しており、現在も世界中から考古学的な注目を集めている。

神秘と謎に包まれたピラミッド　4500年のミステリーに浸かる

エジプトのシンボルとなっているピラミッド。最も有名なのはカイロの西13kmはなれたところのギザの三大ピラミッドである。エジプト古王国時代、紀元前2500年頃、人力だけで建造された。そこで湧いてくる疑問が、ピラミッドは何のために造られたのかということ。ピラミッドは古代エジプト文明の歴代ファラオの墓であり、奴隷たちを強制労働させることによって造られた、というのがこれまでの説。

しかし近年は、ピラミッドの建築は**農閑期に行われた公共事業**だったのではないかと推測されている。

ピラミッドを守るようにひれ伏すスフィンクスは、エジプト最古の巨像。建造目的さえ判明していない神秘的な存在である。

▲スフィンクスはライオンの体、人間の女性の顔、鷲の翼を持つ

▲ギザの大スフィンクス
photo by Berthold Werner

▲クフ王のピラミッドの高さは137m。各面は正確に東西南北を指している

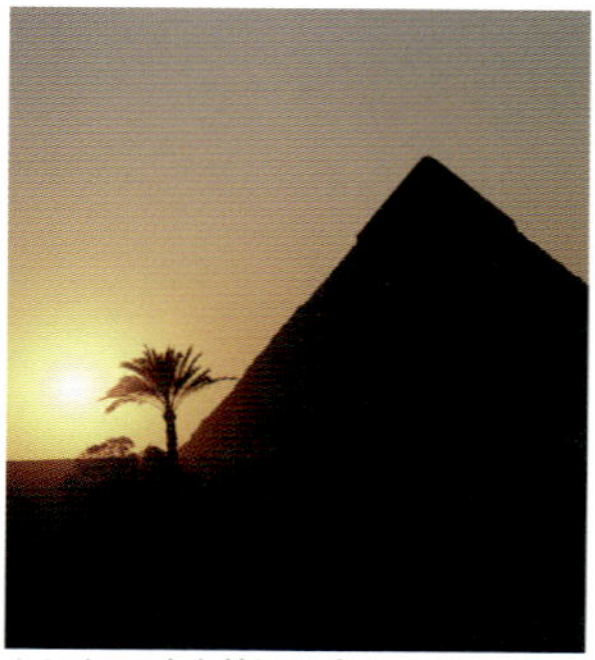
▲シルエットも美しいピラミッド

POINT

ナイル川沿いに発展した古代エジプト遺跡群

かつてナイル川の増水によって恵みを受けた豊穣の大地は、強大な力を誇るファラオ（王）を生み、約3000年にわたる古代エジプト（※）の繁栄を支えた。エジプト古王国の首都メンフィスに、ファラオの命によって最古のピラミッドが造られた。その後、第3王朝のジェセル王はマスタバという直方体の台を6段に積み重ね、高さ60mのピラミッドを建造。やがて四角錐のピラミッドが定着し、代を重ねるごとに巨大化していった。第4王朝のクフ王時代には、高さ146m、底の一辺の長さは230mの世界最大のピラミッドがギザに建築された。ギザにはクフ王、カフラー王、メンカウラー王の三大ピラミッドが立ち並んでいる。

▲ギザの三大ピラミッド。左からメンカウラー王、カフラー王、クフ王のピラミッド

※古代エジプト／死者が来世で必要な物を一緒に埋葬する習慣があった。身の回りの世話をする召し使いの代わりには、木彫りの人形が用いられた

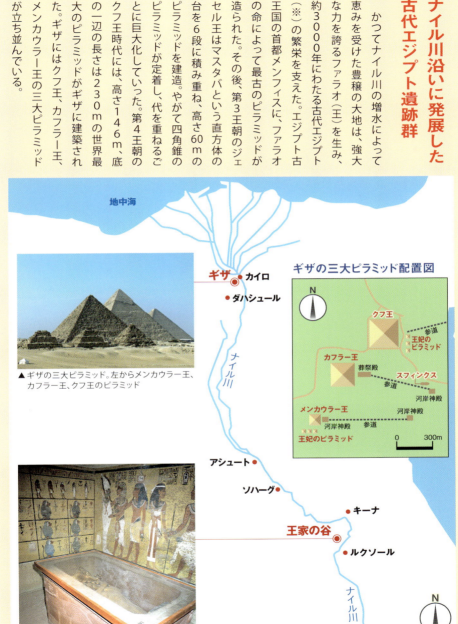

127 アブ・シンベルからフィラエまでのヌビア遺跡群

エジプト最南部、ナイル河畔のヌビア地方にある岩窟のアブ・シンベル神殿と、フィラエ島に移築されたイシス神殿で知られる。神殿は1960年代、アスワン・ハイ・ダム建設のための水没の危機にさらされたが、ユネスコの援助でナイル川河岸の高台に移築保存された。

【遺産名】アブ・シンベルからフィラエまでのヌビア遺跡群
●登録年…1979年 ●分類…文化遺産 ●登録基準…1、3、6

湖のほとりに鎮座するエジプト屈指の美しい遺跡群

第19代王朝ラムセス2世が建立したアブ・シンベル神殿（※）は太陽神殿とも呼ばれ、王が残した最大規模の建造物。神殿の入口にはラムセス2世の巨像が並び、内部には業績を讃えたレリーフなどが彫られている。大神殿は太陽神ラーを、近くの小神殿は最愛の妃ネフェルタリに捧げたもので、ハトホル女神を祭神としている。ラムセス2世の生まれた日と王の即位した日には、日の光が差し込み神殿の奥の像3体を照らし出す。計算し尽くされた建築技術に、ラムセス2世の神殿への強い思いが感じられる。

一方、古代エジプトの女神イシスを祀るイシス神殿（フィラエ神殿）は、紀元前4～3世紀に建てられた。当時エジプトはアレクサンドロス大王の部下プトレマイオス1世が建てた王朝の統治下にあったが、この王朝はエジプト固有の文化を尊重した。

▲高さ20mの像は4体ともラムセス2世を表している

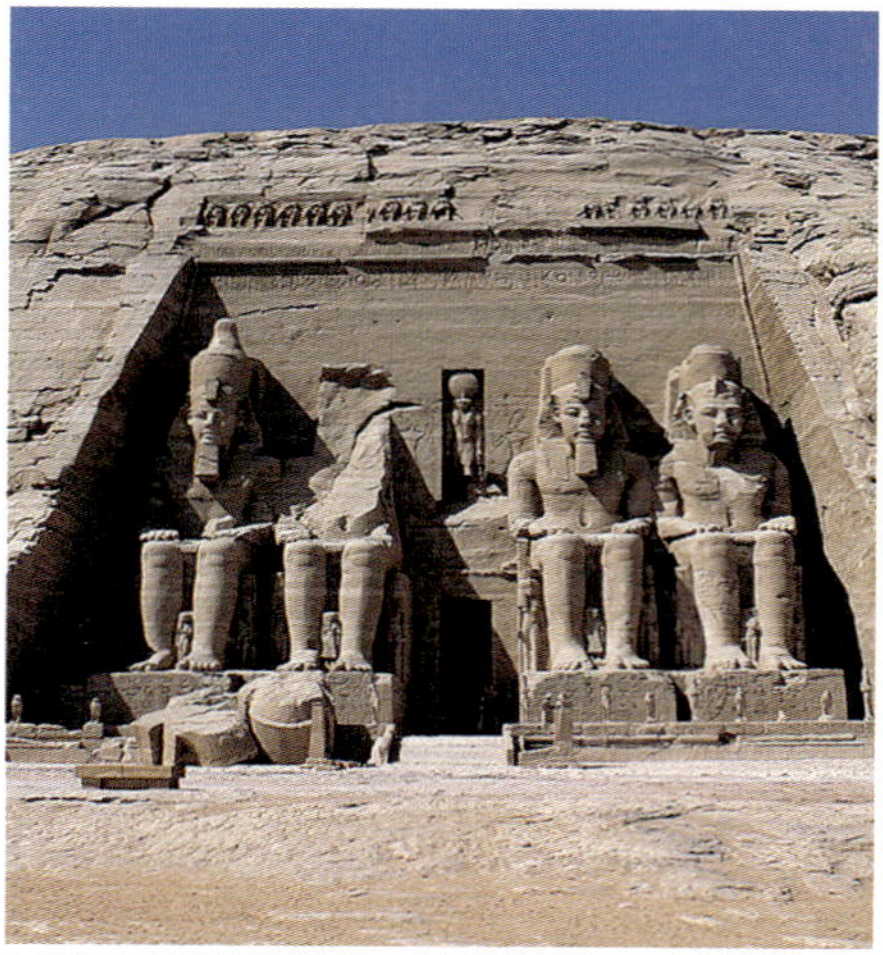
▲左から2番目の像の頭がないのは崩れ落ちたため。足もとにある

▲小神殿には6体の像が並ぶ

POINT

ダム建設で水没の危機から脱出した神殿

アブ・シンベル神殿は1960年代、アスワン・ハイ・ダムの建設により、水没の危機にあった。しかし、ユネスコの援助で分割・解体され、4年間の歳月をかけてナイル川から210m離れた丘へ移築された。現在ではダムの建設によってできた人造湖のナセル湖のほとりに佇んでいる。簡単な配置は図の通りである。

イシス神殿も一部が水中に沈んでいたが、フィラエ島からアギルキア島へ移築され、現在はアギルキア島をフィラエ島と呼ばれている。

▲半分水没していたイシス遺跡　photo by eviljohnius

▲アブ・シンベル大神殿と小神殿の全景　photo by Dennis Jarvis

アブ・シンベル神殿配置図

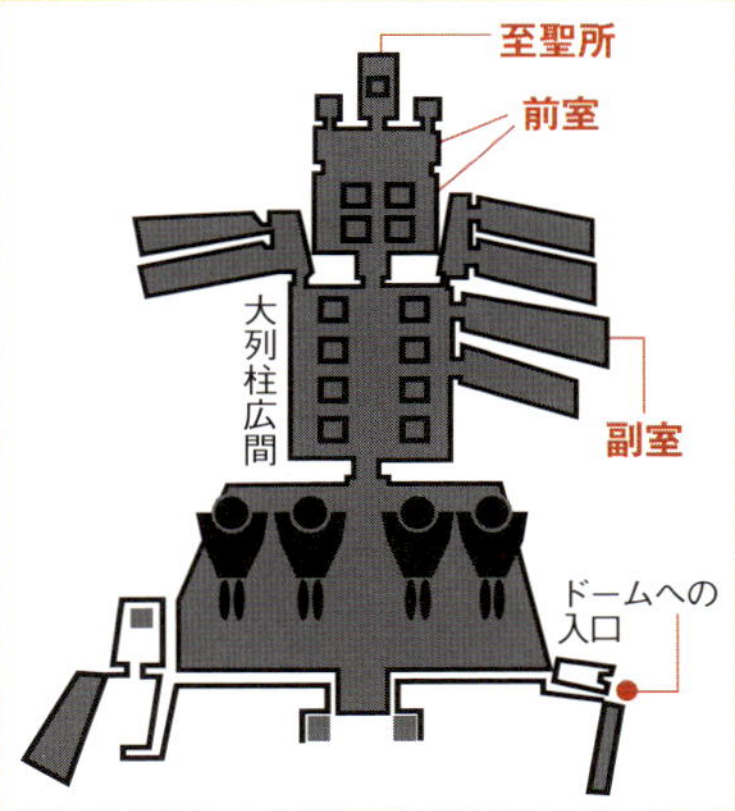

▲アブ・シンベル神殿内部のレリーフ

CHECK!

非常に重要な考古学史跡

イシス神殿（フィラエ神殿）

フィラエ島（アギルキア島）にあるこの遺跡の中心となるのが、エジプト神話の女神イシスを祀るイシス神殿。イシス女神がホルス神を産んだとされるエジプトの聖地であり、神殿は「ナイルの真珠」と呼ばれてきた。

photo by Marc Ryckaert (MJJR)

カラブシャ神殿

アスワンから南50㎞にある古代エジプトのタルミスという町にあったが、1970年代に現在の場所に移された。ヌビアの豊穣の神マンドゥリス（エジプトのホルス神に相当）を祀る。

※アブ・シンベル神殿／ラムセス2世の像がある至聖所は、1年に春分と秋分の日の2日間だけ光が差し込むように造られている

128

［アフリカ／ザンビア、ジンバブエ］

ヴィクトリアの滝

【遺産名】モシ・オ・トゥニャ／ヴィクトリアの滝
●登録年…1989年 ●分類…自然遺産 ●登録基準…7、8

ヴィクトリアの滝はアンゴラ奥地に源を発し、モザンビーク海峡へ注ぐ大河、アフリカ四大河川の一つザンベジ川の中流にある。そこはジンバブエとザンビアの国境にまたがっており、南米のイグアスの滝、北米のナイアガラの滝と並び世界三大瀑布の一つに数えられている。

雷鳴が轟く巨大な水煙 豊かな自然をもたらす大瀑布

イギリス人の探検家（※）が1855年に発見した滝で、ヴィクトリア王朝にちなんで「ヴィクトリアの滝」と名付けられた。しかし現地では、「モシ・オ・トゥニャ（雷鳴の轟く水煙）」と呼ばれているため、世界遺産登録名はこの2つを併記している。滝の幅は最大で1700m、落差は110mから150mに達する。滝の轟音は、周囲20㎞四方にまで響き渡り、2月から5月の増水時には水煙が800mまで立ち昇り、50㎞離れたところからでも見ることができる。

▲ザンベジ川はアフリカ4大河川の一つ、雨期には毎分30万㎥の水が流れる
photo by Chris Parker

▲滝の落下で雨のように降り注ぐ水が森の植物を育てる

▲滝とその源であるザンベジ川周辺に、豊かな森や林が広がり、貴重な動植物を育んでいる

POINT

滝の水煙による湿潤な環境で、多くの動植物が生息

一帯は乾燥したサバンナ気候であるにもかかわらず、滝の周囲だけは常に水煙が雨のように降り注ぎ、湿潤を好む植物が繁茂している。滝の下では40種以上の魚類が確認されているほか、ゾウやカバ、ワニといった動物も多数見ることができ、川の北側は動物保護区に指定されている。

◀ザンベジ川周辺にはカバも生息
photo by Andrew Moore

CHECK!

歩いて国境を渡れるヴィクトリアフォールズ橋

1905年に竣工された国境に架かる鉄道と道路を併用している橋。それぞれ出入国審査場は橋から徒歩10分ほどの場所にある。滝から落ちた水が流れ出すようすを観察でき、料金を払わずに滝を見ることができる数少ない場所の一つ。高さ100m以上のバンジージャンプが有名。

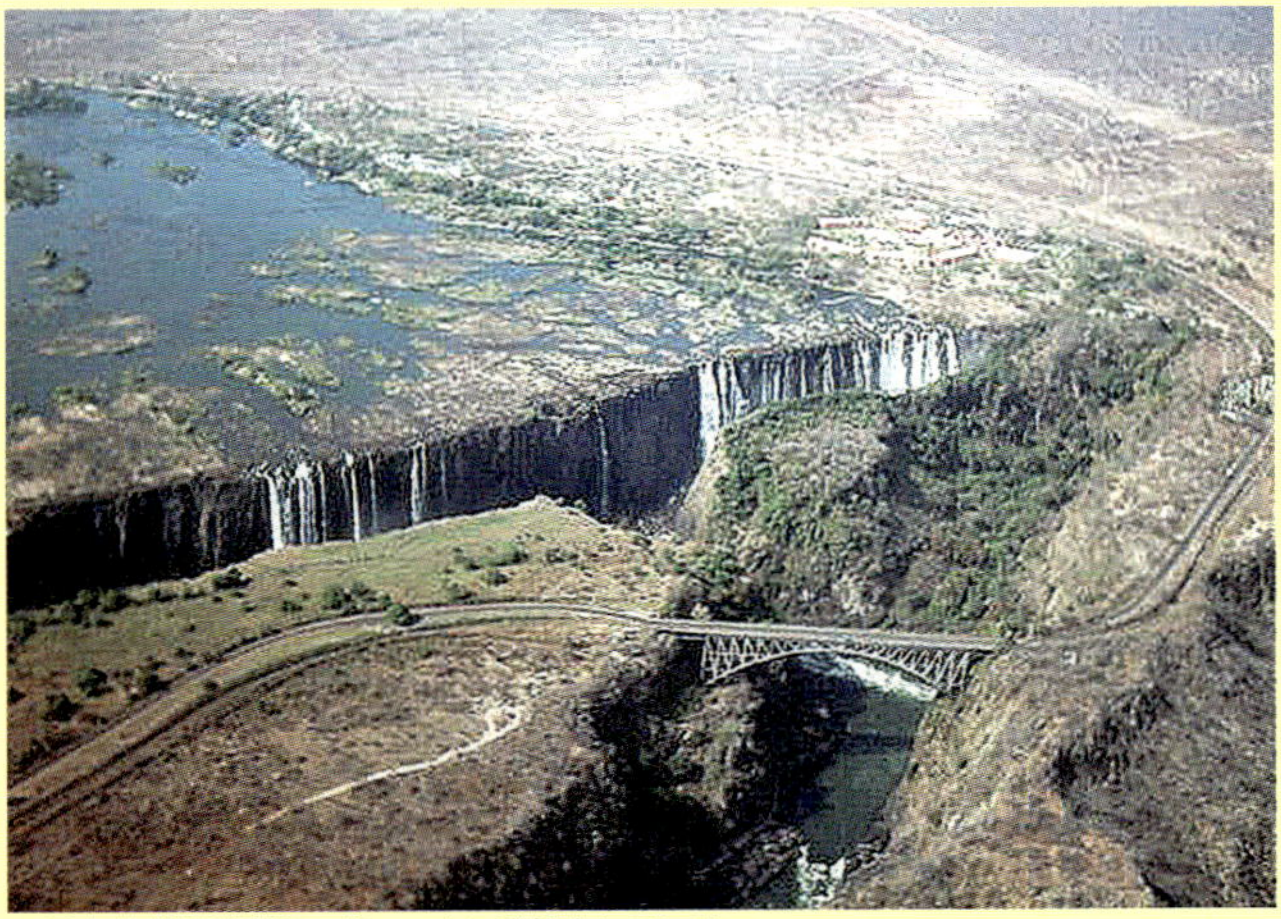
▲歴史的構造技術ランドマークに登録されている

※探検家の名前はリヴィングストン。イギリス人の彼が発見したことから西欧社会に知られるようになった

129 イスラム都市カイロ

【遺産名】カイロ歴史地区
●登録年…1979年 ●分類…文化遺産 ●登録基準…1、5、6

ナイルデルタの付け根に位置するエジプトの首都。アフリカ大陸最大の国際都市で周辺のギザなどを含めると人口は800万人におよぶ。イスラム圏の中心であり、**美しいモスクの尖塔ミナレットが立ち並ぶ街に、コーランが鳴り響いている。**また、新市街にはエジプト考古学博物館がある。

イスラムの文化を伝える勝利者の都市カーヒラ

都市の誕生は7世紀。アラブ人が南部のオールドカイロ地区に軍事基地としてフスタートを築いたところから歴史がスタートしている。その後、ファーティマ朝の第4代カリフ（最高指導者）が、969年にフスタートの北側に新都市を建設し、**「勝利者」を意味する「カーヒラ（カイロは英語名）」と命名した。**イスラム文化を象徴するだけあり、モスクが数多く設置され、1000のミナレットを持つ都としても知られている。

▲19世紀半ば建造のムハンマド・アリ・モスク

▲スルタン・ハサン・モスク、内部には金銀の装飾

POINT 多くのモスクが建ち並ぶカイロ市街散策

イスラム文化を伝えるカイロ（※）の東側には多くのイスラム建築が集中している。一方、南部のオールドカイロにはアフリカ最古のイスラム寺院であるアムル・モスクのほか、聖ジョージ聖堂が見られる。また、ユダヤ教のシナゴーク（集会所）などもあり、イスラム教以外の施設も残っている。

※カイロ／近年、地盤の緩みなどから建物は徐々に崩壊し始めており、早急な対策が求められている

古代都市テーベとその墓地遺跡

【遺産名】古代都市テーベとその墓地遺跡

●登録年…1979年 ●分類…文化遺産 ●登録基準…1、3、6

エジプトのナイル川沿い、ルクソール近郊にあり、地中海からおよそ800km南方に位置する。**カルナック神殿やルクソール神殿の他、ツタンカーメンの墓がある「王家の谷」や数々の葬祭殿が点在**しており、考古学的価値が非常に高い一大遺跡地区。

ツタンカーメンの墓も残る エジプト王朝期全盛の遺跡

テーベとはルクソールの旧称。**紀元前21世紀頃からおよそ1000年にわたってエジプト王国の首都として繁栄を誇った。**「生者の都」と呼ばれるナイル川東岸にはカルナック神殿、ルクソール神殿がある。2つの神殿は、スフィンクスを両側に配した長い参道でつながれている。「死者の都」と呼ばれる西岸には、ツタンカーメンの黄金マスクが出土した王家の谷があり、王妃の谷と称されるネクロポリス（墓所）にはトトメス3世やラメセス6世の墓など、幾つものファラオの墓が残っている。墓の内部には彩色の美しいレリーフが施されたものもあり、古代エジプトの死生観が間近に感じられる。巨大な石柱や精巧なレリーフなどエジプト文明の遺跡が残されている。

▲旧テーベはナイル川の流域に出現し、栄えた

▲カルナック神殿遺跡の副神殿として建てられたルクソール神殿

POINT

王家の谷に眠る、謎に満ちたツタンカーメン

第12代エジプト王朝は首都をメンフィスからテーベに移した。テーベはナイル川で東西に分割された街で、東岸には カルナック神殿が、西岸には王家の谷があり、輝かしい時代を象徴している。王墓を造ったのは第18代王朝である。ナイル川西岸の砂漠地帯に王墓群を造ったのは、黄金を狙う盗掘を防ぐためといわれている。王家の谷に眠っているツタンカーメンは謎に満ちた存在であるが、家系は判明している。

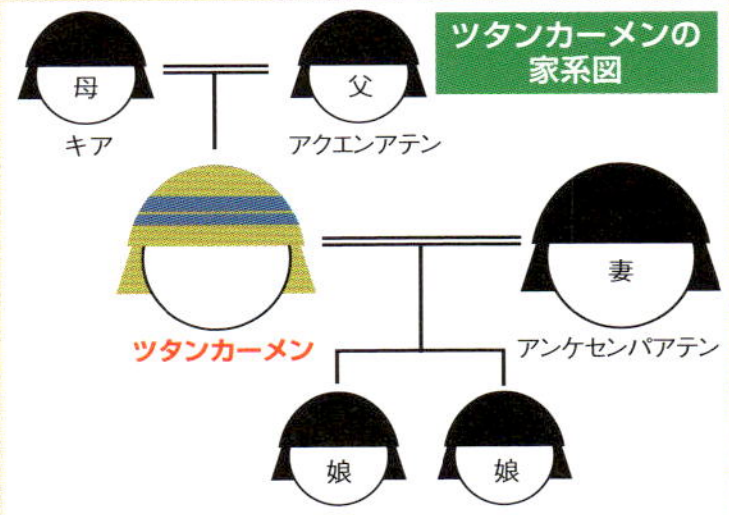

【一口メモ】第18代王朝／5代目はエジプト初の女王となったハトシェプストで、王家の谷の東側に葬祭殿を築いた

131 要塞村アイット・ベン・ハドゥ

【遺産名】アイット・ベン・ハドゥの集落
●登録年…1987年 ●分類…文化遺産 ●登録基準…4、5

モロッコ王国の都市ワルザザート近郊の集落。隊商交易の中継地として栄え、カスバ（※）と呼ばれる邸宅が数多く建築された。中でも有名なのが、この地の先住民族ベルベル人が築いたアイット・ベン・ハドゥの集落である。「アラビアのロレンス」をはじめ、多くの映画のロケ地にもなっている。

アトラス山脈に残るベルベル人が築いた要塞村

首都ラバトの南およそ300kmに位置する村。王朝の交代で勢力争いから逃れるように、先住民族のベルベル人がサハラ砂漠を控えたオアシス沿いに数百年前から集落を形成。日干しレンガで造られた家が建ち並び、複雑に入り組んだ路地、外壁に施された銃眼など、村全体が侵入者を撃退する工夫が懲らされた堅い守りの村となっている。映画「ハムナプトラ」や「グラディエーター」のロケ地としても知られている。

▲丘の上にある大きな集落だが、入口は1カ所だけ
photo by bachmont

▲日干しレンガは独特の色をしている

▲集落には小川を渡らなければ行けないようになっている

POINT

次々に変わった支配勢力から逃れるために

西洋文化、中国シルクロードからのアジア文化、さらにアラブ・イスラム文化までもが融合するモロッコ。この地の先住民族ベルベル人が不安定な情勢の街から逃れ、北西に要塞の村を造った。それがアイット・ベン・ハドゥである。

モロッコは異文化交流点

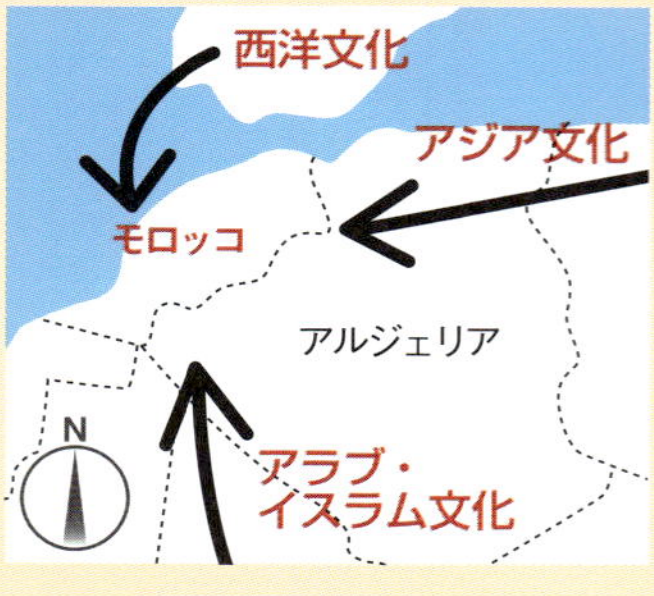

※カスバ／土で造った城のこと。街全体も土で造られ、その光景は巨大な立体芸術に見える

ヴォルビリスの遺跡

【遺産名】ヴォルビリスの古代遺跡 ●登録年…1997年、2008年(拡張) ●分類…文化遺産 ●登録基準…2、3、4、6

モロッコ最大の古代遺跡。フェスとラバトとの間、メクネスの北部にある。野原と畑が続く4000㎢の広大な土地に残る石造りの廃虚などが残る遺跡。ローマ時代の遺跡としてはモロッコ最大の規模を誇っている。しかし、2万人もの人が住んだこの町も衰退し、8世紀にはイドリス1世がこの町を統治した。

イスラム教国モロッコの歴史的価値の高い遺跡群

紀元前40年頃の遺構で凱旋門や神殿、大通に邸宅群が見られる。さらに公共浴場や製油所もあった。18世紀に巨大地震があり、ほとんどが崩壊してしまった。19世紀になって遺跡の発掘が始まり、崩壊したままのものも多いが、凱旋門や神殿などは修復されている。

イスラム色の強いモロッコで違和感を覚えるほど見事なローマ遺跡がこのヴォルビリス遺跡で、ローマ人の優雅な生活を想像させる。

▲ローマ史上に残る暴君の一人として記憶されたカラカラ帝の「カラカラ帝の凱旋門」 photo by mtsrs

▲鮮明なモザイクが床面のところどころに見られる

CHECK!

紀元前のものとは思えない美しいモザイク画

邸宅跡に、多数残るモザイク画は保存状態も良好で、歴史的価値も高いもの。雨ざらしにも関わらず、床や中庭、壁に残されたモザイク画があちこちにあり、当時人口2万人といわれたモロッコのローマ都市、ヴォルビリスの裕福だった人々の生活が伝わってくる。

▲家によって模様が違うモザイク画 photo by Lietmotiv

【一口メモ】アントニヌス勅令／212年にローマ帝国のカラカラ帝によって発布された。これによって帝国内の人々にローマ市民権が与えられた。感謝を捧げ「カラカラ帝の凱旋門」が建造された

133 フェスの旧市街

【遺産名】フェスの旧市街
●登録年…1981年 ●分類…文化遺産 ●登録基準…2、5

モロッコの古都、フェスは世界一複雑な迷路都市といわれている。首都ラバト、商都カサブランカのいずれもが北大西洋に面するのに対して、アトラス山脈に連なる盆地にあり、古来より交通の要衝だった。14世紀以来変わらない暮らしぶりに中世イスラム世界の姿を垣間見ることができる。

世界一の迷宮都市と呼ばれるモロッコ最古のイスラム王都

モロッコ初のイスラム王朝、イドリース朝(※)の王都として9世紀に建設されたフェス。ここでは北アフリカ最大のカラウィーン・モスク、教育施設マラサドなど、宗教・学問の中心地として発展し栄えた街である。イドリース朝の首都として建設されたメディナ(アラビア語で町の意味)は、フェズ・エル・バリ(古いフェス)と呼ばれ、その西側に13世紀にマリーン朝がつくった王都はフェズ・エル・ジャディード(新しいフェス)と呼ばれている。東西2・2km、南北1・2kmの城壁に囲まれ、内部には無数の坂や階段、せまい路地が入り組んでいるため、「世界一の迷宮都市」と形容される。

▲モロッコの古都は複雑だが、美しく観光客にも人気

▲タンメリと呼ばれるフェス川の近くにあるなめし革工場

POINT

一度入ったら抜け出せない迷宮の町

旧市街は、外敵の侵入を防ぐため東西2・2km、南北1・2kmの城壁に囲まれ、起伏に富んだ狭い通路が無秩序に走り、車は入ることができない。今でも荷物を運ぶのはロバや馬の仕事になっている。

▲城壁に囲まれた旧市街
photo by Cannergy

※イドリース朝／10世紀に滅び、政治の中心はムラービト朝によってマラケシュに移ったが、宗教・学問の中心地としてのフェスの地位は揺るがなかった

ニョコロ・コバ国立公園

【遺産名】 ニオコロ・コバ国立公園
●登録年…1981年 ●分類…自然遺産 ●登録基準…10

ギニア共和国との国境に近いセネガル南東部に位置し、ニョコロ・コバ川とクルントゥ川にはさまれた広大な自然公園。西アフリカの国立公園としては最大の面積を誇り、タンバクンダ地方のダカールの東650㎞のところにある。スーダンサバンナからギニア森林までの幅広い動物層、植物層を保護している。

ガンビア川沿いに育まれ ふたつの環境を持つ豊かな自然

この公園は乾燥地帯と湿地帯のふたつの自然環境を合わせもち、それに伴ってふたつの植生を持っている。動物相の豊富さは良く知られ、ゾウ、ライオン、ヒョウ、リカオンなど約80種の哺乳類、ノガン、カンムリヅル、ゴマバラワシなど約330種の鳥類、ナイルオオトカゲ、ナイルワニ、カメなどの爬虫類が生息。アシリク山にはセネガル最後のアフリカゾウが生息している。

また、**体重1tに及ぶ世界最大のレイヨウ、ジャイアントエランド（※）の最後の一群もアシリク山に生息している。**しかし近年、アフリカゾウやライオンなどの密猟が問題化しており、また、近くのガンビア川にダム建設が計画され、2007年に危機遺産に登録されるなど問題も抱えている。

▲川辺には様々な動物たちが訪れる

▲エランドの最大種ジャイアントエランド
photo by Vincs Smith

POINT

人の立ち入りが禁止された公園

ガンビア川とその支流が公園内を横切るように流れる。かつては、この公園内に羊飼いや農民が住み生活を営んでいたが、狩猟や農業が禁止され、人間は立ち退くことになった。今も密猟による被害は後を絶たず、アフリカゾウやキリンなどの減少が危惧されている。

▲公園を流れるガンビア川
photo Niels Broekzitter

※ジャイアントエランド／ウシ科ブッシュバック属の動物で、見た目よりずっと臆病な性格なのが特徴。オスの体長は約300cm、体重は約400〜900kg、肩高約150〜180cm

135

［アフリカ／マリ］

ジェンネ旧市街

【遺産名】ジェンネ旧市街
●登録年…1988年 ●分類…文化遺産 ●登録基準…3、4

マリ中部モプティ地方、サハラ砂漠南部に位置する。13世紀から15世紀にかけて塩と金の黄金交易で繁栄した都市ジェンネはあった。**ジェンネとは、アラビア語で「天国」**を意味する。街中でよく見られる2階建ての住居は、日干しレンガを積み上げたうえに、粘土で壁を塗り固めて建てられている。

古来よりサハラ交易の要所 日干しレンガと泥でできた街

西アフリカを流れる大河ニジェール川の中洲地帯にあるジェンネは、13世紀末から、サハラ砂漠を横断する金の中継地として栄えた交易都市。ジェンネ旧市街は**日干しレンガと泥でつくられている**のが特徴で、壁には木の断片「テロン」が組み込まれている。独特のフォルムをもった**大モスク(※)は、1280年ごろジェンネ王コワ・コアンボロが宮殿跡地に建てたのが起源**で、街のシンボルとなっている。ユネスコ世界遺産の中で「100年後には見られない可能性が一番高い世界遺産」にも選定されている。

▲大モスク。年に1回、壁の泥を塗り直している
photp by Olivierkeita

▲伝統的な建物のファサード
photp by Jean-Louis POTIER

POINT

古のにぎわいを彷彿させる月曜市

モスク前で毎週月曜日に開催される月曜市はジェンネの名物。ジェンネ全体が「活気づく」日だ。遊牧民フルベは穀物、川の民ボゾは魚、農耕民バンバラはスンバラ味噌など…女たちが着飾り、産物をもって集まる。売られているものはほとんどが生活必需品や食品で、ジェンネ周辺に暮らす人々の交流の場ともなっている。かつての橋渡しの都市の姿を垣間見ることができるイベントである。

▲月曜市の風景 photo by Emilio Labrador

※大モスク／巨大な泥塗りのモスクは屋根が100本の柱で支えられており、奥行き75m、高さ20mで、1000人のイスラム信徒を収容できる

コモエ国立公園

【遺産名】コモエ国立公園 ●登録年…1983年 ●分類…自然遺産 ●登録基準…9、10

コモエ国立公園は秋田県とほぼ同じ面積をもち、西アフリカでも最大級の広さを誇る。サバンナや湿原、ジャングルからなるこの公園では、1983年から狩りが一切禁止になった。数が減少しているアフリカゾウにとっては貴重な住処だが、ゾウを狙う密猟は今も後を絶たず、早急な保護対策が必要とされている。

危機に瀕している野生の楽園
西アフリカ最大の国立公園

コートジボワールの北東部にあるコモエ国立公園は、コモエ川流域に広がっている西アフリカ最大の国立公園で面積約1万1500㎢。豊かな自然環境には乾季になると多種多様な動物が移動してくる。草原のアフリカゾウ、ライオン、ヒョウなどの動物や、コウノトリ、ハゲワシなど400種の鳥類など多様なアフリカを代表する野生動物と多種の野生植物を育くんでいる。この地域は、ロビ人の居住地でもある。コートジボワールという国名は「象牙海岸」を意味し、植民地時代にアフリカゾウの象牙などが港から続々と船積みされた。象牙を目的とするゾウの密猟に加え、牛の過放牧、管理の欠如などを理由として、2003年に危機遺産に登録されたが2017年に除外された。

▲象牙を目的としたゾウの密猟が絶えない
photo by sheilapic76

▲ライオンも生息

POINT
サバンナや湿原・森林からなる広大な自然公園

岩山が点在する「サバンナ地帯」「コモエ川沿岸の「湿原」や「沼地」から構成されている。サバンナの風景・湿原の風景ともアフリカの大自然を感じさせてくれる動植物が生息している。

▲カモシカの群れ
photo byFatAlbert

【一口メモ】絶滅の危機／象牙海岸の名が示すような象牙の密漁がいまだに存在する。アフリカゾウの数は現在、200頭にまで減少しており、早急な保護対策が必要とされている

137

アイル・テネレ自然保護区

【遺産名】アイールとテネレの自然保護区群
●登録年…1991年 ●分類…自然遺産 ●登録基準…7、9、10

アイル・テネレ自然保護区は、ニジェールにある自然保護区で、その名の通り2000mを超えるアイル山地とテネレ（テネレとは現地の言葉で「何もない土地」）を対象としている。約13000㎢の厳正自然保護区を含む総面積77000㎢は、アフリカに数ある自然保護区の中でも最大を誇る。

広大なサハラ砂漠の中心に残された豊かな自然

アイル山地とテネレ砂漠地帯（※）を対象とした自然保護区。降水量の少ないこの一帯には、荒涼とした景観が広がっているが、それでも山地や、砂漠との境目を中心に、鳥類、爬虫類、哺乳類が生息、植物は350種確認されている。パタスモンキー、ダマガゼル、ムフロンなどの固有種や絶滅危惧種が生息している。アイル山地は4億年前、地下でマグマが固まってできた巨大な円柱状の花崗岩が、地表を貫き岩山になった世界でも類のない地形となっている。自然保護区として認定されてから、この地に以前より住んでいたトゥアレグ族に大きな制約が生まれ内戦が勃発し、1992年から危機遺産リストに登録された。

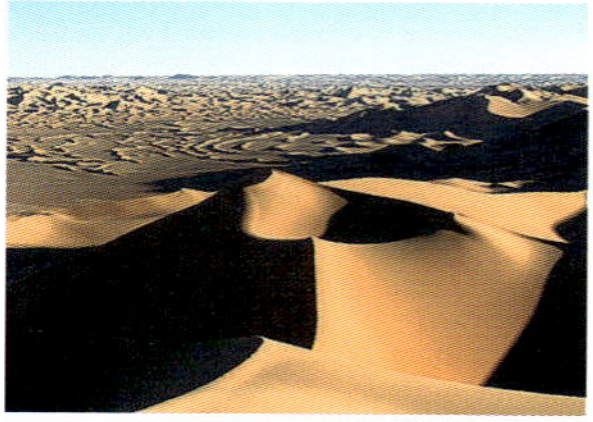

▲広大なサハラ砂漠

▲アイル山地にあるトゥアレグ族住居
photo by willemstom

POINT

かつての砂漠のシンボル「テネレの木」

テネレの木は、ニジェール中央部のテネレ砂漠に1本だけ立っていた木。地球上で最も孤立した場所に立っていた木として知られ、最も近い他の木から200㎞以上も離れた場所に立っていたが、1970年代に飲酒運転のトラックが突っ込み、引き倒してしまった。木のあった場所には金属製のモニュメントが建てられ、新たな目印となった。テネレ砂漠の中央部にあるが、アイル・テネレ自然保護区からはわずかに外れている。

▲テネレの木（1961年）
photo by Dake~commonswiki

※テネレ砂漠地帯／熱く乾いた北東からの貿易風ハルマッタンが、膨大な砂を吹き寄せる。アラカウ砂丘は、直径10kmのカルデラを砂が高さ300mに達するほど埋め尽くす

エネディ山地：自然および文化的景観

【遺産名】エネディ山地：自然および文化的景観
●登録年…2016年 ●分類…複合遺産 ●登録基準…3（文化）、7、9（自然）

チャド共和国北東部に位置するエネディ山地。雨や風の侵食により生成された崖や渓谷がきのこ形、くさび形やアーチのようになり、独特の景観を創り出している。住居や洞窟の表面には多数の絵や彫刻があり、**自然美だけではなく文化的景観にも指定され複合遺産**となった。

風雨に侵食された堆積岩と古代の人々による岩絵

チャド北東部にあるエネディ山地には、**多彩な岩絵群と風雨の侵食によりつくられた自然美、特色ある生態系が残されている**。サハラ砂漠に位置するため、乾燥地帯ではあるが夏には雨が降り、長きに渡る風雨で山が侵食され独特の奇岩群や峡谷、水溜まりなどをつくり出し、独特な景観を形成している。

堆積岩でできた岩山は人間や動植物のシェルター的な役割も果たし、その**岩の壁には古代の人々による岩絵が描かれ**、侵食がつくり出した水溜りにはナイル・クロコダイルの生き残りであるデザート・クロコダイルが生息。サハラ最後のワニと呼ばれ、生き残っているワニも数匹といわれている。

▲エネディ山地の景観

▲きのこ形状をした砂岩

CHECK!

エネディ山地の岩絵

サハラ砂漠には岩絵遺跡は他にもあるが、エネディ山地の岩絵群はその集積された規模の大きさが特筆され、馬やラクダなどが生き生きと表現されている。色素の材料は黄土や岩石、卵などを使いアカシアの樹液で保護している。

▲マンダ・ゲリ洞窟の壁画
photo by David Stanley

【一口メモ】エネディ山地のデザート・クロコダイルは、1.5～2mの小型サイズで、この地にいるトゥブ族はワニを神聖視し、ワニがいなくなると水が枯れると信じ大切にしている

［アフリカ／スーダン］

139 サンガネーブ海洋国立公園とドンゴナーブ湾＝ムカワル島海洋国立公園

【遺産名】サンガネーブ海洋国立公園とドンゴナーブ湾＝ムカワル島海洋国立公園
●登録年…2016年　●分類…自然遺産　●登録基準…7、9、10

紅海上に浮かぶ環礁で、世界最北端に位置するサンガネーブ海洋国立公園。ドンゴナーブ湾＝ムカワル島海洋国立公園はムカワル島を中心に島嶼部に広がる国立公園で、サンゴ礁をはじめマングローブ林や砂浜・湿地など多彩な生態系を備えている。

▲サンガネーブのサンゴ礁アネモネの風景

魚類が300種以上生息 ジュゴンの生息地として有名

1990年に海洋保護に指定されたサンガネーブ海洋国立公園。サンガネーブ環礁は人気のダイビングスポットとして知られている。**300種以上の魚類が生息している**と考えられている。ドンゴナーブ湾＝ムカワル島海洋国立公園は2004年に海洋保護区に指定された。**ドンゴナーブの語源は「ジュゴン（Dugon）のいる場所（-ab）」**という説もあり、オーストラリア、ペルシア湾に次ぐ生息地になっている。

ムカワル島周辺の海域にはスジハタの漁場になってい て、この一帯で穫れる魚の中では高価な魚で、漁師たちが集まり手釣りを主体とした伝統的な漁法が多い。

▲サメやエイをはじめ300種以上の魚類が生息するサンガネーブ環礁

CHECK!

300種以上の魚類が生息

1990年代のサンガネーブ環礁調査では、251種の魚類が特定されたが、サメ、エイ、スズメダイなどのほか、ハゼ科、ハタ科、チョウチョウウオ科など300種類以上が生息すると考えられている。

▲メバチマグロの魚群

【一口メモ】サンガネーブ海洋国立公園とドンゴナーブ湾＝ムカワル島海洋国立公園は、スーダンの自然遺産としては初めて登録された

140

メロエ島の考古遺跡群

【遺産名】メロエ島の考古遺跡群
●登録年…2011年 ●分類…文化遺産 ●登録基準…2、3、4、5

ナイル川とアトバラ川の間にある半砂漠地帯の景観で、**紀元前8世紀から紀元後4世紀にかけて繁栄したクシュ王国の中心地域。**この考古遺跡群は、ナイル川付近のメロエ島にあるクシュ王国の王都と、周辺の宗教都市であるナカやムサワラット・エス・スフラによって構成されている。

かつてエジプトをも支配した強大なクシュ王国の中心地

スーダン（※）の首都ハルツームから北200㎞にある、ナイル川とアトバラ川の間に広がる広大な半砂漠地帯は、紀元前8世紀から紀元後4世紀まで強大な権力を持ったクシュ王国の中心地。**エジプトを1世紀近くにわたり占拠した支配者たちの拠点**であるこの地域には、ピラミッド、寺院、住居、水の管理にかかわる主要設備が残されている。クシュ王国は地中海沿岸からアフリカの中部までの広大な地域に拡大し、これらの遺跡は、両地域の美術品・建築・宗教・言語の交流を示すものでもある。

▲小型のピラミッドが数多く建造されるなどエジプトの影響を色濃く受うけたメロエ
photo by fiverlocker

▲ピラミッドの彫刻

POINT

エジプトのピラミッドとの違い

スーダンのピラミッドは傾斜が急で、細長い形をしている。水平に並べられた石材を階段状に積み上げた構造で、傾斜は約70度、高さは6～30m位まで様々。エジプトのピラミッドはスーダンのものと比べると基壇の大きさが5倍以上、傾斜角は40～50度位とより大きく、傾斜のゆるいピラミッドである。また、エジプトのピラミッドでは内部に王の墓があるのに対し、スーダンのピラミッドでは外部に神殿の様なものがくっついて造られている。

▲細長い形のメロエのピラミッド
photo by joepyrek

▲より大きく傾斜の緩やかなエジプト・ギザのピラミッド
photo by A. Parrot

※スーダン2件目の世界遺産／2011年7月9日、「南スーダン共和国」という新しい国家が誕生し、スーダンが北と南に2分された事で注目を浴びた

［アフリカ／エリトリア］

アスマラ：アフリカの近代都市

【遺産名】アスマラ：アフリカの近代都市
●登録年…2017年 ●分類…文化遺産 ●登録基準…2、4

エリトリアの首都アスマラは、古くから商業の中心地として栄え、イタリアのアフリカ大陸進出の要として開発されてきた。1920～30年代のイタリア・アールデコ建築が残る街並みは、イタリアの遺産とアフリカの風土がミックスされた個性的な魅力を残している。

イタリアの軍事基地建設でヨーロッパ風の街並みが発達

アフリカ北東部エリトリアの首都アスマラは、標高2300mに位置しマラリアを媒介とするマダラカがいなかったこともあり、1883年にイタリアの軍事基地が建築され、1900年には首都となりヨーロッパ風の街並みが発達していった。

アスマラのモダニズム建築の中には、急上昇する飛行機を模したガソリンスタンドや、色ガラスを格子柄に組み合わせた窓が特徴の独創的なボーリング場など、当時としては前衛的過ぎて実現できないような自由な設計の建築物が建てられた。

治安は良くないがアスマラに国際空港があるため、世界遺産の見に寄る観光客も少なくない。

▲独特のモダニズム建築が残る街並み
photo by David Stanley

▲アスマラの大通に面するロザリオの聖母協会
photo by David Stanley

CHECK!

革新的建築物の博物館

アスマラの建築物のほとんどがイタリアの独裁者・ムッソリーニのアフリカ大陸植民地拡大計画の一環として1936～41年に建設されたもの。イタリアから呼び寄せられた建築家はヨーロッパではできなかった革新的な設計を試みることを奨励され、ユニークな街並みが実現した。

▲革新的な建築物の一つ「インペロ・シネマ」
photo by David Stanley

【一口メモ】アスマラの多くの建築物が植民地時代に強制労働により建てられたものだが、エリトリアの人々は建築物を高く評価し誇りに思っている

ラリベラの岩窟教会群

【遺産名】ラリベラの岩窟教会群
●登録年…1978年 ●分類…文化遺産 ●登録基準…1、2、3

エチオピア北部アムハラ州の標高3000mの高地に位置する。この教会群は、13世紀にヨルダン川両岸の**凝灰岩の岩盤をくり抜いて造られた**。このラリベラ岩窟教会は二つの教会群と単体の一つ、合計11個もの教会で構成されていて、現在も巡礼者が訪れる信仰の場所になっている。

岩盤をくり抜いて造られた第2のエルサレムに驚嘆

アフリカ大陸のエチオピア北部に位置するラリベラの11の岩窟教会群は、**第2のエルサレムとして、ラリベラ王により12世紀から13世紀にかけて建設**されたエチオピア正教会の岩窟遺跡。標高3000mの高地に位置し、ヨルダン川両岸の凝灰岩の岩盤をくり抜いてつくられた。この岩でできた教会はそれぞれ地下道で結ばれており、迷路のようになっている。エチオピア正教はカトリックともプロテスタントとも異なるエジプトで発達したキリスト教の一派であるコプト教に教義が近いとされている。最大の**メドハネ・アレム聖堂**やエマヌエル教会など、現在も巡礼者が訪れる信仰の場所になっている。

▲世界最大級の岩窟聖堂　ベテ・メドハネ・アレム　photo by MArtijn.Munneke

▲最も保存状態が良好なベテ・ギョルギス（※）は、岩を聖十字架に彫り抜いてつくられた　photo by Marc Veraart

CHECK! 第2のエルサレムの盛大なクリスマス

1月7日はエチオピアのクリスマス。エチオピア中からエチオピア正教の信徒たちが「聖マリア教会」で行われるクリスマスのイベントのため、第2のエルサレム、ラリベラに訪れる。白い服を着た僧侶たちが夜通し祈りを捧げ、朝には祈りの踊りを行う。

▲祈りをささげる僧侶たち　photo by Marc Veraart

※ベテ・ギョルギス／高さ・奥行き・幅12mの十字架の形をしており、教会の内部も岩をくり抜いて築かれている。伝説によると他の10の聖堂が彫り上げられた後、ラリベラ王の夢枕に聖ゲオルギウスが現れ、この教会を造るように命じたといわれている

［アフリカ／ケニア］

ティムリカ・オヒンガ考古遺跡

【遺産名】ティムリカ・オヒンガ考古遺跡
●登録年…2018年 ●分類…文化遺産 ●登録基準…3、4、5

オヒンガとはルオ語で「要塞」を意味する集落や家畜を外敵から守るもの。ケニア南西部ビクトリア湖に面したミゴリ郡に残る16世紀に建設された石造りの要塞集落遺跡の中でも、ティムリカ・オヒンガは最大かつ保存状態の良い遺跡で、2018年に世界遺産に登録された。

集落をサークル状に取り囲む「オヒンガ」と呼ばれる石壁

ティムリカ・オヒンガの遺跡は主に住居エリアと作業エリアに分かれ、共通して造られているのは石造りの家畜用の囲い。1・5～4・2mあるオヒンガの外壁の高さだが、家畜用の囲いは住人が外から家畜の様子を確認できるよう1・5m程度と低めに造られている。作業エリアには鉄製品を作る鍛冶場や陶器の窯などの遺産が見られるが、住居エリアは居住跡と考えられる穴などの遺構が残る程度。これらの遺跡からコミュニティーの中で共有の職業や役割を持ちながら工芸品製作が行われ、組織システムがつくられていたことが想像できる。16世紀から20世紀半ばにかけてビクトリア湖流域の伝統的な生活や文化を考える手がかりになっている。

▲メインのオヒンガの外壁と入口

▲家畜を飼っていたと思われる石造りの囲い
photo by Wycondi

CHECK!

石の配置で安定性を確保

集落と家畜を外敵から守るために石を積み上げて造られたオヒンガ。3層構造になっていて外側と内側が別々に造られ中間層によって一つの壁を形成。この地域の丘陵地帯にある岩が材料として用いられ、モルタルなどの接着剤は一切使用せず石の配置のみで安定性が保たれている。

▲集落や家畜を外敵から守る要塞・オヒンガ

【一口メモ】ティムリカ・オヒンガで2番目に大きいKoketchには、通常入口が一つなのに対し、異なる大きさの入口が二つある。これは牛やロバなどの大型動物と、子牛やヤギなどの小型動物とで入口を分けたと考えられている

144 マノヴォ・グンダ・サン・フローリス国立公園

【遺産名】マノヴォ・グンダ・サン・フローリス国立公園
●登録年…1988年 ●分類…自然遺産 ●登録基準…9、10

中央アフリカ共和国バミンギ・バンゴラン州にある国立公園。アフリカ中央部の17400㎢を範囲とし、東西と南北の動物相、植物相が交わり生息する動植物は多種多彩。公園内だけでも北部の湿原、中央部のサバンナ、南部の山地など、異なる環境に多くの動植物が生息する。

サバンナの広大な風景に異なる植物相と動物相が交差

中央アフリカ共和国唯一の世界遺産である、マノヴォ・グンダ・サン・フローリス国立公園は南のボンゴ高原と北のアウク川に挟まれ、豊かな植生が育まれている氾濫原やサバンナなどには多くの動物が生息している。南部に広がるサバンナには、アフリカゾウ、クロサイ、ライオン、チーターなど50種以上の大型哺乳類が生息。北部のアウク川流域は、320種にのぼる野鳥類が生息している。アフリカゾウやクロサイなど、絶滅が心配される動物も多く生息し、その保護に力が入れられているが、1980年代より密猟の横行（※）や環境の悪化から、1997年に危機遺産に登録されている。

▲常に密猟の危機にさらされている野生動物

▲サバンナのチーター

CHECK! 様々な水鳥が生息する楽園

北部のアウク川流域は、雨季になると川の氾濫によって一面が水没する。また乾季になっても干上がることがない。そのため、一帯には1万～1万5000羽程度が生息するとされるハシビロコウをはじめ、コシベニペリカン、モモイロペリカンといったペリカン類など多くの水鳥が生息している。

▲ハシビロコウ。ペリカン目ハシビロコウ科の鳥類 photo by Brian Gratwicke

※密猟の横行／8万頭いたとされるアフリカゾウはわずか数年で数千頭単位に激減、クロサイは6,000頭以上いたとされるものが10頭程度と、ほぼ絶滅寸前にまで追い込まれた

［アフリカ／タンザニア］

キリマンジャロ国立公園

【遺産名】キリマンジャロ国立公園
●登録年…1987年　●分類…自然遺産　●登録基準…7

キリマンジャロはアフリカ大陸で最も高い山で標高5895m。山頂には直径2・2kmのカルデラが口を開き、氷河と万年雪を抱いている。3000m付近まで山岳熱帯雨林が広がり、多くの動植物が生息。垂直分布する植物相は生物学者の高度別植物相の分類指標にもなっている。

▲シラ峰、キボ峰、マウエン峰の3つの死火山。南東部には巨大なカルデラ

氷河と万年雪を頂く アフリカ大陸の最高峰

タンザニア北部のアフリカ最高峰、スワヒリ語で「輝く山」を意味するキリマンジャロ。火山活動でできた3つの峰と山裾を含む753km²の広大な国立公園が、世界自然遺産に登録されている。一年中温暖なふもとの村から氷河で覆われた山頂と、たとえるなら熱帯から南極までが存在。75万年ほど前の火山活動でつくられた美しい山並みの中に多様な動植物が生息する。一日の寒暖の差も激しく、日中は半袖、夜になると氷点下まで下がる。過酷な環境の中、標高4000mあたりまでサバンナに暮らす動物が塩分やミネラルを求め、岩間の岩塩をなめに来る。なだらかなコニーデ型の山の形状（※）が人気となっており、近年は登山者が急増中だ。

▲高山湿地帯にはジャイアント・セネシオなど独特の植物も自生

CHECK!

素人でも登れる七大陸最高峰の一つ

赤道に輝く天然の氷河。それがアフリカ大陸最高峰、標高5895mのキリマンジャロ。標高4000mを超えるあたりで、ほとんどの人が高山病にかかるので、高度順化が何よりもポイントになる。体力は数泊の縦走ができれば問題なく、アイゼンやピッケルも不要である。

▲登山の最中に猿やバッファローを見かけることもある　photo by davidthomas1

※コニーデ型／山を地形によって分類したものの一つ。コニーデ型は成層火山とも言われ、円すい型の姿が特徴になっている

ンゴロンゴロ保全地域

【遺産名】ンゴロンゴロ保全地域　●登録年…1979年、2010年
●分類…複合遺産　●登録基準…4(文化)、7、8、9、10(自然)

ンゴロンゴロは中生代後期に活動していた火山のカルデラに広がる平野。外輪は南北16㎞、東西19㎞、高さ600～700mと世界でも屈指のカルデラ(※)が存在する。このンゴロンゴロクレーターの中央部には湖もある。ほかにも、川、森、草原、森林など多彩な自然環境を備えている。

人間と野生動物が共生する世界でも稀な保護区

クレーターはそのままンゴロンゴロ自然保護区になっており、サバンナ、森林、湖、川と変化に富んだ自然があり、バッファロー、象、ヒョウ、ライオン、サイなどの動物が生息している。クレーター内部に集まる**動物は2万5000頭**におよぶ。宿泊施設のロッジが外輪山にあり、そこでは多くの動物が見られ、キリンやインパラ以外の東アフリカに生息する動物はほぼ観察することができる。また区域内の**オルドワイ渓谷から**は、**初期の人類の化石や足跡などが発見**されており、2010年に文化遺産としても評価され複合遺産に。「動物の楽園」だけでなく、この地では太古から人間と動物の営みがあったことを窺わせる。

▲保護区に生息するサイは体長4mにも成長する大型の草食動物

▲巨大なクレーターに約2万5000頭の野生動物が生息

POINT

学者も注目するアフリカ東部のサバンナ

クレーターの直径は約20㎞。ンゴロンゴロ自然保護区の面積は約8280㎢で、キリマンジャロ国立公園やセレンゲティ国立公園の間に位置している。クレーターの北西にはオルトヴァイ渓谷と呼ばれる地域があり、人類学者ルイス・リーキー博士とマリー夫人がアウストラロピテクス・ポセイやホモ・ハビリスなどの化石や人間の祖先の最古の足跡を発見した場所として有名になっている。

※カルデラ／火山の活動によってできた大きな凹地。鍋というスペイン語に由来している

［アフリカ／コンゴ民主共和国］

カフジ・ビエガ国立公園

【遺産名】カフジ・ビエガ国立公園
●登録年…1980年 ●分類…自然遺産 ●登録基準…10

カフジ・ビエガ国立公園はアフリカのスイスと呼ばれる美しい高原として知られている。総面積6000㎢でキヴ湖の西側にあり、標高3308mの最高峰カフジ山を含む高地部と西方の広大なコンゴ盆地へとつながる低地の熱帯雨林から成る。ゴリラの保護を目的として国立公園に指定された。

ヒガシローランドゴリラが生息する霊長類の王国

ルワンダとの国境にあるキヴ湖西岸に広がる国立公園で、カフジ山とビエガ山の森林地帯を含む。主にコンゴ東部を中心とする一帯の高地にしか生息していない固有種のヒガシローランドゴリラ（※）の保護を目的として、1970年に高地部を国立公園に指定し、1980年には公園を低地部へと拡張した。公園敷地内には、サバンナ、泥炭湿原、竹林など多彩な植生が広がり、竹林や森林地帯はゴリラの生息域になる。アフリカゾウやヒョウ、ライオン、チンパンジーなどの哺乳類、コンゴゴシキタイヨウチョウ、アフリカミドリヒロハシといった鳥類が生息。

象牙を狙った密猟や鉱山の開発、内戦などにより国立公園の存立が脅かされ、1997年から危機遺産に登録された。

▲ゴリラ保護のため設立された国立公園

▲ヒガシローランドゴリラの生息域として有名
photo by Joe Mckenna

CHECK!

レンジャーと行く野生のゴリラ観察

カフジ・ビエガ国立公園ではゴリラの見学ツアーが行われている。ヒガシローランドゴリラは標高2,100〜2,400mの場所に生息している。レンジャーが同行するこのツアーには1時間の制限時間があるが、事前にゴリラを探しておいてくれるので、高い確率で出会うことができる。

▲間近で観察しているツアーの様子
photo by Advantage Lendl

※ヒガシローランドゴリラ／この公園では現在約250頭が生息。オスは体毛の配色から「シルバーバック」とも呼ばれている

ンバンザ・コンゴ、旧コンゴ王国の首都跡

【遺産名】ンバンザ・コンゴ、旧コンゴ王国の首都跡
●登録年…2017年 ●分類…文化遺産 ●登録基準…3、4、6

14～19世紀にかけてコンゴ国王の首都だったンバンザ・コンゴ。ポルトガル語でサン・サルヴァドールと呼ばれ、15世紀にはポルトガル人によりヨーロッパの石造建築方法が取り入れられた。主な産業は奴隷と金でポルトガルから陶器などが輸入。国王もカトリックに改宗した。

植民地分割前の最大の都市 コンゴ王国時代の繁栄の跡が

ンバンザ・コンゴはアンゴラ北西部、ルアンダの北北東30kmにある都市。1390年から1914年までコンゴ王国の首都が置かれていた。1480年代にポルトガル人のディオゴ・カンがコンゴ川に到来。コンゴ王国にもポルトガル人が来航しコンゴ王国とポルトガル王国の国交が結ばれキリスト教布教が承認された。やがて国王もカトリックに改宗し、16世紀半ばには都市名もンバンザ・コンゴからサンサルバドルドコンゴに改められた。その後、聖堂、学校、病院などが建設され、17世紀までには人口も3万人を超える大都市になっていった。コンゴ王国時代の繁栄を示す痕跡の数々が、2017年、世界遺産に登録された。

▲サンサルバドルドコンゴの大聖堂
photo by Madjey Fernandes

▲ブラックアフリカ最古の教会と言われる石垣

POINT
ディオゴ・カン

1480年代にアフリカ西海岸を南下する航海を2度行った大航海時代のポルトガルで最も優れた航海士として知られた探検家。ヨーロッパ人として初めてコンゴ川を見つけ、遡ったことでも有名。アンゴラがポルトガルに植民地化されるきっかけをつくった。

▲探検家ディオゴ・カン

【一口メモ】ポルトガル商人により16世紀から奴隷貿易が始まり、それによってコンゴが荒廃。以後アフリカにおける奴隷貿易の中心地になっていった

149 アツィナナの雨林群

【遺産名】アツィナナの雨林
●登録年…2007年 ●分類…自然遺産 ●登録基準…9、10

6つの国立公園（※）からなる、マダガスカル島東部の熱帯雨林群。6000万年前以上に孤島となり、独自の進化を遂げた動植物が多くくらす。これらの動植物のうち80～90％がこの熱帯雨林にのみ生息するもの。この島で生息する120種以上のほ乳類のうち78種がすむが72種は絶滅に瀕した種である。

▲鬱蒼と繁った熱帯雨林

膨大な種類の固有種と絶滅に瀕した種が生息する熱帯雨林

マダガスカル島東部に位置する南北1200kmの広大な雨林群で、6000万年以上前にほかの大陸と分かれたこの島の地理上の歴史を物語ってくれる。マダガスカルヘビワシなどが生息する島最大のマソアラ国立公園や、新種のオオタケキツネザルが保護されているラノマファナ国立公園、鬱蒼と繁った熱帯雨林のアンドハヘラ国立公園、トゲの多い森林、ラン科の植物、300種以上の維管束植物などが見られるアンドリンギトラ国立公園など、6つの国立公園（※）にまたがっている。2009年に起きた政変のために自然保護政策が行きづまり、2010年に危機遺産に登録された。

▲ラノマファナ国立公園で保護されている新種のオオタケキツネザル photo by wallygrom

CHECK! 6つの国立公園にまたがる大自然

切り立った絶壁の山々がおりなす絶景や、マダガスカル島で最も美しいと言われるマロジェジ国立公園があり、116種の哺乳類も確認されている。大自然に囲まれ、固有種と出会える機会が多いマダガスカルでは、保護区内に宿泊することも可能。10月から3月は雨季で歩くのが大変になるため、雨季を避けて旅行されることをおすすめ。

▲カメレオンやキツネザルの固有種

◀マソアラ国立公園 photo by Frank Vassen

※6つの国立公園／アンドハヘラ国立公園、アンドリンギトラ国立公園、マロジェジ国立公園、マソアラ国立公園、ラノマファナ国立公園、ザハメン国立公園

150 ツィンギ・デ・ベマラ厳正自然保護区

【遺産名】チンギ・デ・ベマラ厳正自然保護区
●登録年…1990年 ●分類…自然遺産 ●登録基準…7、10

ツィンギ・デ・ベマラ厳正自然保護区に南北数十キロに渡って広がる奇岩の風景。これは、地上にむきだした**石灰岩の地層が雨による溶食作用で尖塔状に形作られたもの**で、カルスト台地の最も特徴的な地形をあらわしている。これほど広範囲にこうした地形が見られるのは世界でもまれである。

風雨の浸食によりできた奇岩 人間の侵入を拒む針岩の砦

無数のナイフが空に向かって突き立っているような奇岩地帯が広がるツィンギ(※)・デ・ベマラ。石灰岩のカルスト台地が数万年にわたる風雨によって浸食され、このような地形がつくれた。奇岩地帯の谷間の地下には鍾乳洞の水瓶があり、木々は根を地中深くまで伸のばし、そこから水分を得て蓄えることで乾燥した大地でも豊かな森を形成することができている。同様にこの地域のバオバブの木も水を蓄えることができるように進化している。また、周囲のサバンナには独特な動物も数多く生息していて、**90種類を超える鳥類を始め、爬虫類や、キツネザルなど多数の存在が確認**されている。鋭利な岩山が連なった地形が人間や外敵の進入を阻み、生物を守る砦となっている。

▲カミソリのように尖った岩が見渡す限り広がっている photo by Marco Zanferrari

▲針のようにとがった石灰岩が林立する

［アフリカ／マダガスカル］

CHECK!

マダガスカルでしか見られないキツネザルの仲間

この森で木の葉を食べて暮らしているキツネザルの仲間、シファカ。シファカは食べ物を求めて、奇岩地帯の森を転々と移動する。そのために、長い足をバネにして100mもの高さの絶壁をよじ登る。森を出て地面を移動する際には「シファカ跳び」として有名で滑稽な歩き方を見せる。

▲木々を飛び回り移動するシファカ photo by Woodlouse

※ツィンギとは／マダガスカル語で「先の尖った」という意味。この岩山は中国の石林よりも細かく密集し、オーストラリアのピナクルズよりも密集している

登録を目指す世界遺産

▲マングローブ林(日本・西表島)

▲イリオモテヤマネコ(日本)

南北アメリカ

21 ラ・イサベラの歴史的考古学的遺跡
(ドミニカ共和国)文化遺産

22 トラスカラの修道院と聖母被昇天大聖堂のフランシスコ会建造物群(メキシコ)文化遺産　※世界遺産「ポポカテペトル山腹の16世紀初頭の修道院群」の範囲と登録基準の拡大

23 工学者エラディオ・ディエステの作品:アトランティーダ教会(ウルグアイ)文化遺産

24 ホベルト・ブーレ・マルクスの地(ブラジル)文化遺産

25 レンソイス・マラニャンセス国立公園
(ブラジル)自然遺産

26 チャンキヨの太陽観測所と儀礼センター
(ペルー)文化遺産

アフリカ

27 ディレ・シェイク・フセインの宗教的文化的歴史的遺跡(エチオピア)文化遺産

28 ホルカ・ソフ・オマール:自然・文化遺産[ソフ・オマール:神秘の洞窟群](エチオピア)複合遺産

29 虐殺記念サイト:ニヤマタ、ムランビ、ギソチ、ビセセロ(ルワンダ)文化遺産

▲レンソイス・マラニャンセス国立公園
(ブラジル)

▲スピナロンガの要塞（ギリシャ）

次回の世界遺産登録候補29カ所

2020年の第44回世界遺産委員会は新型コロナウイルス感染症流行のため開催中止となりました。次回、世界遺産登録を目指す物件を紹介します。（2020年7月現在）

アジア

1 奄美大島、徳之島、沖縄島北部及び西表島（日本）自然遺産

2 イラン横断鉄道（イラン）文化遺産

3 栄光のカカティーヤ朝寺院群と関門ールドレシュワラ［ラマッパ］寺院、パランペット、ジャヤシャンカール・ブーパルパリー地区、テランガーナ州（インド）文化遺産

4 ヒマ・ナジランの文化的ロックアート（サウジアラビア）文化遺産

5 クルブの中世都市（タジキスタン）文化遺産

6 バンボールの港（パキスタン）文化遺産

7 鹿石の記念物群と関連遺跡、青銅器文化の核心（モンゴル）文化遺産

8 サルト：寛容と都市的歓待の地（ヨルダン）文化遺産

9 ゲッボル、韓国の干潟（韓国）自然遺産

10 アルスランペの古墳（トルコ）文化遺産

ヨーロッパ

11 ヨーロッパのグレート・スパ（Aイギリス／Bイタリア／Cオーストリア／Dチェコ／Eドイツ／Fフランス／Gベルギー共通）文化遺産

12 絵画の町パドヴァ、ジョットによるスクロヴェーニ礼拝堂とパドヴァの14世紀のフレスコ・サイクル（イタリア）文化遺産

13 オランダのウオーター・ディフェンス・ライン（オランダ）文化遺産　※世界遺産「アムステルダムのディフェンス・ライン」の範囲拡大

14 スピナロンガの要塞（ギリシャ）文化遺産

15 プラド通りとブエン・レティーロ、芸術と科学の景観（スペイン）文化遺産

16 ダルムシュタットのマティルデンヘーエ（ドイツ）文化遺産

17 コルドゥアン灯台（フランス）文化遺産

18 グダニスク造船所ー「連帯」誕生地と東・中欧における共産主義没落の象徴（ポーランド）文化遺産

19 クラシカル・カルスト（スロベニア）自然遺産

20 コルチックの雨林と湿地（ジョージア）自然遺産

INDEX

ア

カ

サ

タ

ナ

ハ

191

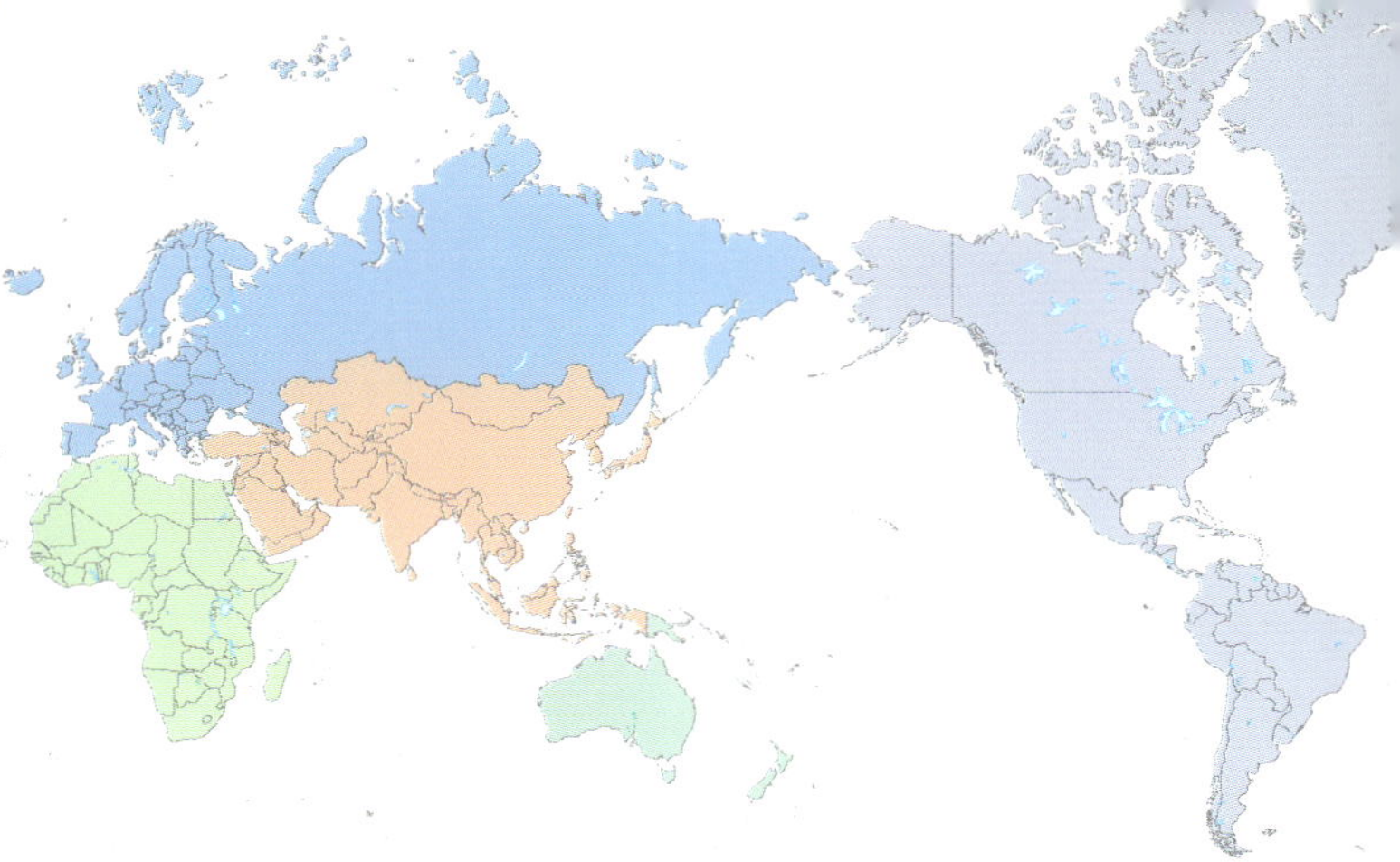

[編集]
浅井 精一
本田 玲二
中村 萌美
魚住 有
相馬 彰太
佐々木 秀治

[デザイン]
CD.AD:玉川 智子
D:垣本 亨
D:里見 遥

[制作]
カルチャーランド

ビジュアル版　世界遺産　必ず知っておきたい150選　改訂版

2020年9月30日　第1版・第1刷発行
2021年3月25日　第1版・第2刷発行

著　者　「世界遺産150選」編集室（せかいいさんひゃくごじゅっせんへんしゅうしつ）
発行者　株式会社メイツユニバーサルコンテンツ
　　　　代表者　三渡　治
　　　　〒102-0093 東京都千代田区平河町一丁目1-8
印　刷　株式会社厚徳社

◎『メイツ出版』は当社の商標です。

ご意見・ご感想はホームページから承っております。
ウェブサイト　https://www.mates-publishing.co.jp/

編集長:折居かおる　副編集長:堀明研斗　企画担当:大羽孝志／千代　寧

※本書は2016年発行の『ビジュアル版　世界遺産　必ず知っておきたい150選』を元に加筆・修正を行っています。